RING

LES DERNIÈRES PAROLES DES CONDAMNÉS À MORT

STÉPHANE BOURGOIN

LES DERNIÈRES PAROLES DES CONDAMNÉS À MORT

ring.fr

ÉDITIONS RING

Collection
MURDER BALLADS
–
RING
www.ring.fr
–

INTRODUCTION

Quand on écrit un ouvrage qui s'intitule *Les dernières paroles des condamnés à mort*, la première question que l'on pose à coup sûr à son auteur est : êtes-vous pour ou contre la peine capitale ? Je n'hésite pas une seule seconde à vous dire que j'y suis totalement opposé. Surtout s'il existe, comme c'est le cas en France, une peine de substitution qui est la réclusion criminelle à perpétuité, sans aucune possibilité de libération conditionnelle, un châtiment, hélas, trop peu souvent appliqué, même si certains tueurs en série français n'y ont pas échappé, tels que Michel Fourniret ou Pierre Bodein, dit « Pierrot le Fou ».

Seconde question : avez-vous déjà assisté à l'exécution d'un condamné à mort, vous qui fréquentez des prisons depuis 1979 ? La réponse est non, même si j'en ai eu la possibilité en Floride ou au Texas, par exemple, où les Department of Corrections des États concernés me l'ont proposé. J'ai interrogé deux serial killers quelques heures avant leur installation sur la chaise électrique ou sur un chariot pour recevoir l'injection létale. L'un d'eux, au Texas, m'a même proposé d'être son « invité » pour assister à sa mise à mort. Je n'éprouve aucune curiosité morbide à ce sujet, et je considère que mettre à mort une personne de manière légale revient à s'abaisser au même niveau que les forfaits perpétrés par ces assassins. J'y suis opposé, mais je ne vais pas pour autant pleurer quand l'un de ceux que j'ai pu interroger se voit infliger le châtiment suprême.

En France, il y a eu plusieurs livres consacrés à la guillotine, aux bourreaux français et aux ultimes déclarations des décapités (*Raccourcis*, par exemple). L'un de mes chapitres aborde aussi cette méthode de mise à mort. Mais il n'existe aucun ouvrage qui recense les dernières journées, repas, actions et paroles des condamnés pour l'ensemble des méthodes d'exécutions, telles que la pendaison, la fusillade, la chambre à gaz, la chaise électrique et l'injection létale. Ces mots de ceux qui vont mourir sont tour à tour poignants, insolites, défiants, vengeurs, en demande de rédemption et de pardon, parfois même humoristiques, mais toujours inoubliables, et ils ne nous laissent surtout jamais indifférents.

La mort nous attend tous au bout du chemin, mais seuls qui sont condamnés à la peine capitale en connaissent le jour et l'heure, et eux seuls savent que leurs ultimes paroles vont passer à la postérité. Que vous soyez ou non en faveur de la peine de mort, jamais plus vous ne verrez d'un même œil ce châtiment, une fois refermées les pages de cet ouvrage. Et le plus terrifiant, c'est encore d'imaginer que certains de ces condamnés, qui ont clamé leur innocence jusqu'à leur dernier souffle, ont probablement dit vrai, victimes d'erreurs judiciaires à tout jamais irréparables...

Stéphane Bourgoin

AU PETIT MATIN BLÊME

En ce matin du 6 août 1890, il est quatre heures et un nombre inhabituel de passants marchent en silence dans les rues, bien que ce ne soit pas la chaleur étouffante qui les a poussés à sortir. Ils se dirigent tous dans la même direction, la prison d'Auburn, dans l'État de New York.

Le principal établissement de la ville, l'hôtel Osborne, est éclairé de mille feux dans la nuit blafarde. Des hommes à l'allure respectable, barbus et vêtus de redingotes noires et de chapeaux haut-de-forme, descendent du perron. Ils doivent se frayer un chemin au sein de la foule considérable qui commence à s'amasser devant les hauts murs du pénitencier. Parmi les badauds de nombreuses femmes, et des enfants. Les balcons et les fenêtres des maisons attenantes sont noirs de monde, des adolescents sont perchés sur les toits et aux arbres, et l'atmosphère est surchargée d'électricité ; l'excitation de la foule est à peine contenue.

Devant l'entrée grillagée de la prison, un à un, les gentlemen présentent un laissez-passer au garde. Ce dernier les salue à chaque fois avant de les laisser pénétrer à l'intérieur.

De l'autre côté de la rue qui borde le sombre bâtiment, le quai de la gare déborde de curieux, en quête d'un meilleur point d'observation. Au premier étage, des reporters envoient leurs premiers articles dans un bureau temporaire installé par la Western Union Telegraph Company. À l'intérieur des hauts murs d'enceinte, une cloche résonne, lugubre.

« Il est mort ! Il est mort ! » s'exclament des voix un peu partout.

Fausse alerte, la cloche marque le signal qui enjoint les employés de la prison de pénétrer à l'intérieur. Et ils doivent jouer des coudes et des épaules pour y parvenir. Ils croisent des gardiens qui en sortent après avoir effectué leur service de nuit. L'un d'eux pointe du doigt vers une étroite fenêtre éclairée.

« Il est là. »

La foule se presse encore un peu plus contre la grille d'entrée pour tenter d'apercevoir ce qu'ils attendent depuis des mois.

À l'intérieur de sa cellule, William Kemmler, natif de Buffalo et âgé de vingt-neuf ans, sait qu'il ne lui reste plus beaucoup de temps à vivre. Quelques heures plus tôt, cet homme de petite taille, mais costaud et barbu, avait conversé avec un autre condamné à mort : « Je crois que je vais bien me comporter, a-t-il dit à son interlocuteur. J'en ai marre d'attendre, le plus tôt sera le mieux. Être si proche de la fin est encore bien pire que ce qui va m'arriver. »

Sur ces bonnes paroles, Kemmler s'était mis à siffloter, à chanter et à danser au son du banjo de son camarade du couloir de la mort.

Les journalistes l'ont dépeint comme un misérable, incapable de la moindre émotion, un déchet de l'humanité, et Kemmler a l'intention de leur prouver le contraire. Dans la pièce voisine, les sons étouffés des préparatifs de son exécution lui parviennent malgré l'épaisseur des murs. Lorsque le directeur Durston vient lui rendre visite, le condamné se rend compte de sa détresse car il s'agit de sa première exécution : « Je n'ai pas peur, monsieur le directeur. Je vais mourir comme un homme. N'ayez crainte, je ne vais pas craquer, si vous faites pareil que moi. »

Le crime de William Kemmler ne se distingue en rien de milliers d'autres commis sur tout le territoire américain. Alcoolique notoire, il quitte femme et enfant en Pennsylvanie pour se mettre en ménage avec Tillie Ziegler, qui est mariée elle aussi. Le couple illégitime s'installe à Buffalo, dans l'État de New York. Lorsqu'il n'est pas ivre mort, Kemmler gagne sa vie comme colporteur. Le 28 mars 1889, rentré chez lui complètement saoul et d'humeur querelleuse, et trouvant Tillie dans le même état, s'enclenche une dispute qui ne tarde pas à dégénérer en échange de coups. La police le retrouve, à moitié comateux, une hachette ensanglantée à la main, et Tillie est à ses pieds, agonisante. Elle décède quelques instants plus tard.

« Elle le méritait », se contente-t-il de dire aux membres des forces de l'ordre.

Son procès est bref et il assiste, sans la moindre réaction, à sa condamnation à mort. Alors que Kemmler est dans l'attente de son exécution, il devient l'enjeu d'un combat titanesque entre deux géants de l'industrie : George Westinghouse et Thomas Edison. Edison a inventé le premier système électrique grâce au courant continu à basse tension. Puis c'est Westinghouse qui crée le sien à base de courant alternatif, bien plus ingénieux et moins coûteux à installer. Pour discréditer son rival, Edison pointe du doigt le potentiel mortel de Westinghouse. Ses arguments portent leurs fruits, et c'est le courant alternatif qui est choisi pour alimenter la chaise électrique. Craignant que son image de marque ne soit écornée auprès du grand public, Westinghouse cherche à tout prix à sauver William Kemmler. Il engage les meilleurs avocats du pays et dépense plus de cent-mille dollars pour ce qui n'est qu'une cause perdue d'avance.

Pendant que la Cour suprême des États-Unis examine la constitutionnalité de ce nouveau mode d'exécution, Edwin F. Davis, l'électricien de la prison d'Auburn, entame la mise au point de la première chaise électrique dans l'atelier de menuiserie de l'établissement, aidé dans sa tâche innovante par des condamnés à mort destinés à périr assis sur cette même chaise. Malgré une volonté de secret absolu des autorités à l'égard de ce projet, des plans de l'instrument finissent par être publiés dans des journaux.

Plusieurs journalistes plaisantent et rassurent leurs lecteurs par cette conclusion : « Elle n'est pas du tout inconfortable. »

Durant cette période où il est jugé et rejugé, tour à tour condamné à mort ou en sursis, William Kemmler semble éprouver des remords pour la première fois. La privation d'alcool lui donne envie d'apprendre à lire et il se plonge dans la lecture, même s'il ne s'agit que de la Bible. Il demande à se faire baptiser en tant que méthodiste. De manière étrange, l'importance grandissante qu'on lui accorde en vient presque à lui faire éprouver une certaine fierté ; il en arrive même à s'impatienter, tout enthousiaste qu'il est de devenir le premier homme à être exécuté sur la chaise électrique.

À la lumière tremblotante du jet de gaz, le condamné est assis au bord de sa couche quand le directeur Durston revient le voir, accompagné du shérif adjoint J.C. Veiling, du révérend Houghton et de l'aumônier Yates. Veiling a été en charge de la garde du détenu lorsqu'il était incarcéré à Buffalo, après son arrestation. Les deux hommes s'entendent bien. D'une voix vacillante, Durston lui lit l'ordre d'exécution, avant de replier la feuille et de la glisser dans la poche de sa redingote. D'un ton ferme, Kemmler leur dit :

« Allons-y, je suis prêt.

– Le petit déjeuner va être servi, indique le directeur.

– J'aimerais le prendre avec monsieur Veiling. »

Le directeur acquiesce d'un geste de la tête et quitte la cellule. Kemmler s'agenouille pour prier avec les

deux religieux, puis il se redresse pour leur serrer la main. À leur tour, ils le laissent seul avec J.C. Veiling. Le plateau repas est servi et le condamné avale tout jusqu'à la dernière miette. C'est à ce moment-là que le shérif adjoint sort une paire de ciseaux. « Ah, je suis content que tu te sois porté volontaire. »
Le directeur a indiqué au détenu qu'il serait nécessaire qu'on lui coupe les cheveux pour obtenir un bon contact avec l'électrode. Un peu nerveux, Veiling s'y prend maladroitement. « Fais gaffe de ne pas me blesser ! On raconte que j'ai peur de mourir, mais ils vont voir que c'est faux. Je veux que tu restes à mes côtés, Joe. Cela m'aidera, et je te jure que je ne ferai pas d'histoires. Mais ne les laisse pas faire d'autres expériences avec moi. Pas plus que nécessaire. »

Une autre tâche déplaisante attend Veiling. Il demande à Kemmler de se lever et de lui tourner le dos. Avec les ciseaux, il découpe une fente en haut du pantalon du prisonnier, à hauteur de la colonne vertébrale afin que la deuxième électrode puisse y être fixée. Le directeur aux traits tirés fait son apparition : « Tu viens, William. »

Pour l'occasion, l'administration lui a offert de nouveaux habits, avec une chemise en lin blanc et une veste grise, ainsi qu'un nœud papillon. Le condamné sert la main de ses gardiens, qui semblent émus. Lorsqu'il pénètre dans la salle d'exécution, il ajuste machinalement son nœud papillon.

La chaise électrique attire tous les regards au centre de la pièce. Fixée au plancher, les pieds sont isolés, le dossier est élevé, avec des ceintures de cuir. Deux larges câbles s'achèvent par deux électrodes attachées par des ressorts.

Dès l'instant où Kemmler et le directeur font leur apparition, un silence sépulcral s'installe, comme une chape de plomb. Les vingt-cinq témoins sont assis en demi-cercle face à la chaise, le juge, le procureur du procès, les officiels de l'établissement, des journalistes, des membres du clergé et quatorze médecins, dont le Dr Southwick, à l'origine de la loi sur ce type d'exécution. « Messieurs, permettez-moi de vous présenter William Kemmler. »

Ce dernier les salue avec gravité. Le condamné s'installe sur un fauteuil proche de la chaise fatale. Il est 6 h 34. Le directeur lui demande s'il souhaite prendre la parole. « Messieurs, je vous souhaite à tous une bonne chance. Je pense me rendre vers un monde meilleur, et je suis prêt pour ce voyage. Beaucoup de choses fausses ont été dites à mon sujet. Je reconnais que je suis quelqu'un de malfaisant. Mais c'était cruel d'en rajouter une couche. »

D'un signe de la tête, le directeur l'enjoint à prendre place sur la chaise électrique. Kemmler ne se fait pas prier. Il paraît très calme. Tout d'un coup, Durston se rend compte que quelque chose d'essentiel a été oublié dans les préparatifs. Il demande au condamné de se redresser. Le haut du pantalon a été découpé, mais Veiling a oublié de faire pareil avec le pan de la chemise. Durston prend son canif et déchire le tissu, afin de permettre un contact direct entre l'électrode et son éponge mouillée avec la peau.

Kemmler retire sa veste avant de s'installer à nouveau. Les deux membres du clergé sont debout à ses côtés, en train de prier. Le directeur installe les deux électrodes, mais ses mains tremblent malgré les répétitions des jours précédents. « Prenez votre temps, monsieur le directeur, et faites au mieux. »

Sa voix est aussi calme qu'un client qui donne des instructions à son barbier. « Nous ne sommes pas pressés. Vous savez, je n'ai pas envie qu'il y ait des ratés.

– D'accord, William. »

Les électrodes sont mouillées avant leur fixation. Des aides serrent des bandes de cuir pour maintenir en place le front et le menton du condamné, au point de couvrir en partie son visage. Kemmler bouge la tête : « Directeur, il faut resserrer les courroies. Il y a trop de jeu. Il faut que tout soit parfait. »

Veiling et Durston lui attachent les bras, le torse et les jambes. À chaque fois, Kemmler s'assure de leur bonne fixation.

« Parfait », indique le condamné.

Deux médecins, les docteurs Carlos MacDonald et Edward Spitzka sont debout face à Kemmler. Un autre collègue tient un chronomètre à la main.

Durston jette un dernier coup d'œil aux courroies : « Tout me semble OK. »

Spitzka acquiesce :

« Parfait. Que Dieu vous bénisse Kemmler.

– Merci.

– Vous êtes prêts ? demande le directeur.

– Nous le sommes », répond Spitzka.

Le directeur s'est rapproché de la pièce attenante où Edwin F. Davis se tient près du tableau qui contrôle le voltage.

« Adieu, William. »

Le petit homme reste silencieux. Durston fait signe à Davis, qui abaisse un levier. Une dynamo se met en route et le bruit d'un sifflement se fait entendre.

Les épaules de Kemmler se redressent et tous les muscles de son corps se raidissent au point de faire craquer les courroies de cuir. Son visage et ses mains deviennent écarlates, au fur et à mesure que s'égrainent les secondes. Ses pupilles se dilatent et une pâleur de cendre se propage sur ses traits. Sa main droite serre si fort le bras de la chaise que du sang commence à couler. Dix-sept secondes se sont écoulées. Spitzka se penche vers le condamné.

« Il est mort. »

Le directeur fait signe à Davis de couper le courant.

Un long soupir s'échappe des spectateurs. L'un d'eux est tombé de sa chaise, évanoui. Le juge d'instruction quitte la salle à grandes enjambées.

Le corps de Kemmler s'est affaissé sur la chaise. Durston se prépare à défaire les courroies lorsque l'impensable arrive. La poitrine du condamné décédé se soulève et tout le monde entend distinctement un grognement du fond de sa gorge.

Le directeur est tétanisé. De la bave apparaît à la commissure des lèvres de Kemmler.

« Il est vivant !

– Il respire !

– Au nom de Dieu, abrégez ses souffrances. Tuez-le ! Qu'on en finisse !

– Vite, remettez le courant ! » ordonne Spitzka.

Durston refait signe à Davis. Le demi-mort se redresse à nouveau. Cette fois-ci, de la fumée s'échappe du sommet de son crâne.

William Kemmler est le premier condamné à mort à périr sur la chaise électrique, le 6 août 1890.

LE COIFFEUR DU COULOIR DE LA MORT

Avant d'être exécutés sur la chaise électrique de la prison de Sing Sing, les condamnés du couloir de la mort de l'État de New York ont droit à un ultime réconfort, confortablement installés, dans le fauteuil du salon de coiffure de Jimmy « Le Surin » (« The Shiv ») De Stefano.

Entre 1926 et 1931, c'est lui qui sert de barbier et de coiffeur à quarante-sept condamnés à la peine capitale, quarante-six hommes et une femme, la célèbre Ruth Snyder. « Jamais je n'ai pu m'habituer à ce job. Chaque exécution a été un véritable chemin de croix », constate « Le Surin ». Ils passent cette dernière nuit dans une cellule spéciale, surveillée vingt-quatre heures sur vingt-quatre, à moins de cinq mètres de la salle où trône la chaise électrique. Et pourtant, Jimmy De Stefano se retrouve lui-même à Sing Sing car, dès l'adolescence, il est un homme de main pour le compte de gangsters tels qu'Al Capone, Frank Costello ou la famille Genovese. Il est à nouveau incarcéré, pour la dernière fois en 1936 et 1937. Son travail est plutôt simple, un rafraîchissement, une coupe au rasoir et un saupoudrage avec un talc spécial. Lorsque les jambes et le reste du corps sont très poilus, il faut les rendre lisses pour que l'électricité « passe » mieux. Lorsqu'il coupe les mèches de Ruth Snyder, les reporters tentent, en vain, de lui acheter ses cheveux. En 1936, le quotidien *The New York Daily News* le surnomme « Death House Barber of Sing Sing. »

Son surnom de Surin lui vient du couteau qu'il utilise pour poignarder un curé pédophile. La famille De Stefano débarque aux États-Unis en 1909. Son père Giuseppe, un maestro du violon reconnu, décède dans un accident de tramway, le laissant aux bons soins de sa mère qui se trouve à devoir subvenir aux besoins de ses deux enfants. Une voisine « marieuse », la mère du gangster Frank Costello, lui dégotte un nouvel époux. Elle décède peu de temps après cette union, et le jeune Jimmy est détesté par Galatta, son beau-père. Ce dernier est violent et De Stefano trouve refuge au sein de la famille d'un ami d'enfance, Al Capone, dont Gabriele, le papa, est un barbier. The Shiv et le jeune « Scarface » poursuivent les activités familiales en rejoignant la Mafia. De Stefano séjourne pour la première fois à Sing Sing en 1918. Après sa libération, il poursuit ses activités criminelles, avant de retourner derrière les barreaux en 1927. Jimmy et Al Capone travaillent ensemble comme videurs au Harvard Inn, où Capone récolte sa fameuse cicatrice sur la joue. Il est incarcéré à trois reprises à Sing Sing pour ses activités en tant que *bootlegger* dans des bars clandestins.

Grâce à l'amitié de leur mentor, les gangsters Johnny Torrio, De Stefano et Capone intègrent les gangs de Bugsy Siegel, Lucky Luciano, Joseph Valachi ou Meyer Lansky. En 1918, Frankie Yale, un autre gangster, demande à Johnny Torrio d'envoyer Capone et The Shiv à Chicago, afin d'échapper à une peine de prison. Mais The Shiv se fait prendre avant de pouvoir partir et il écope de son premier séjour à Sing Sing, où le directeur Lewis E. Lawes se lie d'amitié avec le jeune homme.

Son atelier de coiffure, où il apprend le métier aux détenus en quête de réinsertion, se situe tout près du couloir de la mort de la prison, proche d'Ossining, dans l'État de New York. Jimmy De Stefano est toujours vêtu d'une blouse blanche de chirurgien et d'un pince-nez. Certains assassins viennent le sourire aux lèvres se faire « beaux » avant leur exécution, tel Red Moran, le 12 décembre 1928, d'autres sont déterminés à mourir avec dignité, comme Ludwig Lee, le 2 août 1928. Un rédacteur en chef d'un journal, condamné pour l'assassinat de son épouse, Charles Chapin, lui lance un : « Salutations, barbier de l'apocalypse ! » avant d'exiger qu'il le traite avec un rasoir vierge de toute utilisation sur un autre condamné.

En 1936, De Stefano est supervisé par un officier de probation new-yorkais qui le hait tellement qu'il profite de sa position pour le battre avec une telle violence que The Shiv est à deux doigts de mourir. À cause de faux témoignages rédigés par son agresseur, Jimmy est envoyé une troisième fois derrière les barreaux, alors qu'il est innocent des charges dont on l'accuse.

Au bout de quatorze mois d'incarcération et grâce à l'aide du directeur Lewis Lawes, Jimmy De Stefano se présente devant la Cour suprême de l'État de New York pour obtenir sa libération. Il abandonne toute activité criminelle et ouvre un salon de coiffure à New York, avant de se marier avec Maria Durante, la nièce du comédien Jimmy Durante, avec laquelle il a trois enfants. Il mène une vie exemplaire et il est même élu comme membre du conseil municipal de sa ville dans le New Jersey.

BOURRELLES ET BOURREAUX

Tout le monde connaît le terme de bourreau ou d'exécuteur des hautes œuvres, mais il existe un mot oublié de la langue française, bourrelle, qui désigne les très rares femmes à avoir exercé ce métier. Par extension, ce terme a aussi désigné des personnes du sexe féminin qui ont fait preuve de cruauté. Il y a aussi les « occasionnelles » qui n'œuvrent qu'une seule fois, comme Zoe Himes en Pennsylvanie ou Huda Ben Amer en Lybie.

Bourg-en-Bresse. An 1624. La famille des Gillet appartient à la haute société de la cité de l'Ain. Pierre Gillet est châtelain royal et Hélène, sa fille, a vingt-deux ans. Beaucoup de personnes disent l'avoir vue enceinte alors qu'elle n'est pas mariée. Et où est l'enfant ? Un soldat qui se promène près des remparts aperçoit un nouveau-né enveloppé dans un drap qui arbore les initiales H.G. Une visite médicale de la jeune femme confirme qu'elle a accouché.

Or depuis 1556, avorter ou donner naissance à un enfant sans le baptiser est passible de la peine capitale. Interrogée, Hélène avoue qu'elle a été violée par un employé de son père. Le 6 février 1625, elle est condamnée à mort.

Le 12 mai 1625, à Dijon, place du Morimont, Hélène, entièrement revêtue de blanc, apparaît devant son bourreau, Simon Grandjean, qui est accompagné de son épouse et aide, elle-même issue d'une famille d'exécuteurs des hautes œuvres, les Chrétien. Comme Hélène Gillet appartient à la noblesse, elle a le privilège de pouvoir être décapitée par l'épée. Grandjean paraît très nerveux et il demande même pardon à la condamnée. La foule crie son impatience. L'exécuteur indique aux officiels qu'il souffre de fièvre depuis plusieurs semaines. Finalement, il lève son épée, mais il rate son coup et la touche à l'épaule.

Son épouse vient alors à son secours et prend la condamnée par les cheveux pour lui poser à nouveau la tête sur le billot. Simon Grandjean tente encore une fois de la décapiter et loupe une seconde fois sa tentative. Le bourreau quitte les lieux, sous une pluie de pierres, afin de se terrer dans le cachot des condamnés à mort. La bourrelle cherche ensuite à étrangler Hélène Gillet, tandis que les spectateurs prennent parti pour la condamnée. Les pierres pleuvent aussi sur elle. Elle fait descendre Hélène jusqu'au bas des marches pour essayer de l'égorger avec des ciseaux, mais elle ne fait que la blesser. La foule sauve la condamnée et massacre Simon Grandjean et sa bourrelle qui sont lapidés puis immolés en place publique. Malgré une dizaine de blessures, Hélène Gillet survit et elle est graciée dans la foulée. Elle vit et s'éteint à l'âge de quatre-vingt-dix ans. Son histoire est relatée par Charles Nodier.

Les XVIIe et XVIIIe siècles voient l'apparition de quelques exécutrices, telles qu'Antoinette Richette, aide-bourrelle à Briey entre 1675 et 1679, où elle assiste Jean Schweitzer. Ensuite, c'est Jacobé Rieger qui accède au poste de bourrelle officielle à Nancy entre 1730 et 1732. Elle est âgée de vingt-cinq ans lorsqu'elle entre en fonction. Elle est la fille de Jean-Martin Rieger, exécuteur des hautes œuvres en Alsace, et elle devient l'épouse de Jean-Pierre Bour, le bourreau de Nancy entre 1705 et 1730. En secondes noces, elle se marie avec un second bourreau, François Roch qui « œuvre » entre 1715 et 1747.

LA BALLADE DE LA BOURRELLE

Marguerite-Julienne Le Paistour naît à Cancale le 2 août 1720, et elle perd sa mère à peine dix jours après sa naissance. Son père ne tarde pas à se remarier et une haine féroce s'instaure dans le foyer entre l'enfant et sa belle-mère. Ces sentiments vont forger son destin. À vingt ans, elle décide de quitter la demeure familiale pour partir sur les routes. Elle s'est coupé les cheveux et a revêtu les habits de son frère. Désormais, elle se fait passer pour « Henri ». Elle rencontre un prêtre qui l'engage pendant plusieurs années à son service comme serveur de messe, sans se rendre compte de la supercherie. Ensuite, elle réussit à rejoindre les rangs de l'armée mais c'est une déception car « on ne connaît pas son adversaire » selon ses dires. Cela ne lui permet pas d'assouvir ses pulsions et son désir de vengeance. Nouvelle errance sur les routes qui l'emmène jusque dans les rues de Strasbourg où elle est abordée par un homme qui lui propose de travailler à son service. Il s'agit de « Monsieur de Strasbourg », le bourreau de la cité alsacienne. Vers 1740, « Henri » devient très vite un aide modèle qui prend grand plaisir à marquer au fer rouge, pendre ou écarteler les condamnés. Elle fait preuve d'une extrême rigueur dans l'exécution de ses tâches. Elle confie prendre beaucoup plus de plaisir à mettre à mort les hommes que les femmes. Ensuite, elle s'installe à Montpellier pour y exercer comme aide de l'exécuteur local. Son acharnement au travail vaut à « Henri » d'être nommé bourreau en titre de la ville de Lyon, en novembre 1746. Elle demeure en place pendant un peu plus de deux ans, le temps de procéder à trois exécutions, avant qu'une domestique ne dénonce le subterfuge aux autorités ; selon d'autres sources, elle aurait été arrêtée car elle agit comme receleur d'une bande de voleurs. Elle est incarcérée pendant dix mois, où elle reçoit la visite régulière d'un abbé à qui elle se confie et qui racontera son histoire dans ses mémoires. Elle est relâchée en tant que Marguerite et elle épouse en novembre 1749 un valet du nom de Noël Roche pour retourner vivre à Cancale, où elle donne naissance à une fille, le 14 septembre 1750. Par la suite, elle ne fait plus jamais parler d'elle.

Marguerite Cané, quant à elle, est bourrelle officielle de Lunéville entre 1766 et 1784. En Irlande, « Lady Betty » est une figure locale qui est née vers 1750. Betty Sugrue, veuve d'un fermier du Comté de Kerry, est chassée par la famine de ses terres. Elle se rend à pied, avec ses deux enfants, vers la ville de Roscommon. En chemin, l'un de ses enfants meurt de faim. En 1775, son fils Padraic décide d'émigrer aux États-Unis. Des années plus tard, un inconnu vient frapper à sa porte pour demander à être hébergé. Il lui offre une pièce d'or pour la nuit. Betty, qui est devenue à moitié folle, tue l'étranger pour s'emparer d'une bourse bien garnie. Lorsqu'elle fouille les effets de sa victime, elle se rend compte qu'il possède des lettres qu'elle lui a écrites. En fait, elle vient d'assassiner son propre fils Padraic. Ses hurlements attirent l'attention des voisins qui préviennent les autorités. Arrêtée, Betty Sugrue est jugée et condamnée à la peine de mort. Le jour de son exécution, elle est emmenée avec vingt-cinq autres prisonniers vers les potences qui sont alignées en ligne droite. Une foule immense est amassée pour se repaître du spectacle. L'excitation est telle qu'un officier se voit obligé de tirer en l'air pour calmer les badauds. À ce moment-là, le shérif apprend que le bourreau est malade et qu'il lui est impossible d'exercer ses fonctions. Les spectateurs commencent à s'impatienter, jusqu'à ce que Betty se propose d'officier à sa place. Après un moment d'hésitation, on la libère de ses liens et, à la surprise générale, elle réussit à pendre les vingt-cinq condamnés, sans le moindre problème, et avec une absence totale d'émotion.

Betty Sugrue est ensuite reconduite en cellule. Quelques jours plus tard, le bourreau décède et le shérif de Roscommon décide de la nommer de manière officielle exécutrice des hautes œuvres. On lui accorde un salaire et un logement dans l'enceinte de la prison, afin d'assurer sa sécurité. Surnommée la « Femme de l'Enfer », elle s'adonne à ses fonctions avec beaucoup d'enthousiasme. Elle est aussi chargée de fouetter les détenus indisciplinés. Pour éviter les débordements de la foule lors des exécutions, elle obtient de faire édifier une potence dans l'enceinte même des murs de la prison, où le public peut mieux être canalisé. Betty en supervise la construction. À partir de la fin du XVIIIe siècle, le nombre des exécutions diminuent, malgré les révoltes irlandaises de 1798 : Betty Sugrue demande et obtient de pouvoir prendre sa retraite. En 1802, elle est officiellement graciée pour « services rendus ». Elle continue de vivre à l'intérieur de la prison, où elle décède en 1807. Son corps est enterré de nuit dans un lieu à tout jamais gardé secret.

Le 19 septembre 1793, la première exécution par guillotine se déroule en Corrèze, à Uzerche. Le condamné est un colosse du nom de Besse, dit « Piarrissou », un mendiant accusé d'actes contre la Révolution. La machine est mal montée et la lame s'abat à quatre reprises sans décapiter le condamné qui est blessé à la nuque. Le sang éclabousse même les spectateurs. L'exécuteur abandonne son poste pour s'enfuir sous les quolibets de la foule. Son épouse, qui est aussi son aide, surgit alors sur l'échafaud et, à l'aide d'un couteau de boucher qu'elle a apporté « à tout hasard », elle tranche la tête du condamné en moins d'une minute.

Le 1er juin 1911, à 10h07, Vincent Voycheck, qui a été condamné à la peine de mort le 1er avril pour avoir assassiné son propriétaire, est pendu par Zoe Himes, la secrétaire du palais de justice de Clarion, en Pennsylvanie. À cette époque, il n'y a plus d'exécuteur officiel dans cet État. Il semble que sa fonction de bourrelle se soit limitée à cette unique occasion.

Le 1er mars 1972, plusieurs quotidiens en Malaisie publient des articles et une interview d'Anita Chuan, d'origine chinoise, qui travaille comme secrétaire à Kuala Lumpur. Âgée de dix-neuf ans, elle répond à une annonce du Département des prisons de Singapour, qui est à la recherche d'un poste de bourreau à temps partiel à pourvoir. « Pourquoi pas ? Je crois qu'il faut juste tirer sur un levier pour faire le job. Je sais que c'est inhabituel pour une jeune femme d'effectuer une telle demande. Mais pourquoi pas, après tout ? J'ai toujours voulu explorer le reste du pays. En étant bourreau à temps partiel à Singapour, je pourrais garder mon emploi de secrétaire en Malaisie. Personne ne se permet de mésestimer un juge qui condamne un accusé à la peine capitale. Pourquoi devrait-on mépriser le bourreau ? » Apparemment, elle n'obtient pas le poste, puisque l'on n'entend plus jamais parler d'elle.

En 1984, Mouammar Kadhafi, le leader libyen, organise la première exécution publique de son régime, dans le stade de basket-ball de Benghazi, où sont rassemblés des écoliers et des étudiants. Le condamné est Al-Sadek Al-Hamed Shuwehdy, un ingénieur, qui a fait campagne contre le colonel. La pendaison est retransmise en direct à la télévision. Lorsque l'homme se balance au bout de la corde, une jeune femme se précipite sur la potence pour s'agripper aux jambes de Shuwedhy, et le tirer vers le bas de tout son poids pour l'achever. C'est ainsi que Huda Ben Amer se fait remarquer par le dictateur qui, plus tard, la nomme maire de Benghazi. Surnommée « Huda Al-Shannaga » (« Huda l'exécutrice »), elle aime parader avec une arme à la ceinture et elle se vante de son acte : « Nous n'avons pas besoin de parler, nous avons besoin d'exécutions. » Elle est arrêtée à Tripoli en août 2011, lors de la chute de Kadhafi.

Le 24 janvier 1989, Ted Bundy, le plus célèbre tueur en série de tous les temps, est exécuté sur la chaise électrique de Florida State Prison. Dans l'édition réactualisée de 2008 de *Un tueur si proche*, Ann Rule avance l'hypothèse qu'il a été exécuté par une femme : « Personne ne sait qui est l'exécuteur, mais un témoin affirme avoir aperçu d'épais sourcils recourbés qui entourent le visage masqué. Je pense que c'était une femme. » Le Florida Department of Corrections garantit toujours l'anonymat de ses bourreaux qui sont sélectionnés parmi une liste de civils préétablie. À l'époque de Bundy, celui (ou celle) qui actionne le bouton touche cent-cinquante dollars. Interrogé à ce sujet, le porte-parole de la prison indique que « cela aurait pu être une femme ».

Le 19 mars 2001, deux-cent personnes assistent à la pendaison de Fariba Tajiani Imamgholi, trente ans, qui est condamnée à la peine capitale pour la possession de trente grammes d'héroïne. Elle est emmenée sur la plateforme d'un camion vers un square de Téhéran où la corde de nylon qui est attachée à une grue est ajustée par une femme voilée. Elle met dix minutes à mourir et son corps reste exposé pendant une trentaine de minutes.

LE PREMIER BOURREAU ÉLECTRIQUE

Après la première exécution sur la chaise électrique de William Kemmler, le 6 août 1890, il se déroule un an quand, le 7 juillet 1891, quatre meurtriers sont installés à tour de rôle pour de nouvelles « expériences », le terme employé à l'époque par les autorités judiciaires. À cause des réactions négatives des médias présents en 1890, le directeur de la prison de Sing Sing interdit la présence de reporters. Il fait même signer à tous les témoins une promesse de secret absolu sur le déroulement des opérations. Parmi les condamnés, un homme de race noire reçoit une décharge plus importante que les autres car son « crâne est bien plus épais ». En décembre 1891, la sixième exécution, celle de Martin D. Loppy, à Sing Sing, tourne au désastre. Le détenu s'est évanoui lors du « Last Mile » (la distance qui sépare les cellules des condamnés à la peine capitale de la chaise électrique dans cette prison) et c'est à moitié inconscient qu'on l'installe. Il reçoit quatre décharges car les électrodes surchauffent, et il faut les humidifier pour éviter qu'elles ne brûlent. Lors de la seconde, son œil gauche saute de son orbite et du pus coule le long de sa joue. Les témoins racontent qu'ils ont senti une « effroyable odeur » de merde et de chair rôtie.

Une nouvelle chaise électrique est construite pour l'exécution de Charles McElvaine, meurtrier d'un épicier, en février 1892, toujours à Sing Sing. Les bras de la chaise sont placés plus haut, à hauteur des aisselles, et ils s'inclinent vers le bas, juste au niveau du siège. Les mains sont plongées dans deux bocaux de deux litres d'eau salée. Un fil trempé dans les récipients sert de conducteur électrique. Des pochettes en caoutchouc, remplies d'eau salée, sont placées près de chaque électrode pour les humidifier en cas de surchauffe. Deux décharges, l'une de cinquante secondes, l'autre de trente-six, sont nécessaires pour achever McElvaine. Cette méthode avec de l'eau saline a été suggérée par Thomas Edison, mais elle est abandonnée par la suite.

À partir de 1896, l'Ohio emboîte le pas de l'État de New York pour remplacer la pendaison par la chaise électrique, bientôt suivi par le Massachusetts en 1898, le New Jersey en 1906 et le Texas en 1924. Si le directeur de Sing Sing utilise le mot d' « expériences », Westinghouse propose « Westinghoused », Edison ceux d' « électromort » ou « dynamort », un homme de loi, celui d' « électricide », avant que les reporters n'optent pour le terme générique d' « électrocution » qui finit par s'imposer à tous. Au fil des décennies, la quasi-totalité des États américains adoptent ce mot d'électrocution. Le protocole d'exécution est aussi altéré, le voltage envoyé dans le corps du condamné est augmenté au fur et à mesure du XXe siècle. Dans les années soixante, la première décharge est de deux-mille volts et elle dure trois secondes, suivie par une seconde de cinq-cents volts pendant cinquante-sept secondes. Pour la seconde minute, le cycle est répété, pour s'achever par un ultime envoi de deux-mille volts l'espace de quelques secondes, avant que le courant ne soit coupé. Dans les années 1980, une première décharge de deux-mille-trois-cents volts est appliquée durant dix secondes, suivie d'une deuxième de cinq-cents volts pendant vingt secondes. Lors des dernières utilisations de la chaise électrique, ce système est automatisé et programmé.

Si les bourreaux qui se chargent de pendre, de décapiter ou de guillotiner sont connus et deviennent même des célébrités, il n'en est pas de même pour ceux qui gèrent la chaise électrique ou la chambre à gaz, où l'incognito est de rigueur. Afin de préserver cet anonymat, l'exécuteur de la chaise électrique en Floride porte une cagoule noire. Ces bourreaux n'ont pas non plus de contact préalable avec le condamné. Ils le rencontrent une seule fois, lorsqu'il est attaché sur la chaise. Si le détenu possède des caractéristiques physiques hors normes, ils en sont informés par le personnel de la prison.

Le premier « bourreau électrique », qui préside à l'exécution de William Kemmler en 1890, est Edwin F. Davis, homme de petite taille aux moustaches tombantes, qui est âgé de quarante-quatre ans à ce moment-là. Il devient, de manière officielle, « électricien de l'État de New York ». Il détient ce poste pendant vingt-quatre ans, jusqu'en 1914, où il décide de démissionner. Il décède en 1923, après avoir envoyé *ad patres* deux-cent-quarante condamnés, dont Martha Place, première femme à être électrocutée, le 20 mars 1899. On dit que l'ensemble de ses électrocutions lui rapportent la somme de dix-mille dollars. Il devient également le bourreau patenté du Massachusetts et du New Jersey. Il perfectionne les électrodes et en dépose les brevets. Lors des exécutions, il est toujours vêtu d'un long manteau noir et d'un chapeau en feutre de la même couleur. Edwin Davis est très jaloux de ses prérogatives et il garde jalousement les secrets de son métier. Lorsque plusieurs États lui demandent de former des assistants, au cas où il tomberait malade ou viendrait à décéder, il refuse net pendant près d'un an. Au bout d'âpres négociations, Davis accepte d'enseigner son « métier » à deux aides et il vend son brevet, U.S. Patent n° 587.649, de « chaise à électrocution » pour la coquette somme de dix-mille dollars.

Un jour, un détenu demande à le rencontrer trente minutes avant son exécution. Curieux de connaître le sens de cette démarche, Edwin Davis lui rend visite en cellule : « Eh bien, quelle impression je vous fais ? » « Mon pote, tu es le plus laid de tous les fils de pute que j'ai pu rencontrer. » Il le retrouve dans la salle où il est attaché sur la chaise électrique. Davis est en train de lui fixer les électrodes, lorsque le condamné lui répète : « Je pense toujours que tu es le plus moche des fils de pute que j'ai pu croiser dans mon existence. »

Edwin Davis, dont le hobby est l'apiculture, a beaucoup de scrupules lorsqu'il apprend que le recours en grâce de Martha Place est rejeté et qu'il va devenir le premier homme à exécuter une femme sur la chaise électrique. Le 7 février 1898, elle jette de l'acide sulfurique au visage d'Ida, sa belle-fille âgée de dix-sept ans, avant de l'étouffer avec un coussin. Le même jour, lorsque son mari rentre à leur domicile de New York, elle l'agresse de deux coups de hache à la tête, mais il survit à ses blessures. Le 20 mars 1899, jour de son exécution, Davis décide de ne pas faire couper les cheveux de la détenue, avant qu'elle ne soit installée sur la chaise électrique, afin de lui éviter un spectacle humiliant lors de son arrivée dans la salle à Sing Sing. Il demande à ce que des gardiennes se placent devant la condamnée pour cacher cette tonsure aux témoins. Martha Place serre une petite bible entre ses mains. D'une voix ferme et sans l'ombre d'une crainte, elle déclare : « Que Dieu me vienne en aide. » Davis applique une première décharge de mille-sept-cent-soixante volts pendant quatre secondes, avant d'enchaîner sur du deux-cents volts durant une minute et de terminer à nouveau le cycle par mille-sept cent-soixante volts, l'espace de quelques secondes. Pour tous les témoins présents, l'exécution a été un succès complet. Vers la fin de sa carrière, Edwin F. Davis se charge d'exécuter sept condamnés le même jour, le 12 août 1912, dans la prison de Sing Sing. Lorsqu'il prend sa retraite en 1914, c'est son assistant John Hulbert qui le remplace et qui met à mort cent quarante détenus en l'espace de treize ans. Atteint de dépression chronique à cause de son métier, Hulbert se suicide en 1929. Après avoir abandonné ses fonctions, Edwin Davis dirige une cidrerie jusqu'à son décès neuf ans plus tard.

QUAND « MONSIEUR DE PARIS » PART TRANCHER DANS LE VIF EN PROVINCE

Quoi de plus émouvant qu'une belle histoire de bourreau et Anatole Deibler est sans conteste le plus célèbre des chasseurs de têtes français. Tiré d'un journal de 1933, voici le récit des vingt-quatre heures de « Monsieur de Paris » qui part à Angoulême effectuer une double exécution :

« Le samedi 15 juillet, M. Deibler taillait des roses dans le petit jardin qui entoure sa villa d'Auteuil, quand un agent cycliste sonna à la porte. Par un étroit judas, le bourreau dévisagea l'importun « Passez-moi le pli sous la porte ! » dit-il. Or, d'où il se tenait, l'exécuteur ne pouvait apercevoir le message que l'agent portait en main. Sans doute, la seule vue du képi galonné lui avait appris ce que cette visite signifiait. Je l'avais moi-même deviné. Il y avait six mois, peu ou prou, que je guettais cette aventure, six mois qu'un soir, mon directeur m'avait dit : « Il faudra, un jour, suivre Deibler ! ».

Suivre le bourreau ? C'est-à-dire le rencontrer chez lui au moment précis où on lui donne l'ordre d'aller exécuter un assassin dans une ville de province. J'avais donc loué, depuis six mois, dans un hôtel voisin, une chambre dont les fenêtres donnaient sur son jardin. J'avais, des semaines durant, surveillé ses allées et venues ; je l'avais vu, chaque matin, se promener sur les berges de la Seine, tenant en laisse un petit griffon au poil noir ; je l'avais vu souvent sortir au volant de sa conduite intérieure bleu-roi. Trois fois cependant, en dépit de ma surveillance, il m'avait filé dans les mains ; je l'avais vu à trois reprises revenir d'une exécution en province.

Je désespérais même de ne jamais surprendre un de ses départs. Pas un de ses voisins n'avait pu me dire comment le ministère le faisait prévenir.

Les huissiers de la direction des Affaires criminelles et Grâces, rue Cambon, observaient à ce sujet un mutisme complet. Tout ce que j'en pus tirer se résumait à ceci : l'exécuteur n'était jamais prévenu ni par lettre, ni par télégramme... Qui donc lui apportait le mandat d'opérer ? Comment prévenait-il ses aides ? Quand se rendait-il à la Santé pour ouvrir le hangar qui renferme la guillotine ?

Lorsqu'à la mi-juin, Deibler fut rentré de Coutances où il était allé trancher le cou à Delanoé, je fus frappé de ce que, cinq ou six jours avant son départ, un agent cycliste s'était présenté chez lui, porteur d'une petite enveloppe bleue.

Le même fait s'était également produit quelques jours avant l'exécution de Martien Evaux, au Puy, et celle de Xavier Cornet, à Reims. La venue de l'agent cycliste déclenchait donc à coup sûr les guillotinades de province. J'étais fixé ; il ne me restait plus qu'à attendre le prochain passage de l'agent.

Il revint le 15 juillet. Mes efforts n'avaient pas été vains. Je tenais la terrible nouvelle. Il s'agissait donc de ne plus lâcher Deibler d'une semelle. Un rapide coup d'œil sur les dossiers de condamnés à mort en instance me révéla que les avocats de deux garçons de culture [des ouvriers agricoles] assassins, détenus à la prison d'Angoulême, avaient été reçus six jours avant par le président de la République.

Deibler, à n'en plus douter, allait partir en Charente. L'après-midi du dimanche 16 juillet, le bourreau, contre son habitude, ne sortit point. Mais le dimanche soir à la nuit tombée, il se rendit aussi discrètement que possible rue du Point-du-Jour, avenue de Versailles, et enfin rue de la Convention. Il entra en se dissimulant dans les trois immeubles où je savais que ses aides demeuraient. Les aides prévenus, la prochaine exécution devenait imminente.

Le lundi matin, ma voiture filait derrière celle du bourreau. Mademoiselle Deibler était, ce jour-là, au volant de la conduite intérieure bleu-roi. Elle gagna à vive allure la gare de marchandises du réseau de Paris-Orléans et je pénétrai, derrière le bourreau, dans les bureaux d'expédition en grande vitesse. Le sous-chef de service reçut l'exécuteur qui, sans dire mot, tendit à l'employé une feuille revêtue du cachet de la justice.

« Pour demain matin, est-ce possible ? » demanda-t-il. Les doigts du cheminot se mirent à trembler. « Mais oui... C'est entendu ! » balbutia-t-il. Sans remercier ni saluer, l'exécuteur quitta le bureau de la gare. Je n'avais plus besoin, maintenant, de le suivre. Le texte de la réquisition qu'il venait de remettre au sous-chef me passionnait davantage. Une heure après, je la tenais en mains. Elle n'était pourtant pas bien terrible, cette note. Elle disait : « Vu l'article 4 du décret du 25 novembre 1870. Requérons la Compagnie des Chemins de fer de Paris-Orléans de transporter de Paris à Angoulême (aller et retour) les instruments de justice qui accompagnent M. Deibler, exécuteur en chef des Arrêts criminels. La voiture devra être couverte d'une bâche. »

« Quand doit-il vous amener son fourgon ?

– Demain matin, mardi, à 10 h 30 », répondit l'employé.

Le lendemain matin, à 9 h 30, accompagné cette fois de notre reporter-photographe, je surveillais sans impatience la porte de la Santé. Le bourreau arriva en voiture vers 10 heures. « Le *cobaye* est-il là ? » interrogea-t-il. Le gardien-chef hocha la tête : « Pas encore vu, M. Deibler ! » De quel *cobaye* s'agissait-il ? Je n'allais pas tarder à être fixé. Deibler était rentré dans la prison et sans doute préparait-il ses couperets. L'exécuteur possède à la Santé, tout de suite à gauche, en entrant sous le porche, un petit hangar qu'il s'est fait édifier à ses frais. Il y remise deux guillotines jumelles, construites également sur ses propres deniers. Deux jumelles ! Le terme n'est pas tout à fait exact, car l'une des deux machines est plus haute et plus massive : c'est celle qui sert aux décapitations opérées boulevard Arago. L'autre, plus frêle mais non moins sûre, est celle que le bourreau emporte avec lui en province. C'était celle qu'il préparait en attendant la venue du « cobaye ». Le gardien qui, depuis un moment, surveillait la rue, lança soudain des appels du geste et de la voix à un vieil homme qui arrivait traînant en remorque un vieux cheval.

« Hé, Coupe-en-deux, dépêche-toi un peu avec ton *cobaye* ! »

Le charretier, c'était « Coupe-en-deux ». Le cheval, c'était le *cobaye*. L'argot de la guillotine est une étrange langue. « Coupe-en-deux » est un vieux charretier de la rue des Cordelières qui conduit depuis plus de trente ans, dans Paris, le fourgon du bourreau. « Coupe-en-deux » a vu tomber trente-cinq têtes boulevard Arago. Il a embarqué la guillotine plus de quatre cents fois dans les diverses gares de la capitale.

Le mardi 18 juillet, à 10 heures du matin, il quittait donc une fois de plus la Santé, sur le siège de la sinistre tapissière qui, tant de fois, a fait le tour de France ; car notre bourreau est à coup sûr une curiosité unique au monde : sans se lasser jamais, Deibler va de ville en ville couper les têtes, comme d'autres vont placer des barriques de vin.

Le fourgon des bois de justice ressemble d'ailleurs, étrangement, à une roulotte foraine, et lorsque « Coupe-en-deux » quitte la Santé avec cette voiture, il ne manque jamais de lancer sa traditionnelle plaisanterie : « Voilà « Guignol » qui s'en va ! »

Anatole Deibler, encore sans défiance, accompagna son fourgon jusqu'au quai d'embarquement, mais lorsqu'il aperçut le photographe, il plaqua là le chargement des Bois et à travers les halls encombrés de bagages, il regagna précipitamment sa voiture.

« Coupe-en-deux » resté seul avec nous, se prêta aux confidences.

« Deibler vous donne-t-il de bons pourboires ? » La réponse partit du cœur : « Dame non ! Il est bien trop avare. Il m'accorde tout au plus quinze francs par déplacement. Aujourd'hui, grâce à vous, il m'a donné vingt francs. Je suis embêté par les journalistes, m'a-t-il dit, arrange-toi pour expédier la voiture tout seul... »

– Accompagnez-vous parfois Deibler en province ?

– Non. Pourtant si, une fois, en 1922, pour Landru. Comme il fallait que l'exécution soit tenue secrète le plus longtemps possible, on a hésité à envoyer « Guignol » par chemin de fer ! Nous sommes donc partis en pleine nuit, de la Santé. Il gelait à pierre fendre. Deibler avait l'onglée.

– Quand va-t-il partir avec ses aides ?

– Demain matin, à la gare d'Orsay ; j'ai lu ça sur sa feuille de route. Je crois qu'en nous quittant il a été retenir un compartiment de 2ème classe dans l'express de Bordeaux. »

En cette période, les trains sont trop souvent complets. Il fallait donc, au risque de ne pouvoir voyager avec le bourreau, retenir d'urgence nos places dans le Paris-Bordeaux. Je bondis en gare d'Orsay et, jouant d'audace, j'essayais d'obtenir le numéro du wagon où Deibler voyagerait. « Voilà, expliquai-je au préposé, je suis le gendre de M. Deibler. Mon beau-père doit partir demain matin pour Angoulême et il m'a chargé de vous prévenir qu'il viendra tantôt retenir un compartiment dans un wagon de tête. » Le cheminot ouvrit de grands yeux.

« Mais M. Deibler sort d'ici ! Et il a loué précisément dans le wagon de queue.

– Impossible ! répondis-je d'un air incrédule. »

L'employé, piqué au vif, étala devant moi une nouvelle réquisition. « Tenez... Il a retenu le compartiment n° 3, dans le wagon 14. Il partira d'Orsay demain matin à 8 h 35. » En hâte, je lus la réquisition. Il y était question de Deibler, de ses quatre aides, de discrétion, de sécurité. J'appris ainsi que le bourreau, taxé au régime des prisonniers, avait payé son voyage, aller et retour compris, 404 francs 50. On lui avait même délivré un billet de famille.

On n'aurait pu mieux faire, car, pour éviter une jalousie aux conséquences incalculables, l'exécuteur a depuis longtemps renoncé à travailler avec des étrangers. Il a pris tous les aides actuels dans sa propre famille. Ainsi, André Obrecht, son premier aide, est également son neveu. Henri Desfourneaux, son second aide, est encore un de ses neveux. Les autres sont des cousins.

On dirait qu'une étrange fatalité pousse tous les hommes de cette famille vers la même mission ; trancher des têtes.

RÉSERVÉ PAR AUTORITÉ DE JUSTICE DE PARIS À ANGOULÊME.

À la lecture de cette pancarte, les voyageurs qui prenaient le rapide Paris-Bordeaux ce mercredi 19 juillet à 8 h 35, s'arrêtaient, interdits, devant le compartiment soigneusement clos qui portait cette affiche. Dès la mise en place du convoi l'exécuteur et ses aides s'y étaient calfeutrés.

Cet excès de précautions contre les indiscrets les empêcha de nous voir monter derrière eux et cela me permit, dès le départ, de plaquer contre leur portière une oreille attentive.

Ils s'entretinrent d'abord de choses fort banales. Puis ils parlèrent des deux garçons de ferme d'Angoulême condamnés à mort, les nommés Véteau et Martin, assassins, l'un et l'autre, de leurs anciens maîtres. J'appris ainsi que l'exécution serait double.

« Voilà cinq ans que nous n'en avons pas vu une seule, disait Obrecht. »

Une voix sourde et traînante rectifia :

« Si j'ai bonne mémoire, la dernière remonte au 21 juin 1928, lorsque nous sommes allés à Montbrison guillotiner Allier et Montagnon ! »

Et toujours la conversation revenait sur Véteau et Martin. Comment allaient-ils se conduire ? Allait-il falloir mater Véteau, la sombre brute, et se colleter avec lui, comme l'an passé avec Cipière de Périgueux ? Martin, au contraire, semblait plus docile. D'avance, les aides se partageaient la besogne.

« Moi, cette nuit, je me tiendrai à droite des condamnés.

– Et moi, reprit Obrecht, je continuerai, comme par le passé, à faire le photographe. »

Dans l'argot du bourreau, cela signifie tirer le patient par les cheveux.

« De toute façon, conclut Deibler, il faudra bien qu'ils y passent. »

Dans chaque gare, le patron ouvrait la porte du couloir et donnait son avis. « Ici, le train doit s'arrêter six minutes. » Le terrible fonctionnaire était passé partout. Il connaissait par cœur les itinéraires et les horaires. Chaque ville traversée lui rappelait une ou plusieurs exécutions capitales, et il égrenait ses souvenirs devant ses neveux. De temps à autre, le bourreau arpentait les couloirs feutrés du wagon. Il s'était coiffé d'un béret basque ; les voyageurs restaient indifférents devant ce vieillard à la barbiche grise, aux allures de retraité. Nul n'aurait songé à voir en lui un coupeur de têtes.

L'époque des bourreaux romantiques est depuis longtemps révolue…

Ayant aperçu l'objectif de notre photographe, à la sortie de la gare d'Angoulême, Deibler et ses aides s'engouffrèrent dans le premier hôtel de l'avenue de la Gare, l'hôtel Terminus. Aussitôt entré, le bourreau composa avec les tenanciers de l'établissement. « Je suis M. Deibler. Je désire dîner et coucher avec mes quatre compagnons. Mais je réclame sur ma présence ici un silence absolu. Pas de curieux. Pas de journalistes. Je ne veux voir personne. »

Ses bagages déposés en lieu sûr, le bourreau quitta l'hôtel par une porte dérobée. Il se rendit tout d'abord à la gare des marchandises pour s'assurer de l'arrivée de la guillotine. C'est, dans chaque ville, son premier souci depuis le jour où en 1912, les bois de justice s'égarèrent entre Lyon et Marseille. Il y avait eu cette année-là, dans les limites du réseau P.L.M., deux condamnations à mort. L'un, au renom sinistre, attendait à la prison Chave, de Marseille. L'autre, un assassin obscur, croupissait dans une cellule de Carpentras. Sans même lire la feuille de route, les employés dirigèrent tout droit le fourgon sur la gare Saint-Charles, et, tandis qu'à Marseille les éditions annonçaient l'arrivée des bois de justice et l'imminence de l'exécution, Deibler, à Carpentras, s'arrachait les cheveux : « On a volé ma guillotine ! »

Les appareils Morse s'affolèrent dans toutes les gares du réseau. Le ministère, alerté, câbla la grâce du condamné, et quand le bourreau eut retrouvé sa machine, force lui fut de rentrer à Paris sans n'avoir guillotiné personne...

Anatole Deibler entra dans le cabinet du procureur Dalesme avec une heure de retard sur le rendez-vous qu'on lui avait fixé. Une heure complète, perdue à vouloir dépister à travers la ville un photographe qui le suivait mieux que son ombre. Il l'avait retrouvé en haut et en bas de la ville. Il avait beau faire, beau fuir, toujours l'objectif se braquait sur lui au détour d'une rue. En s'engouffrant dans le palais de justice, il se crut enfin libéré. Infortuné bourreau ! Les reporters l'attendaient dans la salle des pas-perdus, qu'il prit le parti de traverser sur toute sa longueur en se masquant la figure à pleine main. Le procureur essaya d'obtenir de lui le nom de l'hôtel où il était descendu. Deibler refusa d'en communiquer l'adresse. « Enfin, trancha le magistrat, si nous avions quelque chose de nouveau, où pourrions-nous vous joindre ? » L'exécuteur répondit placide : « Ceci me regarde. » D'un air de dire : « Cela ne regarde personne ! »

Nous abandonnâmes un instant le bourreau pour nous rendre à quatre kilomètres d'Angoulême, au cimetière des suppliciés. Le fossoyeur achevait de creuser la double tombe. Contre un mur étaient posées les bières destinées à recevoir les corps décapités. Martin devait être beaucoup plus petit que Véteau, car le cercueil sur lequel les charpentiers avaient tracé son nom à la craie était beaucoup plus étroit que l'autre.

Nous retrouvâmes Deibler et ses aides confortablement installés à la table d'hôte de l'hôtel Terminus. Leur repas s'achevait. À notre vue, ils terminèrent en toute hâte le dernier plat et ils s'empressèrent de gagner leurs chambres.

« Faudra-t-il vous réveiller cette nuit ? questionna le gérant.

– Non, merci, nous avons nos réveils. »

En effet, en 1919, un hôtelier d'Albi oublia de les réveiller à temps ; l'exécution dut être remise et cela leur procura tant d'ennuis que, depuis, l'exécuteur et ses aides emportent toujours avec eux trois réveille-matins.

Je ne sais pas si les bourreaux ont le sommeil facile. En tout cas, le mercredi 19 juillet au soir, à peine la nuit fût-elle tombée qu'une animation inaccoutumée régna dans les rues d'Angoulême. Dès 9 heures, des couples munis d'escabeaux, des groupes de jeunes gens en goguette, montaient en rangs pressés la rue de la Rampe des prisons. Tout ce beau monde, animé d'une insolente gaieté, se préparait, huit heures d'avance, à voir mourir un homme.

Un préjugé ancré, on ne sait pourquoi, dans l'esprit provincial, veut que les criminels soient guillotinés quarante jours après l'arrêt de mort.

Et, en effet, depuis deux mois, toutes les nuits, la même curiosité malsaine poussait là cette cohue ; tous les soirs, ces gens revenaient hurler sous les murs de la prison ; et leurs cris emplissaient le repos des deux assassins, de cauchemars hallucinants.

Vers les onze heures du soir, je me mêlais à la foule qui entourait la prison d'une marée humaine. Il y avait là des gueux, des prostituées, des femmes portant sur les bras des bébés de dix-huit à vingt mois. On rencontrait même des bourgeois de la ville, en quête d'émotions fortes.

Le greffier du tribunal, qui m'accompagnait, ne pouvait faire un pas sans lever son chapeau ou serrer une main. À chaque minute, la bousculade augmentait. Certains se couchaient sur le bord du trottoir pour tenter d'y dormir une heure ou deux. Ils étaient aussitôt piétinés. Un homme, tenant par la main un gamin de treize ans, lui rabâchait : « Tu vois, Dédé, voilà où ça mène de se mal conduire ! »

On eut dit une fête légale. Les cafés s'étaient délibérément octroyé la permission de rester ouverts toute la nuit. Un restaurant coté offrait de grands « dîners » à quatre heures du matin, avec « 300 plats à choisir depuis 0 fr. 50 ».

Un jeune homme me tirait par le bras.

« Monsieur, je me présente, David Serra, je travaille dans le bâtiment. Si vous désirez voir, il y a là-haut, quelqu'un qui loue un toit.

– Une bonne place ?

– Comme si on y était ! »

Soudain la foule s'agita sourdement. Les forces policières arrivaient, sabre au clair, baïonnette au canon. La foule serrait les coudes pour empêcher d'avancer. Les gardes mobiles chargèrent, puis, par représailles, la population hostile qu'on refoulait se mit à hurler : « À mort ! À mort les assassins ! »

Cette multitude dût bientôt déchanter. Les barrages furent poussés si loin que les curieux perdirent tout espoir d'apercevoir quoi que ce soit, pas même la guillotine, qui allait disparaître sous les marronniers, très touffus, qui masquent l'entrée de la prison.

En province, M. Deibler trouve souvent de grandes difficultés pour découvrir un loueur de chevaux qui consente à assurer le transfert du fourgon de la gare à la prison, et de la prison au cimetière.

C'est, en général le troisième aide qui est chargé de cette recherche. Lancé à la poursuite du bourreau au cours de l'après-midi, nous avions négligé ce point. C'était pourtant par ce loueur que nous comptions savoir à quelle heure les exécuteurs quitteraient l'hôtel Terminus.

« Je crois bien, nous dit un employé de la gare, que c'est la maison de transports Delage qui a accepté cette mission. »

Nous découvrîmes, non sans peine, cette entreprise de camionnage. Dans la cour, un charretier était en train de seller deux chevaux.

« Ce sont eux qui vont traîner le fourgon ?

– Il paraît...

– Combien le bourreau vous paye-t-il vos services ?

– Cent francs par cheval, à ce qu'on m'a dit...

– À quelle heure vous a-t-il donné rendez-vous ?

– À deux heures du matin, au quai de débarquement... »

Il était alors une heure et demie. Nous allâmes donc, sans attendre, nous poster devant l'hôtel Terminus. La nuit était tiède et sans lune. L'avenue de la Gare était déserte. On entendait seulement, là-haut, au-dessus de la ville endormie, gronder la populace qui s'écrasait contre les barrages de troupes.

Le gardien de nuit de l'hôtel ne savait absolument rien. Il avait l'ordre de ne réveiller personne. Les cinq exécuteurs n'avaient rempli aucune fiche de garni.

À deux heures précises du matin, dans trois chambres à la fois, trois réveils sonnèrent, emplissant l'hôtel et la rue de leurs carillons échevelés.

C'était le lever du bourreau !

À la façade sombre de l'hôtel, cinq fenêtres s'illuminèrent. Derrière les persiennes, des ombres pressées allaient et venaient. Puis, simultanément, les cinq fenêtres s'éteignirent ; presque aussitôt après, la porte basse de l'hôtel grinça et, l'un après l'autre, les aides sortirent. Deibler apparut le dernier.

Sous les éclairs répétés de nos lampes à magnésium, les cinq hommes courroucés et inquiets, se hâtèrent vers la gare, et traversant les quais et les voies pour gagner plus vite le quai de débarquement.

Le charretier et les deux chevaux de la maison Delage attendaient depuis dix minutes déjà. Les bêtes furent rapidement attelées, et le fourgon, par les petites ruelles comme si l'on eût craint de rencontrer des agents de police, se dirigea à grand fracas vers la longue rampe qui monte à la prison.

Trois aides marchaient près de la voiture. Deibler et les deux autres s'étaient enfermés à l'intérieur de la tapissière où ils avaient allumé un quinquet fumeux. De l'avant du fourgon, on les voyait assis tous trois sur l'énorme panier et l'on se demandait quelles pouvaient être les pensées de ces trois hommes isolés avec la machine à couper les têtes ! Le sinistre fourgon n'a rien d'un huit cylindres. Il allait sautillant sur les pavés avec un bruit de vieille ferraille, réveillant les quartiers de la ville qu'il traversait. On avait beau être resté chez soi, la guillotine venait vous relancer à domicile.

Les voilà ! Une longue rumeur salua l'arrivée des bois de justice devant les barrages. La foule, pour un instant docile, s'écarta avec des applaudissements. On entendit même crier « Vive Deibler ! »

La tapissière vint se ranger contre le mur de la prison. Les aides, ayant revêtu des salopettes beiges, s'éclairant de vieilles lampes à huile, sortirent de la voiture une grande quantité de pièces numérotées. Des pièces qui, sans un coup de marteau, sans un bruit, s'ajustaient entre elles avec la précision des rouages d'une montre.

Rapidement, les deux montants, distants d'une largeur d'épaules, allèrent se perdre dans les branches des marronniers qui garnissaient la place de la prison. Au moyen d'une échelle, un aide coiffa les deux montants du lourd coffret qui contient le déclic. C'est ce que ces messieurs appellent dans leur argot : le « sac de voyage »...

De temps à autre, Deibler se penchait vers ses aides et faisait rectifier la position d'une pièce. Il observait toutes les phases du montage avec des soins infinis. On eut dit un commerçant retiré des affaires en train de surveiller la construction de sa maison de campagne.

Et il avait raison. Pensez ! Si quelque chose avait cloché, si l'œuvre de mort allait être mal exécutée ? Quel tumulte ! D'abord il perdrait sa place et toute cette foule qui hurlait là-bas l'écharperait peut-être. L'opération dura une heure. Maintenant, l'ombre terrifiante de la guillotine se projetait sur la porte de la prison. Il ne manquait plus que le couperet.

Alors, Deibler se baissa sur un écrin plat et oblong. Il en retira une lame d'acier triangulaire, une petite lame qui tue très adroitement son homme. Il la porta, avec des précautions exagérées, jusqu'à la machine, et il la boulonna sur les quarante kilos de plomb qui coulissent entre les bras de la « Veuve ».

Puis, à grand effort, il hissa ces quarante kilos de mort jusqu'en haut des montants. Le déclic se referma et le couperet se perdit dans le feuillage. Cependant la lame inerte était prête à tuer.

Qui donc a dit qu'on guillotinait à l'aube, parce que le bourreau aimait à voir se lever l'aurore ? Deibler, lui, son instrument de mort mis au point, retourna se cacher derrière son fourgon, en attendant son heure. Par instants, d'une main fébrile, il tirait sa montre. « Allons-y ! » murmura-t-il soudain.

Il frappa au judas de la prison et tendit une feuille rose. « De par la loi, Ordre est donné à Monsieur l'Exécuteur des Arrêts Criminels, de se saisir du nommé Jean Martin, condamné à la peine de mort par la Cour d'assises de la Charente, le 29 mars 1933 ; et du nommé Paul Véteau, condamné à la peine de mort par la même cour, le 30 mars 1933, et de procéder à leur exécution en place publique le 20 juillet 1933, à l'heure légale du lever du jour. »

Tout était en règle. Le bourreau et trois de ses aides entrèrent prendre possession des condamnés. Le quatrième aide resta près de la machine. Désormais, l'attente se transforma en une sourde angoisse qui vous étreignait la gorge.

Le jour se levait peu à peu. Les réverbères s'éteignaient. Surpris par ce changement de lumière, tous les yeux clignaient au matin blafard. Le frisson de la nuit sans sommeil passa sur la foule.

Au greffe, Deibler émarge en deux endroits le livre d'écrous. On a préparé, pour chacune de ses signatures, des plumes neuves que le gardien-chef gardera en souvenir.

Maintenant, les condamnés appartiennent au bourreau. La société s'en est débarrassée. Ils sont déjà civilement morts. L'exécuteur les happe à la sortie de la petite chapelle où l'aumônier, plus pâle qu'eux, vient de leur dire la messe.

Un vieux cérémonial règle les exécutions doubles. Quelle que soit l'horreur du crime, c'est le prisonnier le plus anciennement condamné qui doit mourir le premier. Ce fut donc Jean Martin, l'assassin de madame Lavauzelle, qui fut assis le premier sur l'escabeau du greffe. Deibler ne touche jamais aux condamnés. Il se contente de surveiller la toilette de mort. C'est André Obrecht, le premier aide, qui échancre la chemise avec une paire de larges ciseaux, dont l'acier, toujours froid, fait frissonner les épaules des assassins.

C'est Henri Desfourneaux, le second aide, qui, depuis plus de vingt ans, ligote les condamnés. Il a acquis, dans cette spécialité, un tour de main vraiment remarquable. Il entrave les chevilles, puis les poings, ramenés derrière le dos ; ensuite, il réunit par une cordelette les liens des mains à ceux des jambes, et le condamné ne peut plus que, quoi qu'il fasse, marcher à petits pas et la tête haute, ce qui facilite grandement « l'abattage ». C'est par ce mot trop imagé que ces messieurs désignent la projection du supplicié sur la planche fatale.

« Au premier ! » souffle Deibler.

Tandis qu'avec un jet d'eau, les gardiens de prison, écœurés, lavaient le sang qui avait giclé sous leur porche, le fourgon, non sans peine, se frayait un passage parmi la foule qui déçue de n'avoir rien vu, se rendait à peine compte que c'était fini.

Au petit trot, la tapissière gagna le « champ de navets ». Deux gardes à cheval précédaient la voiture : spectacle sinistre et grotesque. On aurait cru que les gendarmes venaient d'arrêter la roulotte d'un rétameur, en contravention avec la police du roulage. Lorsque le fourgon apparut en vue du cimetière, le gardien des morts sonna la cloche des trépassés et l'on coucha au sol les deux bières de bois blanc apportées la veille dans l'enclos réservé aux suppliciés.

Ici encore, toute une tourbe malsaine de femmes et d'enfants avait grimpé sur les murs et les arbres voisins. Ils assistèrent avec des ricanements à la double inhumation. On ouvrit le panier. Un aide, à bras-le-corps, saisit la dépouille de Martin qu'il jeta dans un cercueil. Il en fit autant pour Véteau. Restaient les deux têtes. Sans regarder, l'aide lança à la volée la tête de Martin dans la bière de Véteau. Un cri retentit. « Vous vous trompez de cercueil ! »

L'aide haussa les épaules. Qu'est-ce que cela pouvait bien faire ? Bon gré, mal gré, le valet de l'exécuteur dût retirer la tête du cercueil de Martin et donner à chaque corps la tête qui lui convenait.

Deibler, accoudé au couvercle du panier, contemplait la scène sans laisser apparaître le moindre signe d'intérêt. Il pensait sans doute que les sections cervicales étaient bien nettes et que sa machine avait fait du bel ouvrage.

« Voyez, dit soudain un gendarme, en montrant une blessure que Martin s'était faite en se jetant sur la lunette, ne dirait-on pas qu'il a été guillotiné deux fois ? » L'aide foudroya l'importun d'un regard courroucé : « Mêlez-vous donc de vos affaires », gronda-t-il.

Et il entreprit de vider, au moyen d'une pelle, les quarante litres de sciure imprégnée de sang qui s'étalaient au fond du panier. Et cela tombait dans les cercueils avec un horrible glouglou.

Au grand trot, le fourgon revint prendre devant la prison la guillotine, qui avait été soigneusement démontée et lavée ; et une heure plus tard les bois de justice étaient revenus à leur quai d'embarquement.

Deibler était rentré à l'hôtel pour se changer, avant de se rendre au cabinet du procureur, qui lui remit le certificat suivant :

« Le procureur de la République d'Angoulême certifie que le sieur Deibler, Exécuteur des Arrêts Criminels, a procédé aujourd'hui 20 juillet 1933, à 5 heures précises du matin, aux exécutions des nommés Jean Martin et Paul Véteau. Ces exécutions, précédées et suivies de toutes les formalités légales, ont été opérées avec promptitude et n'ont donné lieu à aucun incident. »

Muni de ce certificat, M. Anatole Deibler a pu, dès son retour, toucher au ministère des Finances ses frais de route. On lui accorde, ainsi qu'à ses aides : 9 francs par repas et 0 fr. 10 par kilomètre parcouru.

On répète un peu partout que le bourreau touche tant par tête. C'est une erreur. Hormis ses frais de route, le bourreau ne touche absolument rien d'autre que son traitement annuel, qui s'élève à dix-huit mille francs de fixe, plus dix mille francs d'allocation pour l'entretien de ses bois de justice. Vous vous demandez sans doute pourquoi cet exécuteur septuagénaire n'a pas encore remis au chef de l'État sa lettre de démission. L'histoire vaut la peine d'être contée :

Après l'exécution de Gourguloff, Deibler se sentant las, envoya au ministre son préavis de démission. Il comptait ainsi finir en beauté. Convoqué aussitôt à la Direction des Affaires Criminelles et des Grâces, on lui fit comprendre, tout net, que la politique d'économie du nouveau gouvernement avait purement et simplement supprimé la retraite officieuse aux vieux bourreaux, jusqu'à leur mort. « Eh bien ! répliqua Deibler, s'il en est ainsi, je resterai à mon poste jusqu'au bout, comme l'a fait mon père. »

Pour ceux qui souhaitent en savoir plus sur Deibler et le métier de bourreau, signalons l'excellente biographie de François Foucart, *Anatole Deibler, profession bourreau 1863-1939*, parue chez Plon en 1992, ainsi que *Le métier de bourreau* de Jacques Delarue

(Fayard, 1979), *Le Carnet noir du bourreau : Les mémoires d'André Obrecht qui exécuta 322 condamnés* de Jean Ker (Éditions Gérard de Villiers, 1989) et *Raccoucis* de Bruno Fuligni (Éditions Prisma, 2015).

« QUAND ON A UNE DENT MALADE, ON VOUS L'ARRACHE ! QUAND ON A MAL À LA GORGE, ON VOUS LA COUPE ! »

Pendant la monarchie, durant les derniers siècles qui précèdent 1789, et donc avant la Révolution française, il existe grosso modo deux méthodes pour punir les coupables. Les nobles ont la tête tranchée à la hache (autrefois, c'était aussi l'épée) et la populace finit sur la roue ou, le plus souvent, pendue à un gibet. Dans des temps plus reculés encore, il y a l'enfouissement vif, être emmuré vivant, l'écartèlement ou le bûcher, sans oublier des tortures préalables comme les amputations de membres ou d'oreilles, ainsi que les prisonniers que l'on soumet à la question. La famille du décapité ne souffre pas d'opprobre alors que celle du pendu connaît à tout jamais l'infamie. Dans l'opinion publique française, en cette fin du XVIIIe siècle, on réclame un châtiment unique, la décapitation, par volonté d'égalité.

Député de Paris à l'Assemblée nationale, le docteur Guillotin s'adresse aux députés le 1er septembre 1789 : « Avec ma machine, je vous fais sauter la tête en un clin d'œil et vous ne souffrirez point. » Il fait ensuite les propositions suivantes :

Les délits du même genre sont punis du même genre de peine quels que soient le rang et l'état du coupable ;

Dans les cas où la loi prononcera la peine de mort contre un accusé, le supplice sera le même, quelle que soit la nature du délit dont il se sera rendu coupable. Le criminel sera décapité ; il le sera par l'effet d'un simple mécanisme ;

Le crime étant personnel, le supplice quelconque d'un coupable n'imprimera aucune flétrissure à sa famille ;

Nul ne pourra reprocher à un citoyen le supplice quelconque d'un de ses parents ;

La confiscation des biens ne pourra jamais être prononcée, en aucun cas ;

Le cadavre d'un homme supplicié sera délivré à sa famille, si elle le demande, et il ne sera fait sur le registre aucune mention du genre de mort. »

Le législateur adopte ces six propositions qui figurent dans l'article 14 du Code pénal.

Il faut maintenant trouver une machine qui puisse remplacer l'épée et la hache. Si c'est le docteur Guillotin qui en émet le premier l'idée, c'est un autre médecin, Antoine Louis, qui la met en pratique, d'où les noms de « Petite-Louison » et de « Louisette », même si c'est le mot de guillotine qui passe à la postérité. Le docteur Louis charge un fabricant de pianos, Tobias Schmidt, de la fabriquer. Une fois construite par le menuisier Clairin, Antoine Louis l'expérimente avec succès sur des cadavres et des moutons à Bicêtre, en 1791. Le *Moniteur* du 22 mars 1792 publie le rapport du docteur Louis, sous le titre de *Consultation du Secrétaire perpétuel de l'Académie de chirurgie* : « Personne n'ignore que les instruments tranchants n'ont que peu ou point d'effets lorsqu'ils frappent perpendiculairement. En les examinant au microscope, on voit qu'ils ne sont que des scies plus ou moins fines, qu'il faut faire agir en glissant sur les corps à diviser ; on ne réussirait pas à décapiter d'un seul coup avec une hache ou un couperet dont le tranchant serait en ligne droite ; mais avec un tranchant convexe, comme aux anciennes haches d'armes, le coup asséné n'agit perpendiculairement qu'au milieu de la portion du cercle ; mais l'instrument, en pénétrant dans la continuité des parties qu'il divise, a sur les côtés une action oblique en glissant et atteint sûrement au but. En considérant la structure du col, dont la colonne vertébrale est le centre, composé de plusieurs os dont la connexion forme des enchevauchures, de manière qu'il n'y ait point de joint à chercher, il n'est pas possible d'être assuré d'une prompte et parfaite séparation en la confiant à un agent susceptible de varier en adresse par des causes morales et physiques, il faut certainement, pour la certitude du procédé, qu'il dépende de moyens mécaniques, dont on puisse également déterminer la force et l'effet ; c'est le parti que l'on a pris en Angleterre.

« Le corps du criminel est couché sur le ventre, entre deux poteaux, barrés par le haut par une traverse, d'où l'on fait tomber sur le col la hache convexe au moyen d'une déclique. Le dos de l'instrument doit être assez fort et assez lourd pour agir efficacement, comme le mouton qui sert à enfoncer les pilotis ; on sait que sa force augmente en raison de la hauteur d'où il tombe.

« Il est aisé de construire une pareille machine dont l'effet sera immanquable. La décapitation sera faite en un instant suivant le vœu et l'esprit de la loi. Il sera facile d'en faire l'épreuve sur des cadavres et même sur un mouton vivant.

« On verra s'il ne serait point nécessaire de fixer la tête du patient par un croissant qui embrasserait le col au niveau de la base du crâne ; les cornes ou prolongements de ce croissant pourraient être arrêtées par des clavettes sous l'échafaud. Cet appareil, s'il paraît nécessaire, ne ferait aucune sensation ; il serait à peine aperçu.

« Consulté à Paris, le 7 mars 1792. Louis, secrétaire perpétuel de l'Académie de chirurgie. »

Le 20 mars de la même année, l'Assemblée décrète, par l'article 12 du Code pénal, que tout condamné à mort aura la tête tranchée. Comme on peut le constater, même si Guillotin donne son nom à cette machine de mort, il ne prend aucune part dans son élaboration, ni dans sa fabrication. Elle fonctionne pour la première fois le 25 avril 1792 en tranchant le cou de Nicolas Jacques Pelletier, un voleur de grands chemins. L'exécution conduite par le bourreau Charles-Henri Sanson se déroule place de Grève (qui porte à présent le nom de place de l'Hôtel-de-Ville), à Paris, à 15 h 30. La foule qui assiste à cette première est très déçue par la rapidité de cette mise à mort et Sanson se fait conspuer. À un point tel que l'on chante bientôt dans les rues : « Rendez-moi ma potence de bois, rendez-moi ma potence ! »

Dans le *Dictionnaire encyclopédique des sciences médicales* publié par Amédée Dechambre en 1882, voici une description détaillée de la nouvelle machine à tuer : « Le couperet ou glaive est une lame d'acier triangulaire de trente centimètres dans sa plus grande largeur ; cette lame est emmanchée dans un mouton de trente-cinq centimètres de large formant le dos de la lame. Le glaive, avec le plomb, pèse soixante kilogrammes ; il tombe d'une hauteur de deux mètres quatre-vingt, ce qui produit un travail de cent-soixante-huit kilogrammètres, la chute calculée dure trois-quarts de seconde. Le glaive est fixé au chapeau dans une pince en forme de huit, dont la partie inférieure s'ouvre quand la partie supérieure se ferme ; un cordon d'appel fait jouer le ressort qui rapproche les deux branches supérieures ; les inférieures s'écartent et le mouton glisse dans l'intervalle ouvert le long des rainures de cuivre. Le glaive tombe avec une rapidité foudroyante, oblique ; il agit à la fois comme coin, comme masse et comme avec une puissance irrésistible. Au-dessous de la lunette, deux ressorts arrêtent le rebord du mouton pour amortir le choc et affaiblir le bruit.

« La bascule, planche étroite faisant face à la lunette, est verticale au moment où elle reçoit le condamné ; elle a environ quatre-vingts centimètres de hauteur et elle lui va des chevilles au milieu de la poitrine ; elle est munie d'une double courroie armée de boucles, afin de pouvoir y attacher le patient. Il suffit d'un geste de propulsion pour rendre la bascule horizontale ; elle roule alors sur la table et, par une action rapide, porte le cou du condamné dans la demi-lune inférieure de la lunette. Celle-ci est composée de deux parties qui, lorsqu'elles sont réunies, lui donne l'apparence d'une pleine lune ; la partie supérieure est mobile et peut être élevée et abaissée à volonté. Quand le cou est engagé dans la demi-circonférence inférieure, la demi-lune s'abat brusquement à l'aide du mécanisme fort simple ; le cou est ainsi emboîté dans la circonférence complète.

« Au même moment, le bourreau touche un bouton qui déclique le glaive ; celui-ci rase la face externe de la lunette et la tête sectionnée est poussée en avant. Elle tombe dans un panier doublé de zinc et rempli de son qui est placé en avant ; on y fait aussi glisser le corps sur le plan incliné. »

Comme l'écrit le docteur Alexandre Lacassagne dans son *Peine de mort et criminalité* (1908), la guillotine élaborée par Tobias Schmidt « était dressée sur une estrade de deux mètres au-dessus du sol ; on y montait par un escalier de dix marches. Depuis 1872, la guillotine est de plain-pied. Ses deux montants parallèles, couronnés d'un linteau qu'on appelle le chapeau, constituent la partie extérieure des bois de justice : ils sont disposés sur des madriers placés en croix sur le sol. Il convient de dire quelques mots sur le dernier acte de la prison : c'est la toilette ; le col de la chemise est enlevé pour dégager la nuque dont les cheveux sont coupés avec des ciseaux. Pendant ce temps, les aides ligotent le condamné ; les mains sont attachées derrière le dos et les entraves sont mises aux pieds. La marche se fait ainsi difficilement. À l'arrivée devant la guillotine, le patient est mis sur la bascule, un aide en avant saisit la tête, un autre maintient les jambes du patient, alors que le bourreau, par deux mouvements presque simultanés, déclenche les ressorts qui abaissent la demi-lune supérieure et qui détachent le couperet. Toutes ces dernières manœuvres peuvent se passer en une demi-minute ».

Dans les premières années où la guillotine est mise en place en France, on ne dispose pas de recensement fiable jusqu'en 1810. De 1811 à 1815, on exécute 264 personnes. De 1816 à 1820, c'est 393. De 1820 à 1825, 252. De 1825 à 1830, 360 sur 554 condamnations à mort.

De 1830 à 1835, 154. De 1835 à 1840, 147. De 1840 à 1845, 178. De 1845 à 1850, 160. De 1850 à 1855, 158. De 1855 à 1860, 120. De 1860 à 1865, 65. De 1865 à 1870, 46. De 1870 à 1875, 74. De 1875 à 1880, 35. De 1880 à 1885, 27. De 1885 à 1890, 41. De 1890 à 1895, 60. De 1895 à 1900, 27. De 1900 à 1905, 10.

Pourquoi de telles fluctuations dans les chiffres ? D'abord, parce que certains crimes, qui étaient passibles de la peine capitale ne le sont plus, tels que la fabrication de fausse monnaie ou les vols qualifiés. Ensuite, parce que l'on attribue de plus en plus des circonstances atténuantes. De 1833 à 1880, on guillotine 45 femmes et, de 1880 à 1905, deux seulement.

Pour ce qui concerne le vingtième siècle, voici les chiffres des exécutions par la guillotine (on fusille aussi en temps de guerre) en France. En 1905, 5. En 1906, 1907 et 1908, aucun. En 1909, 13. En 1910, 8. En 1911, 10. En 1912, 11. En 1913, 12. En 1914, 7. En 1915, 3. En 1916, 2. En 1917, 6. En 1918, 10. En 1919, 6. En 1920, 13. En 1921, 24. En 1922, 21. En 1923, 11. En 1924, 22. En 1925, 9. En 1926, 6. En 1927, 7. En 1928, 15. En 1929, 5. En 1930, 15. En 1931, 7. En 1932, 7. En 1933, 11. En 1934, 8. En 1935, 4. En 1936, 11. En 1937, 5. En 1938, 7. En 1939, 6. En 1940, 10. En 1941, 10 hommes et une femme. En 1942, 15 hommes et une femme. En 1943, 17 hommes et trois femmes. En 1944, 6. En 1945, aucun. En 1946, 3. En 1947, 25 hommes et une femme. En 1948, 44. En 1949, 21 hommes et une femme. En 1950, 22. En 1951, 21. En 1952, 7. En 1953, 2.

En 1954, 1. En 1955, 1. En 1956, 3. En 1957, 4. En 1958, 3. En 1959, 1. En 1960, 2. En 1961,1. En 1962, 1. En 1963, 4. En 1964, 1. En 1965, 1. En 1966, 1. En 1967, 1. En 1968, aucun. En 1969, 1. Aucun en 1970 et 1971. En 1972, 2. En 1973, 1. Aucun en 1974 et 1975. En 1976, 1. En 1977, 2.

Tout le monde se souvient de la nouvelle de Villiers de l'Isle-Adam, *Le secret de l'échafaud*, publiée en 1883 dans *Le Figaro*, où l'auteur dépeint une expérience fictive entre deux personnages, qui sont eux bien réels, le chirurgien Armand Velpeau et le tueur en série, le docteur Couty de la Pommerais, qui doit être guillotiné le 25 juin 1864. Le savant veut savoir si la tête coupée est capable d'une forme de conscience après la mort, et il demande au condamné de cligner trois fois de l'œil après sa décapitation. Quarante ans plus tard, cette fiction est dépassée par la réalité stupéfiante des observations du docteur Beaurieux, médecin de l'Hôtel-Dieu d'Orléans, qui assiste à l'exécution, le 28 juin 1905, d'Henri Languille, comme il le raconte dans *Les Archives d'anthropologie criminelle* avec son texte « Exécution de Languille, observation prise immédiatement après la décapitation » (1905) : « Je crois qu'il est indispensable que vous sachiez que Languille se montre d'un sang-froid et même d'un courage extraordinaire depuis le moment où il fut averti que l'heure suprême sonnait pour lui, jusqu'au moment où il se dirigea d'un pas ferme vers l'échafaud. Peut-être, en effet, les conditions d'observation et, conséquemment, les phénomènes sont-ils très différents selon que les condamnés gardent tout leur sang-froid et la pleine possession d'eux-mêmes, ou selon qu'ils sont dans un état de prostration physique et morale tel, qu'on est obligé de les porter au lieu du supplice et qu'ils sont déjà à demi-morts et comme paralysés par l'angoisse terrifiante de la minute fatale.

« La tête était tombée sur la section du cou et je n'eus donc pas à la saisir dans mes mains comme l'ont répété à l'envi tous les journaux ; je n'eus même pas besoin d'y toucher pour la redresser. Le hasard me servait bien pour l'observation que je voulais prendre.

« Voici dont ce qu'il me fut donné d'observer immédiatement après la décapitation : les paupières et les lèvres du guillotiné s'agitèrent pendant cinq à six secondes environ, dans des contractions irrégulièrement rythmées. Ce phénomène a été constaté par tous ceux qui se sont trouvés dans les mêmes conditions que moi pour observer ce qui se passe aussitôt après la section du cou.

« J'attendis donc quelques secondes. Les mouvements spasmodiques cessèrent. La face se détendit, les paupières se refermèrent à demi sur les globes oculaires, laissant voir seulement la blancheur des conjonctives, absolument comme chez les agonisants qu'il nous est donné de voir tous les jours dans l'exercice de notre profession ou comme chez ceux qui viennent de mourir. C'est alors que j'appelai d'une voix forte et brève : « Languille ! » Je vis alors les paupières se soulever lentement, sans aucune contraction spasmodique, – j'insiste à dessein sur cette particularité, – mais d'un mouvement régulier, net et normal, comme cela se passe pendant la vie chez les gens qu'on réveille ou qu'on arrache à leurs réflexions. Puis les yeux de Languille se fixèrent d'une façon précise sur les miens et les pupilles s'accommodèrent. Je n'ai donc pas eu affaire à un regard vague et terne, sans expression aucune, comme nous pouvons l'observer tous les jours chez les mourants que nous interpellons : j'ai eu affaire à des yeux bien vivants qui me regardaient.

« Au bout de quelques secondes, les paupières se refermèrent, lentement et sans secousse, et la tête s'offrit à moi dans les mêmes conditions qu'avant mon appel.

« C'est alors que je renouvelai cet appel et, de nouveau, sans spasme, avec lenteur, les paupières se soulevèrent et les yeux bien vivants se fixèrent sur les miens avec plus de pénétration peut-être que la première fois. Puis, il y eut une nouvelle occlusion des paupières, moins complète cependant. Je tentai un troisième appel ; rien ne bougea plus, et les yeux prirent l'aspect vitreux qu'ils ont chez les morts.

« Je viens de vous rappeler exactement, rigoureusement, ce qu'il m'a été donné d'observer. Le tout avait duré de vingt-cinq à trente secondes.

« Le Dr Petitgrand, qui a assisté à la décapitation d'un condamné annamite, dont la tête tomba également sur la surface de section, ce qui, dit-il, réduisit l'hémorragie au minimum, vit alors les yeux du condamné se fixer sur les siens et le suivre dans un mouvement circulaire. Les regards du supplicié le poursuivirent même lorsque, voulant y échapper, il changea de direction. [...] Dans tous les cas, si la conscience survit et, avec elle la souffrance, cette survie est assez courte pour qu'elle n'aggrave pas beaucoup la peine capitale; et le supplice de la guillotine me semble réduire à son minimum la douleur du supplicié. »

QUAND LE BOURREAU EST BOURRÉ

À Bordeaux, l'exécuteur des hautes œuvres est une affaire de famille, comme chez les Deibler. Plusieurs générations se succèdent pour trancher dans le vif chez les Peyrussan qui officient aussi à Bayonne. En 1780, c'est Jean qui est désigné par le jurât (magistrat municipal) Dudon fils comme « exécuteur de la haute justice ». Ses deux fils, Jean-Denis et Jean-Baptiste, sont ses aides. En 1803, les deux fils Peyrussan couperont d'ailleurs la tête de Dudon fils. Le 24 mai 1794, Jean Peyrussan tue un perruquier sur le pont de la Motte après une dispute. Le 4 juin 1794, il est tellement ivre, lors des exécutions de monsieur de Gombaud, du chanoine Lavaissière et de monsieur de Püs, qu'il doit faire tomber le couperet au moins trois fois pour chaque condamné...

À Reims, le 15 septembre 1798, la foule s'impatiente et lance de nombreux quolibets à l'arrivée du bourreau Jean Simon Demorest qui titube, car ivre mort, et qui n'arrive pas à trancher correctement le col du condamné.

À Lyon, le 15 juillet 1793, le bourreau Jean Ripert et son aide Jean Bernard sont néophytes en la matière, car il s'agit de la première utilisation de la machine dans cette ville. Ils sont chargés de guillotiner Joseph Chalier, un chef révolutionnaire. Le couperet tombe trois fois, sans couper la tête et le sang jaillit partout, au point qu'ils doivent achever le travail au couteau. Le 5 avril 1794, seize personnes sont guillotinées, dont le bourreau de Lyon Jean Ripert et son aide Jean Bernard, qui ont été condamnés à cause de l'exécution ratée de Chalier, neuf mois plus tôt.

La Terreur, cette période de la Révolution porte bien son nom. Ainsi, un recruteur du nom de Saint-Prix est condamné pour des propos antirévolutionnaires. Alors qu'une voisine lui demandait s'il allait monter sa garde, Saint-Prix répondit : « Je ne suis pas fait pour monter la garde avec des gueux et des scélérats. J'aime mieux l'ancien régime que le nouveau. » Résultat, il est guillotiné le 18 novembre 1793. Mais cette sentence frappe aussi le chien du condamné car un porteur d'un ordre de garde pour Saint-Prix a été mordu au mollet par l'animal qui a été dressé à signaler l'approche d'inconnus au domicile de son maître. Le 17 novembre 1793, le chien est aussi condamné à la peine capitale par le Tribunal Révolutionnaire. Il est tué à coups de gourdin, le même jour que son maître. Parmi les autres horreurs de cette époque, on exécute à Nantes vingt-quatre personnes, le 17 décembre 1793, dont deux enfants de treize ans et deux autres âgés de quatorze ans.

LES RATÉS DE LA GUILLOTINE

À Châlons-sur-Saône, le 20 novembre 1829, le bourreau Pierre Roch, issu d'une dynastie familiale dont les membres sont nombreux à exercer ce métier, perd trois doigts en essayant de maintenir la tête de Pierre Joly dans la lunette.

Le 12 septembre 1831, à Albi, la guillotine est sabotée par un aide qui vient d'être congédié. Le glaive doit s'abattre à cinq reprises sur le col de Pierre Hébrard qui agonise dans d'atroces souffrances. Le bourreau achève le condamné en lui plantant un couteau dans la nuque.

Le 26 juillet 1832, à Saint-Flour, le condamné Gabriel Miquel attaque avec une pierre le bourreau qui se présente dans sa cellule, et il se barricade dans l'enceinte de la prison. Armé de pavés qu'il arrache au sol, il menace ceux qui tentent de s'approcher. Les autorités ordonnent aux gendarmes d'ouvrir le feu et de le blesser. Touché aux jambes, il est traîné jusqu'à la guillotine. L'exécution prévue prend plus de deux heures de retard ce jour-là.

Le 28 avril 1841, c'est un nouveau délai pour la décapitation d'Auguste Gouin, voleur et meurtrier. Réveillé à cinq heures du matin, il doit attendre de nombreuses heures car l'appareil de Blois est victime d'un dysfonctionnement grave lors d'un essai à blanc. Le couperet vient se planter dans la lunette. La réparation effectuée, Gouin est décapité après une très longue attente.

Le 24 septembre 1842, les intempéries sont responsables d'un autre problème, car il pleut beaucoup à Gien. Marie Henry, responsable du meurtre par empoisonnement de son époux, âgé de soixante-dix ans, quitte la prison d'Orléans à 23 heures le soir précédent. Le trajet est effectué en fourgon à deux chevaux en compagnie d'un abbé. Une foule immense l'attend malgré la pluie diluvienne. Dans cette atmosphère apocalyptique, elle est attachée sur la bascule, mais le couperet se bloque à mi-chemin. Le sol trempé ne supporte plus la guillotine. Le bourreau et ses aides doivent rétablir la symétrie des pieds à l'aide de cales. Pendant ce temps, la condamnée reste impassible, installée sur une chaise, dos à la machine. Au bout d'une dizaine de minutes, on teste le bon fonctionnement sur une botte de paille et Marie Henry peut être décapitée.

Un mauvais fonctionnement de la guillotine retarde aussi l'exécution de Thomas Jean-Joseph Chaix, le 17 octobre 1842, à Carpentras. Condamné pour avoir assassiné son père, ce cultivateur de vingt-quatre ans arrive devant l'échafaud à 8 heures. Il doit attendre quatre heures en tenue de parricide avant de finir par avoir la tête tranchée. Les auteurs de parricides sont conduits en chemise, parfois de couleur rouge, pieds nus et le visage masqué d'un voile noir jusqu'à l'échafaud. Par le passé, on leur coupait la main, avant de les rompre vifs sur la roue.

Jean-Antoine Ratié est un soldat de trente-cinq ans et un tueur en série à l'image de Landru. Il séduit des femmes à Bourges et à Lafabrègue pour s'emparer de leurs biens, avant de les assassiner en 1849 et 1850. Condamné à la peine capitale, le 7 septembre 1852, il est guillotiné le 15 novembre de la même année sur la place du Bourg, à Rodez. L'exécution se déroule sans aucun problème, mais son exécuteur ne survit qu'une journée à celle de son « patient ». Il décède d'une crise d'hématophobie, qui est une peur morbide à la vue du sang, un comble pour un bourreau. En fin de carrière, Louis Deibler souffre aussi de cette affection peu après qu'un aide effectue une fausse manœuvre et qu'il soit aspergé de sang en 1897. Il offre sa démission le 28 décembre 1898, qui est acceptée, bien que l'administration l'oblige à exécuter Joseph Vacher, le 31 décembre 1898, à Bourg-en-Bresse. Il finit sa carrière le 2 janvier de l'année suivante. Un exécuteur des hautes œuvres tel que Deibler n'est pas non plus à l'abri de certaines erreurs. Le 1er octobre 1883, à Versailles, il est chargé de décapiter Louis Houy, un double meurtrier de femmes. Réveillé à quatre heures du matin, le condamné rejette le soutien de l'aumônier, « Allez-vous-en, je n'ai pas besoin de vous ! » avant d'avaler un verre de cognac. Il écrit un courrier au président de la République pour avouer que « dix-huit cadavres se trouvent dans un souterrain au coin de la rue des Fourneaux, près de la porte de Versailles.

Signé celui qui meurt ne ment pas ! » Sur l'échafaud, il ordonne à l'un des aides : « Desserrez la courroie, adieu ! » Deibler prend plus d'une minute à lui mettre le cou dans la lunette, alors que le condamné ne bouge pas. Il lui cogne trois fois le front contre le bois, ce qui fait hurler Houy de douleur. À Saint-Nazaire, le 12 mai 1899, Deibler est en charge d'une double décapitation, celle d'Adrien Samson et Félix Geoffroy. Ce dernier, jugé plus coupable que son complice, passe en second comme le veut la tradition lors des exécutions multiples. L'un des aides a oublié de retirer la tête de Samson dans le panier, ce qui déclenche un cri d'effroi à Geoffroy qui l'aperçoit en grimpant sur la bascule. Seconde maladresse au cimetière, où la mère de Samson vient récupérer les restes de son fils. Un aide s'empare au hasard d'une des deux têtes et demande : « C'est celle-là ? » Elle s'évanouit sur-le-champ. Deibler reçoit un blâme pour ces deux ratés.

Autre raté aux conséquences tragiques, le 9 juin 1886, à Versailles, pour la décapitation de Léon Jean, dit « Tapage », âgé de vingt-six ans. Acquitté par manque de preuves pour un premier assassinat commis le 10 octobre 1880 à Brasseuil, il récidive le 18 août 1885, à Vert. Arrivé au Pont-Colbert, il s'adresse à la foule : « Messieurs, que mon exécution serve d'exemple à tous les jeunes gens de mon âge ! » D'un geste maladroit, un aide laisse choir la tête en la récupérant dans le panier et elle roule sur le sol. Un adolescent de quinze ans, Pierre-Henri Junin, s'évanouit et devient fou après avoir assisté à l'exécution. Il finit dans un asile psychiatrique après qu'on le découvre endormi au bord d'un chemin. À ses côtés, le cadavre d'un chien qu'il a décapité...

PAROLES, PAROLES...

Voici un florilège des ultimes déclarations les plus marquantes de guillotinés, célèbres ou non :

Jean-François Ducos, 31 octobre 1793, à Paris : « Il faut espérer que le tranchant de ta guillotine coupe mieux que celui de tes ciseaux ! »

Pierre-François Lacenaire, 9 janvier 1836, à Paris : « Voilà une semaine qui commence mal. »

Luigi Gavioli, le 3 juillet 1837, à Rochefort. Il est exécuté à cinq heures du matin devant les 900 détenus du bagne où il s'écrie : « Que chacun de vous s'arme d'un poignard et vos droits ne seront pas méconnus ! Lardez, lardez sans crainte ! Le couteau de la guillotine ne fait aucun mal ! »

Jacques Latour, le 11 septembre 1864, à Foix. Il est décapité pour quatre assassinats perpétrés à La Bastide-de-Besplas. Quand on l'informe de son exécution pour le lendemain, il devient fou furieux : « Les scélérats ! Les brigands ! Les anthropophages ! Et le curé ! Qu'il ne se présente plus au moins, ce suppôt de Lucifer, ce représentant du diable ! Ah s'il a cette audace, gare, vous verrez, vous verrez ! Je n'ai pas besoin de lui pour mourir. J'irai demain à l'échafaud en chantant. Je chanterai... je chanterai la chanson de la Gargouille !

Oh, ce sera drôle ! » Quand le curé vient le voir à 18h, Latour l'insulte : « Je ne respecte que les bourreaux ! » A 20 heures, il demande l'heure exacte du supplice. « Sept heures ? Fort bien ! Je suis prêt ! Je veux laisser un morceau de mon corps à tous les brigands qui m'ont persécuté ! Ils me mangeront à la sauce piquante ! » Pendant la nuit, il hurle « Vive la mort ! Vive le bourreau ! Vive la guillotine ! » Puis il pense à son ultime repas : « Je peux déjeuner demain matin, et avoir ce que je veux ? Je demande à déjeuner de bonne heure : il me faut un litre de vin et un quart de litre d'eau-de-vie. Après ça, qu'on fasse rouler ma boule ! Quelle heure est-il ? Onze heures ? Eh bien, profitons de la soirée, parce que demain, je serai enfoui. Allez chercher du vin et jouons aux cartes... Non... il vaut mieux que je fasse mon testament. » Il lègue alors des ordures au curé de Foix et aux carmélites de Pamiers. À son réveil, Latour poursuit ses imprécations : « Si le curé a le malheur de monter avec moi sur l'échafaud, je le précipite en bas d'un coup de tête. Parlons de choses sérieuses, nous avons du vin et de l'eau-de-vie pour déjeuner, mais qu'est-ce que nous mangerons ? Je veux du bœuf, et des poires ! » A 6 heures, le curé fait une tentative : « Que me voulez-vous, bête noire ? Je n'ai besoin que des bourreaux. Satan ! Allez retrouver Lucifer ! Ah ah ! Il me tarde de me trouver face à face avec le diable ! Latour ne le craint pas : c'est le diable qui aura peur, et non pas moi ! » Latour dévore le menu commandé. « Ce bœuf est excellent, mais j'aurais préféré un morceau de ma cuisse. Si on voulait la faire cuire, j'en mangerais avec plaisir. » Pour sa toilette, il continue à s'exprimer : « Bonjour, mes amis. Vous venez me chercher pour faire votre affaire, eh bien, me voici. Je suis prêt et je vais vous suivre. Attachez-moi selon votre habitude, mais ne me faites pas mal, ne serrez pas comme l'ont fait ces scélérats de gardiens. » Lorsqu'il aperçoit les gendarmes à 6 h 45, ses hurlements reprennent : « Bonjour, hirondelles à potence ! » Il entend les chevaux du fourgon cellulaire et s'écrie : « Tiens, j'entends Rossinante, le coursier de Don Quichotte de la Manche. » Quand il voit la fille d'un gardien à sa sortie dans la cour de la prison, Latour poursuit : « Oh, voilà Dulcinée du Toboso, la dame de mes pensées ! Bonjour, Dulcinée, bonjour ! » Avant de grimper dans le fourgon, il s'adresse aux gendarmes : « Portez armes ! Vous êtes les chiens du bourreau. Vous allez chercher le lièvre et l'amenez au pied de l'échafaud. » D'un coup de tête, il casse une fenêtre du fourgon et il grimpe les marches de l'échafaud en chantant une version de la Marseillaise : « Allons, pauvre victime, ton jour de mort est arrivé ! Contre toi, de la tyrannie, le couteau sanglant est levé ! » Seule la chute du glaive lui coupe le sifflet.

Charles Boudas, le 12 septembre 1874, à Paris : « J'ai froid, donnez-moi mes chaussettes. » On lui dit que c'est inutile. « Pardon, passez-les-moi quand même ! »

Michel Campi, le 30 avril 1884, à Paris : « Je voudrais que l'échafaud fût bien haut pour que la foule me voie et m'entende. » Et, en voyant la guillotine : « Ah, ce n'est que ça ! »

Pierre Marquis, le 19 janvier 1885, à Dijon. Quand on découpe son col pour la toilette, il proteste : « Encore une chemise de perdue pour l'administration ! » Arrivé sur l'échafaud, il déclare : « Pauvre société ! Que ma mort te serve d'exemple, et t'épargne les malheurs qui t'attendent ! »

Joseph « Pas de chance » Frey, le 4 octobre 1886, à Paris : « Adieu les garçons ! Aujourd'hui, on tue les jeunes ! »

Hippolyte Paviot, le 18 novembre 1887, à Châteauroux : « Faut-y ? Faut-y ? ». Puis, pendant la toilette : « Ah, mes bons chers frères, accordez-moi la grâce de mourir dans mon petit lit... » Arrivé devant l'échafaud, il répète : « Faut-y ? Faut-y ? »

Claude-Antoine Lyautey, le 24 décembre 1888, à Blois. Lorsqu'il aperçoit la guillotine : « Je peux bien voir l'instrument puisque c'est sur moi qu'il doit opérer. Comment fonctionne-t-il ? Ce grand panier, là, c'est le corps, et là, devant, c'est pour la tête ? » On ne lui répond pas et on lui tranche la tête.

Baptiste Désiré Sellier, le 17 août 1889, à Paris : « Je ne peux pas aller plus vite, j'ai les arpions ligotés comme des boudins ! »

Denis Rebours, le 2 mai 1891, à Blois : « Je l'ai bien mérité, faut que j'y aille, j'y vais ! »

François Onésime Baillet, 28 août 1891, à Douai. Un tueur en série français méconnu qui assassine au moins cinq victimes entre 1888 et 1890. Pour trois de ses crimes, il agit avec un complice, Louis Duthilleul, qui écope de la réclusion criminelle à perpétuité.

Lorsqu'il quitte la prison, il s'adresse à Deibler : « Voilà vingt-deux pas que je fais pour aller mourir » Devant l'échafaud, il crie à la foule : « Je vais mourir, je l'ai mérité ; mais Duthilleul est aussi coupable ! Allons ! »

François Claudius Koenigstein, dit « Ravachol », le 11 juillet 1892, à Montbrison. Pendant son transfert vers l'échafaud, il chante à tue-tête : « Si tu veux être heureux, nom de Dieu, pends ton propriétaire, coupe les curés en deux, nom de Dieu, fous les églises par terre, sang Dieu, et l'bon dieu dans la merde, nom de Dieu. » Devant la guillotine, il hurle : « Laissez-moi, j'ai quelque chose à dire ! Ne me serrez pas ! Vive la Ré… » La chute du couperet lui coupe le sifflet.

Eugène Beaujan, le 6 octobre 1893, à Versailles : « En voilà des poires qui me regardent ! »

Jean Fazzini, le 12 février 1898, à Bastia : « Regardez-moi bien, je suis un coupable. Je demande pardon à Dieu et aux hommes. Je suis coupable, je suis un malheureux abandonné de tous. Il ne me reste plus que mes avocats. Priez pour moi. »

Jean Pozzi, le 6 octobre 1905, à Belfort. Condamné à la peine capitale pour l'agression mortelle d'une buraliste à Chaux, en décembre 1904. Son complice, Breveglieri écope de la perpétuité. Déjà réveillé dans sa cellule lors de l'arrivée des officiels qui lui apprennent son exécution : « Certes, je m'y attendais, mais ça ne fait rien. C'est désagréable d'être dérangé comme cela de bonne heure. » Il s'adresse ensuite au procureur : « Puisque je vais mourir, j'ai une révélation à vous faire. Je connais le crime mieux que vous, n'est-ce pas, puisque j'y étais ? Eh bien, vous avez commis une erreur en condamnant Breveglieri comme mon complice. Il est innocent, vous en trouverez la preuve là-dedans. » Il lui donne une lettre, avant qu'on lui demande s'il désire manger : « Parbleu, vous m'en posez une drôle de question ! Je ne me suis peut-être jamais senti un aussi bon appétit ! » Il avale trois côtelettes en les prenant à même la main, vide une bouteille entière de vin et trois petits verres de rhum : « Il n'y a rien de tel pour activer la digestion ! Messieurs, je bois pour la dernière fois à vos santés ! » Pendant sa toilette au greffe, Pozzi déclare : « Avant de m'en aller, comme je ne suis pas un ingrat, je voudrais bien que l'on donne un pourboire de ma part à mon gardien, qui a été très gentil pour moi. Si je l'avais voulu, j'aurais pu me suicider. J'avais une ficelle dans ma poche. Mais cela aurait certainement valu des ennuis à ce brave garçon et j'ai évité qu'il ait des désagréments à cause de moi. » Deibler fouille la poche, trouve la ficelle et dit, sur un ton plutôt exaspéré : « Assez de discours comme cela ! En route ! » Au Champ-de-Foire, la foule hurle à la mort et émet des cris d'animaux. Devant l'échafaud, Jean Pozzi se tourne vers cette meute hurlante et s'écrie : « Merde à vous tous ! C'est tout ce que vous méritez ! »

Henri Besse, le 10 février 1909, à Albi. Pendant la toilette, il allume une cigarette et se touche le front : « Quelle belle tête Deibler aura là ! » Lorsqu'un aide découpe son col de chemise, il ajoute : « Quel maître tailleur vous faites ! » En quittant la prison : « On va loin ? Non ? Oh, alors… »

Auguste Pollet, le 11 janvier 1909, à Béthune : « Ce que vous êtes pâles, les buteurs… C'est pourtant moi qui y passe ce matin. »

Abel Pollet, frère du précédent, tous deux membres des « Bandits d'Hazebrouck », le 11 janvier 1909, à Béthune où il s'adresse à la foule : « Tas de salauds ! À bas les calotins ! Merde et encore merde ! »

Octave-Louis David, le 22 septembre 1909, à Valence, exécution de la bande des « chauffeurs de la Drôme ». Pendant sa toilette au greffe de la prison lorsqu'on lui échancre le col de sa chemise : « Ce n'était pas la peine de me la donner si chic pour la couper ! » Quand il se dirige vers l'échafaud : « Nom de Dieu, vous m'avez trop serré, vous n'aviez pas à avoir peur que je m'échappe ! Sans col, je vais m'enrhumer. » Une fois installé sur la bascule : « Salut ! Salut ! Allez, envoyez ! »

Urbain-Célestin Liottard, le 22 septembre 1909, à Valence : « Vive Deibler et mort aux vaches ! »

Jean Terry, le 29 septembre 1910, à Rodez. Dans sa cellule, au réveil : « Donnez-moi mon gilet, je pourrais attraper froid, et je veux l'emporter. » Lorsqu'il aperçoit Anatole Deibler, il remarque : « Il a un beau bouc, cet homme-là ! … Je vais mourir. Il faut bien mourir un jour ; peut-être mourrez-vous avant huit jours, avant un mois, chacun son tour… La guillotine est à Rodez, que voulez-vous, on ne voit pas tous les jours une machine comme ça ! » Sur l'échafaud,

Jean Terry dit : « Salut ! Où sont les gardiens ? » Il n'obtient aucune réponse et les aides le poussent sur la bascule.

Henri Nolot, le 28 mars 1912, au Mans. Il s'adresse à l'aumônier qui est en pleurs : « Pourquoi pleurer, dans quelques minutes, je serai plus content que vous ! » Sur l'échafaud, il ajoute : « Dites à ma mère que ma dernière pensée est pour elle ! »

Raymond Callemin, le 21 avril 1913, à Paris. C'est un membre de la Bande à Bonnot : « C'est beau, hein, l'agonie d'un homme ? »

Clément Monvoisin, le 24 décembre 1913, à Dunkerque où il fume un gros cigare jusqu'à son arrivée sur l'échafaud : « Dunkerquois, vous êtes des lâches ! »

Felino Vicini, le 8 août 1918, à Paris, qui est impressionné par la foule et le service d'ordre qui la canalise : « Que d'honneur... »

Alfred Maquehennen, le 8 juin 1920, à Rouen. Au greffe, lors de sa toilette, on lui propose une cigarette : « Non, merci, je n'fume que l'Nil ! » Le slogan publicitaire de cette marque était « Je ne fume que le Nil. »

Alfred Carré, le 7 octobre 1920, à Paris. À son arrivée devant la guillotine : « Ah, ah ! Te voilà, toi ! Eh bien, allons-y tout de suite, hein ! »

René Bouy, le 21 octobre 1921, à Marseille. Bouy indique avoir un mal de gorge. Son complice Jérôme Marcheselli lui répond : « Eh oui ! Quand on a une dent malade, on vous l'arrache ! Quand on a mal à la gorge, on vous la coupe ! » Lorsqu'on l'attache pour l'emmener à l'échafaud : « Ce n'est pas la peine de nous attacher comme des paquets ! Quand on va à la mort, on devrait y aller librement ! » Et, devant la guillotine : « Ah ! Que c'est beau ! »

Jacques-Mecislas Charrier, le 2 août 1922, à Paris, qui s'adresse à l'aumônier Gaëschmidt : « Pleurez pas comme ça, m'sieur l'aumônier, ça n'en vaut pas la peine ! »

Edmond Sicard, le 21 juillet 1923, à Saintes, lorsque les aides l'attachent : « Coupez-moi la tête si vous voulez mais ne me faites pas de mal ! »

Marcellin Delval, le 22 décembre 1923, à Toulon, qui interpelle le bourreau : « Vas-y, mon pote ! Prends ma tête, je te la donne ! »

Louis Germain Sapet, le 11 octobre 1923, à Privas, qui aperçoit Deibler : « Alors, monsieur de Paris, on n'a pas emmené la musique de la garde républicaine ? » Peu de temps après quand il voit la guillotine : « Vous me laisserez bien le temps de la voir un instant. »

Georges-Alphonse Passevache, le 24 août 1926, à Reims : « J'veux d'abord voir l'outil ! J'ai payé pour ça ! »

Paul Valence, le 22 mars 1928, à Épinal. Au greffe, lorsqu'on lui sert le verre de rhum du condamné : « Non, merci, je ne bois jamais ; quand je suis ivre, je ne sais plus ce que je fais... »

Jacques Montagnon, le 21 juin 1928, à Montbrison. Quand le procureur vient dans sa cellule lui annoncer son exécution : « En voilà, un salaud ! Fous le camp ! » Lors de la toilette, au greffe : « Qu'est-ce que c'est que cette histoire de m'attacher ? Je ne vais pas foutre le camp ! Arrivé devant la guillotine, il s'exclame : « Enlevez vos fusils, pas besoin de ça ! » Il grimpe de lui-même sur la bascule, le sourire aux lèvres et en fredonnant.

René Frédillon, le 19 février 1929, à Valence, où il règne un froid glacial : « C'est quand même malheureux de partir pour l'autre monde par un froid pareil. » Au greffe, pendant qu'on lui fait sa toilette et qu'on le ligote : « Je l'ai bien mérité. On est ficelé comme un saucisson, c'est pas drôle votre truc ! »

Marius Chabrolles, le 20 septembre 1930, au Puy-en-Velay, lorsqu'il voit l'aumônier : « J'ai mon culte à moi, je suis libre-penseur. » Puis, Anatole Deibler et ses aides : « Eh bien, j'irai avec ce monsieur… Je n'ai pas pu crever à la guerre, je vais crever maintenant. » Il fume une cigarette, avant d'ingurgiter une bouteille de vin rouge et trois verres de rhum. Chabrolles est ivre mort quand on le guide à la guillotine.

Abel Barranger, le 22 septembre 1932, à Versailles : « La vie a épuisé ma sagesse, mais il y avait encore quelque chose de bon en moi. Je n'en veux à personne, Messieurs, pas même aux juges qui m'ont condamné ; mais je souhaiterais que cette exécution fût la dernière et servît de leçon. Il y aura, malheureusement, d'autres criminels après moi… Monsieur l'aumônier, on prétend que Dieu n'existe pas ; c'est une erreur. Dans quelques instants, je vais le voir et j'en suis heureux ! »

Marcel Grandoux, le 15 décembre 1933, à Toulon. Pendant la toilette, on lui retire sa veste : « Mais je vais avoir froid » Face à l'échafaud, quand il voit la guillotine : « Comme elle est petite ! »

Frédéric Moyse, le 30 avril 1938, à Paris : « Ah, c'est vous Deibler ? Vous êtes laid ! Et vous autres, vous avez de sales têtes ! » Pendant la toilette, il interpelle son avocat : « Maître Hubert, venez, on me donne des coups de ciseaux dans le cou ! »

Gabriel Kamphaus, le 29 octobre 1938, à Carpentras : « Mieux vaut en rire qu'en pleurer ! »

Louise Giraud, le 30 juillet 1943, à Paris. Condamnée pour avoir pratiqué vingt-sept avortements clandestins : « Je ne suis pas une criminelle comme les autres, je n'ai supprimé que des fœtus, des germes, rien que des germes, tandis que vous, vous allez tuer une vraie personne. »

Marcel Ythier, le 13 novembre 1951, à Marseille. À son réveil à 4 h 50 : « Je vais crever, mais vous aussi, ça vous arrivera. » Il boit le verre de rhum et fume une cigarette, tout en parlant aux aides d'André Obrecht : « Je m'en fous de mourir, mais ce qui m'emmerde, c'est de mourir les couilles pleines. »

Émile Buisson, « l'ennemi public numéro un », le 28 février 1956, à Paris : « C'est pas la peine que je me fasse trop beau, puisque de toute façon, on va me couper la tête. » Il refuse de mettre sa veste : « Je sais qu'on va me l'enlever, alors... je la laisse là. » Il serre la main d'un gardien : « Adieu, Santoni, tu as été un bon gardien pour moi. » Émile Buisson s'adresse au bourreau : « Je suis prêt, monsieur. Vous pouvez y aller. La société sera contente de vous. »

Pierre-Louis Jalbaud, le 7 décembre 1961, à Marseille, qui a eu l'autorisation de s'occuper d'un chaton en cellule : « Où est mon minou ? »

Robert Actis, le 27 juin 1964, à Lyon. Il va torse nu à la guillotine : « On ne pourra pas dire que je meurs tard. Il est bien tôt… »

Jérôme Carrein, le 23 juin 1977, à Douai : « Ah, alors c'est ça ? Giscard a refusé ? C'est un enculé ! Il gracie les Arabes, mais pas les Français ! »

Hamida Djandoubi, le 10 septembre 1977, à Marseille. Ce Tunisien est amputé de la jambe gauche après un accident de motoculteur. Au réveil, il demande à mettre sa jambe artificielle. Au greffe, il fume deux cigarettes, puis en demande une troisième, une Gitane, mais Marcel Chevalier, l'exécuteur, refuse : « Ah non, ça suffit ! On a été assez conciliants. Il fallait y penser avant. » C'est la dernière exécution par la guillotine à ce jour en France.

Pour terminer ce chapitre sur une note moins sinistre, citons cette répartie du célèbre chroniqueur judiciaire Geo London, l'auteur de la série *Les Grands procès de l'année* dont les volumes paraissent aux éditions de France. Il assiste à une exécution où il voit l'avocat du condamné qui est stoppé par des barrages de police, malgré ses cris de protestation. Geo London interpelle alors un brigadier : « Oui, laissez-le passer, c'est le fournisseur ! »

« COUVREZ-MOI LES ÉPAULES, J'AI PEUR D'ATTRAPER UNE FLUXION DE POITRINE »

Lorsqu'Alfred Peugnez est guillotiné en place publique, à l'âge de vingt-et-un ans, le 1er février 1899, il s'agit de la première exécution parisienne du bourreau Anatole Deibler (il a déjà « œuvré » à Troyes) et de la dernière à se dérouler devant la prison de la Grande Roquette. Pendant cinquante-quatre ans, Deibler participe à la décapitation de 395 condamnés dont 299 comme exécuteur en chef. Il apprend le métier auprès de son père, Louis Deibler.

Les « mémoires » du jeune délinquant sont consignées dans des cahiers dont de larges extraits sont publiés dans *Les criminels peints par eux-mêmes* de Raymond Hesse, en 1912. Dès l'âge de six ans, Peugnez nous raconte qu'il est malheureux. « En lisant l'histoire de ma vie, bien des gens diront de moi, écrit-il : il est à blâmer, mais encore plus à plaindre. »

Lorsqu'il a deux ans et demi, sa mère se marie pour régulariser une situation, mais Peugnez ajoute : « J'ai tout lieu de croire, sans en avoir de preuves suffisantes, que celui dont je porte le nom n'est pas mon père. »

Il brosse alors le portrait suivant de celui qu'il appelle son beau-père : « Mon beau-père est un homme doué d'une force herculéenne. Il est grand et a une physionomie très dure dénotant un caractère violent, brutal et ivrogne. Son air est naturellement très méchant. Ne croyez pas que ce croquis soit exagéré. Il est plutôt en dessous de la vérité. Mais la seule chose qu'on ne peut lui retirer, c'est d'être un homme honnête et travailleur. »

Sa mère, « bonne et douce pour ses enfants », souffre beaucoup de cette union : « J'ai vu de mes yeux vu, écrit l'auteur des Mémoires, ma mère rouée de coups et traînée par les cheveux. »

Peugnez atteint ainsi l'âge de six ans, va chez les sœurs, puis chez le curé de la paroisse. Il avoue n'avoir rien appris. L'enfant ne pense qu'à s'amuser et à manquer les cours. Le directeur l'emploie à « cirer les chaussures, laver la vaisselle, faire le ménage et la cuisine, si bien qu'en fait d'école, je n'étais que marmiton ». Un jour, en train de nettoyer la chambre, il vole des boîtes de plumes, pour une valeur de trente francs. Les parents remboursent le préjudice occasionné. Il reçoit une correction sévère et quitte les religieux pour entrer à l'école communale de Saint-Maurice. Pour se plaindre de son élève, le professeur fait porter des lettres aux parents de Peugnez par un de ses camarades de classe. Ces lettres ne parviennent jamais à destination. « Comme je sortais toujours avant mon camarade, je l'attendais et le sommais de me donner la lettre que je déchirais. Ce n'était pas sans peine, mais comme j'étais toujours le plus fort, je finissais par avoir fatalement le dessus. »

Un jour, le maître d'école lui donne un coup de règle à la suite d'un manquement à la discipline. Peugnez, violent et furieux, bondit sur lui : « Certainement, si l'on ne m'avait séparé de lui, j'aurais commis une mauvaise action. On m'enferma dans une chambre, l'écume à la bouche. Je fis sauter la serrure et pris la fuite. »

Cet épisode sonne le glas de ses années d'école. Peugnez a douze ans. Il se place alors comme ouvrier. Deux accidents de travail l'affaiblissent au point que, dans un moment de dépression, il tente de se suicider avec de l'oxyde de carbone.

Peugnez vit toujours chez ses parents, où les scènes de ménage deviennent fréquentes. Lors d'une discussion plus violente que les autres et qui semble avoir laissé au jeune homme une vive impression, son père lance sur sa mère sa canne à épée sortie du fourreau. Une autre fois, pour défendre sa mère menacée d'un coup de couteau, Peugnez reçoit de son beau-père un violent coup sur la tête. « Il choisissait de préférence cette place pour me frapper. »

« Un jour, dit le narrateur, je travaillais à nettoyer une cuve de vin. Je fus pris à la gorge par le gaz. Très malade, on me renvoya à la maison, mais au lieu de me soigner et de me faire coucher, je reçus au contraire une correction à laquelle je ne m'attendais pas. La fureur me prit et je devins comme un fou. Donc je tenais tête à ma mère, lorsque voyant mon beau-père rentrer à la maison, je me précipitai dans la cuisine où je me jetais par la fenêtre. Je tombai sur la terrasse dans un état pitoyable. Je ressautai de nouveau par un vasistas qui donne dans l'escalier et de là, je courus vers la Marne. En arrivant sur le bord de l'eau, je me suis jeté à l'eau pour me noyer. Quoique sachant un peu nager, je cherchais au contraire à couler au fond de l'eau. Mon beau-père qui était derrière moi, voyant le danger que je courais, se jeta à mon secours pour pouvoir me retirer de l'eau, mais il n'est pas moins vrai que sitôt ramené hors de l'eau, je reçus à nouveau une correction qui m'excita de plus en plus à perdre la tête. »

Comme la vie de famille devient intenable, Peugnez loue une chambre et va habiter seul. Il a dix-huit ans. Une seconde tentative de suicide échoue. Les voisins, incommodés par l'odeur du charbon, enfoncent sa porte et le ramènent à la vie. Il quitte Saint-Maurice et commence un voyage à travers la France. Il traverse Villeneuve, Montgeron et se dirige vers Melun, en passant par la forêt de Sénart « où le courrier de Lyon fut assassiné ».

Peugnez arrive ainsi à Clermont-Ferrand ; à Valence où il fréquente une bande de malfaiteurs. À Marseille, il s'embarque pour Alger, y séjourne onze jours, revient à Valence où il s'associe avec un saltimbanque pour chanter dans tous les villages qu'ils visitent. Un vol de chemises, qu'il impute à son compagnon de voyage, le fait condamner à un mois de prison. Las de cette vie d'errance, il rentre au domicile de ses parents. Nous sommes en 1896. Peugnez retrouve un emploi et utilise ses premiers gains à « faire réparer un parapluie donné par un camarade à qui appartenait le rasoir qui m'a servi à trancher la gorge de madame Bertrand ».

Rien n'a pas changé chez lui. Peugnez quitte « cette demeure maudite » en emportant le revolver de son beau-père. Il écrit une lettre d'adieux à une cousine, qui est en même temps sa maîtresse, et se tire un coup de revolver dans le jardin des Tuileries. Troisième tentative de suicide qui échoue, elle aussi. À la même époque, Peugnez évoque un incident où il se dépeint sous un jour favorable : « J'avais rendez-vous au bois de Vincennes avec un de mes camarades, lorsque sur le bord d'une route, je fus dérangé par des cris : Au secours, à l'assassin ! Je prête l'oreille et finis par découvrir l'endroit où l'on étranglait une jeune femme. Je la vois couchée derrière un buisson, entre les mains d'un lâche qui l'avait bâillonnée, et d'un autre qui cherchait à la violer. Sans perdre une minute, je m'élance sur ses agresseurs, et se voyant surpris à l'improviste, j'ai été vite maître de ces deux terribles bandits, qui cherchaient à fuir en sortant leurs couteaux de leur poche. Je mis mes doigts dans ma bouche et je me mis à siffler, et croyant que j'étais plusieurs, ils avaient hâte de se sauver. »

Que deviennent les agresseurs ? Nous l'ignorons. Peugnez nous donne le nom de la jeune personne sauvée par lui, une demoiselle F., fille d'un garde du bois de Vincennes. Il fut chaleureusement félicité, mais un nouveau malheur lui arrive quelques mois après, car « il est né au mois de février, sous une mauvaise étoile ».

Nouvelle scène avec son beau-père. Et à nouveau une tentative de suicide à l'oxyde de carbone, avortée elle aussi. Cette fois, c'est son frère qui entre plus tôt que de coutume et le sauve d'une mort certaine.

Arrêté pour complicité d'un vol, Peugnez proteste de son innocence et se pose en éternelle victime. « Un lâche commissaire me fait signer une fausse déposition et je suis condamné à treize mois de prison, sans preuves et sans témoins. »

Son complice, un nommé Durand « le seul coupable » déclare que Peugnez avait formé le projet d'assassiner, pour la voler, une laitière du quartier.

Le futur criminel subit sa peine à Poissy et en sort le 30 janvier 1898. Sur l'intervention de madame Bertrand, il est repris par son beau-père et sa bienfaitrice lui procure un peu de travail. Peugnez a appris en prison le métier de rempailleur de chaises et peut se livrer à divers travaux domestiques. Au mois de mars, il quitte à nouveau ses parents sous le prétexte que « son beau-père lui a refusé du pain à table ».

Plusieurs feuillets manquent au manuscrit. Ces pages contiennent le récit du crime. Nous aurions ignoré l'impression causée par son acte sur le criminel, si nous n'avions eu la bonne fortune de retrouver la lettre écrite par Peugnez, le lendemain de son attentat, au commissaire de police de Charenton. Cette lettre est pleine de cynisme et d'insensibilité. La voici :

« 8 juin 1898.

« Monsieur le Commissaire,

« J'ai l'honneur de vous informer que tout ce qui a été dit sur les journaux est un faux, car je ne mérite pas cela. On dit que mon frère Paul est pour avoir une médaille. C'est moi qui devrais l'avoir, car j'ai plusieurs actes de dévouement. Maintenant, on me traite de malfaiteur dangereux. Je suis plus brave que vous. J'ai toujours été un homme de sang-froid et dévoué pour mes semblables. Du reste, je vous attends de pied ferme. J'ai commis un crime, mais c'est une vengeance et puis, ce n'est pas fini, j'ai encore des ennemis. Je vous préviens que vous ne me tenez pas encore, car j'ai encore à me venger. Mais si toutefois vous m'arrêtez, eh bien, je me défendrai car j'ai juré de me défendre jusqu'à la gauche... Vous m'aviez condamné à treize mois de prison et j'étais innocent. Eh bien ! Je me venge de la société et puis encore bien d'autres.

« Maintenant, pour la scène du crime, voilà ce qui s'est passé : J'ai eu une discussion avec Mme Bertrand et j'ai pris mon marteau et d'un seul coup je l'ai tuée. Elle est tombée. Alors le gosse est venu. Je l'ai tué, mais j'ai eu du mal. Je l'avais raté du premier coup, alors il a crié. Alors pour étouffer ses cris, j'ai chanté. Après, je lui ai porté deux coups, et puis je l'ai transporté sur son lit. Après, j'ai été trouver la bonne femme et je lui ai tranché la gorge. J'ai été prendre son porte-monnaie. Elle avait 500 francs en or et 5 francs de pièces de vingt centimes. Tout ça, a demandé huit minutes. J'avais du sang-froid comme j'en ai maintenant et j'en aurai jusqu'à la gauche. Je n'ai pas tué Mme Bertrand pour la voler, mais je l'ai tuée et je suis coupable. Maintenant, recevez mes salutations empressées. Je suis votre serviteur dévoué et qui vous servira tous bien, vous et votre personnel autant que vous êtes.

Peugnez Alfred.

P.-S. Maintenant, vous tâcherez de me faire mes antécédents mieux qu'ils le sont ; Je suis brave et travailleur. Je suis très dévoué pour mes semblables. J'attends cette copie pour demain, qu'elle paraisse sur les journaux, car je vais suivre ces bavardages avec précaution. Je vous dirai que je n'ai pas de complice. C'est moi l'auteur seul.

P.A. »

Cette lettre est écrite au moment où Peugnez se cache, mène une vie errante et sauvage dans les bois jusqu'au jour de son arrestation. Il se défend avec acharnement et, sur le point d'être pris, se tire un coup de revolver. Le récit de sa capture, cueilli dans ses mémoires, est une véritable perle. « Après bien des hésitations, les agents, comme des bêtes brutes, vinrent me ramasser et me mettre la chaîne aux mains. Je fus transporté au commissariat de Charenton au milieu de cris : À mort ! À l'eau mais je fus protégé par l'excellent magistrat Cuvillier. Je fus pansé et reconduit à la Sûreté avec les égards dus à mon rang... »

Évidemment, Peugnez ne plaisante pas. C'est sérieusement qu'il a écrit cette phrase. Il a commis un crime. Il est quelqu'un. La presse va s'occuper de lui. C'est tout un monde que ces quelques mots nous dévoilent. De regrets ? Point !

Voici comment se terminent les mémoires de Peugnez : « Bien des personnes diront de moi : il a fait la noce. Non, ce n'est pas vrai. On dira que j'ai tué pour voler. C'est encore faux. M. et Mme Bertrand partaient le matin et rentraient le soir. Octave Dautt était en garde chez mes parents et ma mère avait la clef du logement. Je n'avais qu'à la prendre et à y aller. Tant qu'à la vérité qui m'a poussé à commettre mon crime, je l'avoue avec la plus grande sincérité. Je demande pardon à M. Bertrand de la peine que je lui cause.

À Peugnez. »

Le crime est tellement atroce que Peugnez est condamné à mort et exécuté en février 1899. Pendant son incarcération, Peugnez, comme Soleilland, se fait convertir au protestantisme. Ayant le préjugé qu'on est payé pour changer de religion, il espère ainsi intéresser à son sort le pasteur qui aura eu sa conversion sans bourse délier.

Son orgueil ne l'abandonne pas devant la guillotine ; Au moment où Deibler échancre la chemise, Peugnez crie : « C'est froid ! » et aussitôt craignant d'être pris pour un poltron : « Couvrez-moi les épaules car je ne tiens pas à attraper une fluxion de poitrine. »

Arrivé à vingt mètres de l'échafaud, Peugnez crie : « Portez armes ! » Instinctivement tous les soldats lui présentèrent les armes.

Il mourut courageusement.

« PANOUILLE, TU VAS ME RATER… ! »

Surnommé « Tête de cire » ou « Le Chacal », Isidore Hespel est le plus célèbre bourreau du bagne de Saint-Laurent de Maroni, en Guyane. Détesté de tous, aussi bien des fonctionnaires, des gardiens que des « fagots » – les forçats –, il passe son temps à dénoncer les projets d'évasion de ses compagnons d'infortune. Il lui arrivait d'aller chercher un morceau de planche ou de fer dans une case de détenu, avant d'aller cafter à son supérieur : « Chef, il y en a qui veulent s'évader, voici ce que j'ai découvert. »

Et le dénoncé, innocent, récoltait trente jours de cachot devant le tribunal maritime pour tentative d'évasion.

Interné aux Îles du Salut, il devient tout d'abord porte-clefs, puis aide du bourreau, et enfin exécuteur des hautes œuvres. Très fier de sa fonction, Hespel se considère comme un haut fonctionnaire de la République. Il pratique son « art » avec beaucoup d'enthousiasme – il est même considéré comme le plus rapide de tous les bourreaux français, étant capable de décapiter trois condamnés en l'espace de quelques minutes à peine. Son intention était de publier plus tard ses mémoires, et il notait sur un carnet les noms de ceux qu'il avait exécutés : Amati, Gruse, Griebelle, Galibi, Jammgain, Lacoste, Boyer-Sylvain, etc. Lorsqu'il est en poste, il signe immanquablement ses courriers par « Hespel Isidore, exécuteur des hautes œuvres des Îles du Salut ».

Avant d'être déporté au bagne, il possède déjà, à vingt ans, un casier judiciaire bien fourni et par toutes sortes de délits. Il fait un séjour aux « Bat' d'Af » et de là aux travaux publics militaires.

Jugé et condamné pour tentative d'assassinat, il vient à Saint-Laurent dans la cage de fer du paquebot

La Calédonie. Dans un courrier de 1901, adressé au criminologue lyonnais, le professeur Alexandre Lacassagne, Hespel évoque son parcours, en l'enjolivant quelque peu – son style, la ponctuation et les fautes d'orthographe ont été conservées :

« Je naquis à Lille le 3 mars 1867 de parents étrangers. J'ai été à l'école jusqu'à l'âge de 14 ans et j'ai rentré comme garçon de café chez mon Oncle Isidore Bourgois au « Grand Café de la Grand Poste » à Lille, boulevard de la Liberté.

« Au bout de 6 mois j'ai pris la poudre d'escampette et c'est de là que j'ai commencé à fréquenter la mauvaise compagnie à l'âge de 16 ans, j'ai purgé une condamnation d'un mois pour fraude et 500 francs d'amende ensuite j'ai purgé quelques petites condamnations pour des futilités mais la plus forte est celle de un an et un jour à la Maison Centrale de Loos (Nord) à ma libération en l'année 1888 j'ai résolu de contracter un engagement comme fils étranger de 5 ans dans la légion étrangère en garnison à Sidi-Bel-Abbès, province d'Oran, au bout d'un an de service j'ai déserté, repris après j'ai été traduit devant le Conseil de guerre d'Oran et condamné pour dissipation d'effets, absence illégale à la peine de deux ans de prison, transféré dans la province d'Alger au pénitencier militaire de Douera où j'ai travaillé dans les chantiers de pierre et de terrassement. Là je me suis fait rallonger la feuille et une seconde fois j'ai comparu devant le Conseil de guerre de Blida où j'ai été condamné à la peine de 5 ans de travaux publics pour lacération d'effets, quelques punitions disciplinaires infligées par le Général Bayart, commandant la subdivision d'Alger, pour absence illégale de l'atelier des travaux publics.

« J'ai une conduite exemplaire pendant deux années et Monsieur le Commandant Clouet de l'atelier des travaux publics m'a promu au grade de Chef ouvrier, mais plus tard en l'année 1890 me trouvant dans un chantier dans le Sud algérien un allemand nommé Chamkerre se trouvait près de moi et comme j'étais chef d'équipe le sous-officier m'ordonna de faire travailler cet homme. L'homme se précipita sur le sous-officier avec sa pioche, moi comme un lion je me précipitai à la gorge du révolté et je réussi par le désarmer en ayant reçu un coup de pioche dans la cuisse gauche : je porte encore la cicatrice de trois centimètres de longueur sur un centimètre et demi de largeur. J'ai été félicité par mes supérieurs et l'allemand a été condamné à mort et relevé aux travaux forcés à vie mais comme moi j'avais une mauvaise conduite passée je n'ai rien obtenu ; cela me découragea ; je me suis évadé en 1892 de l'hôpital militaire de Dey et j'ai été repris à Mostaganem à 500 kilomètres du lieux de mon évasion où j'ai souffert horriblement couché dans la montagne avec les hyènes et les chacals, mangeant des herbes et des figues de barbarie enfin traduit devant le Conseil de guerre d'Alger pour désertion et emport d'effets ; je me suis révolté devant le Conseil de guerre et sur place j'ai été condamné à mort et à un an de prison pour désertion ; aussitôt j'ai été reconduit à la prison militaire de Babazous mis dans les cellules des condamnés à mort ; j'ai 85 jours en attendant que j'aille faire connaissance avec le poteau non pas télégraphique mais poteau à regret. Jamais je n'ai failli dans ma cellule, je chantai les trois quarts du temps, je mange bien, je recevais quelques visites de monsieur l'aumônier qui me disait qu'il fallait prendre courage mais moi je lui disais que quand l'on était mort, l'on était bien mort et que s'il y avait un paradis j'espère que Maitre St-Pierre qui faisait fonction de geôlier là-haut m'aurait bien laissé passer vu qu'à l'enfer d'ici-bas j'avais assez souffert ; l'aumônier me disait que j'étais un fou et il se mettait à rire le bon vieux car il m'en a donné des paquets de tabac et autres douceurs.

« Enfin j'avais fait mes préparatifs dans ma cellule, j'avais écrit une lettre d'adieu à mon frère que je gardai sur moi ou je voulais la remettre au dernier moment à l'aumônier ; comme j'ai dit au bout de 85 jours j'ai repasse devant le Conseil de guerre et Monsieur le Président me signifia que ma peine de mort était commuée à celle de 20 ans de détention militaire par Monsieur le Président de la République, Sadi Carnot que ces lâches italiens ont assassiné, ces joueurs de lames, ces crouteurs de macaroni, ces bandits de Calabre qui viennent manger le pain des Français ; Ah non moi certainement je ne les aime pas enfin bref j'ai été transféré à la maison Centrale de Clairvaux au quartier de détention militaire en l'année 1893. Là j'avais un emploi de découpeur à l'Atelier des meubles en fer, et pendant près de 2 ans, j'ai eu une conduite exemplaire mais la fatalité a voulu avec un détentionnaire comme moi lui qui était armé et voulant se précipiter sur moi j'ai tué le diable je me suis armé aussi et ma foi je l'ai laissé sur le carreau mais heureusement pour moi les blessures n'étaient pas mortelles.

« J'ai été traduit devant la Cour d'assise du département de l'Aude et j'ai obtenu les circonstances atténuantes ; là on a prononcé la peine de 20 années de travaux forcés, 18 mois après l'isolement à Clairvaux par ordre de monsieur le ministre de l'Intérieur et de monsieur le préfet j'ai été transféré à Saint-Martin-de-Ré et ensuite j'ai débarqué du transport la Calédonie aux Îles du Salut le 17 juillet 1897. J'ai fait quelques punitions dès mon arrivée mais voyant que j'étais arrivé au dernier échelon de l'échelle, je me suis dit Mon vieux chacal attention à toi prends tes précautions tu n'as pas froid aux yeux tu es toujours de sang-froid et bien travaillé pour toi, prends cette devise Chacun pour soi et Dieu pour tous, plus d'amis, plus de camarades, j'ai écouté les conseils de Monsieur le Commandant Daniel, j'ai rendu quelque services à l'administration, j'ai été gardien de case pendant 11 mois, chef d'équipe et porte-clefs pendant trois mois mais comme je n'étais qu'à la 3e classe, j'étais obligé de quitter ce service en attendant que je sois classé à la 2e classe. J'ai obtenu une bonne conduite et au bout de 30 mois j'ai passé de la 3e classe à la 2e classe et j'ai été nommé contremaître après et aide exécuteur des hautes œuvres où j'ai assisté comme aide avec mon patron Chaumet à l'exécution de Galibi à Cayenne dans la rue de Marais et je vous promets que je n'ai pas bronché. D'abord Monsieur le Procureur général et tous ces messieurs ont assisté à l'exécution et ça a été fait illico, sans tambour ni trompette ; après à la santé du feu Galibi nous avons fait un caseroui de Balthazar. Enfin dès aujourd'hui je suis dévoué à l'administration et certes jamais je manquerai à mon service et s'il le faut je suis prêt à sacrifier ma vie pour le bien de mes Chefs dans n'importe quelles circonstances. Il me reste encore 15 ans à faire et j'espère qu'avec mes preuves de retour au bien avoir une petite réduction de peine. Je suis encore jeune, j'ai abrégé ma vie mais enfin ce que je vous écris est authentique.

Je suis votre serviteur.

Hespel Isidore Forçat

C. M. et aide bourreau à la Guyane Française, fait aux Îles du Salut le 31 janvier 1901. Vive la France. »

Méprisé par les autres forçats, même lorsqu'il propose de leur payer un verre, c'est à peine si on lui adresse la parole. Hespel passe son temps libre à pêcher et à vendre les poissons aux gardiens. Lorsque l'un d'eux refuse de le payer, il le tue. Curieusement, il échappe à nouveau à la peine de mort et le tribunal maritime le condamne à cinq années de réclusion cellulaire, et il perd sa fonction d'exécuteur des hautes œuvres.

Dans un article du premier numéro de *Police-Magazine* de novembre 1930, le journaliste Guy Péron nous décrit l'atmosphère qui règne au bagne, où les forçats se retrouvent le soir autour d'une buvette tenue par un Asiatique : « C'était, nous dit l'ancien greffier du bagne, en mai 1924, sur les bords du Maroni, dans la cabane en planches où le Chinois Tchang-Si tient une buvette pour arroser d'alcool frelaté et de tord-boyaux sa clientèle à mine patibulaire. Ce soir-là, il y avait parmi les débardeurs noirs, métis, indiens des faces bien connues à Saint-Laurent : Manda, l'ami du Casque d'Or, envoyé au bagne pour avoir fait le coup de Ravaillac à son rival, le mécanicien Leca.

« Puis Brière, l'assassin de ses cinq enfants à Corancez, l'ex-maître d'hôtel Renard, assassin de Mr. Rémy, son patron.

« Tous les trois se prétendaient innocents. Il y avait encore Marcheras, le cambrioleur célèbre par ses évasions. Et l'Arabe Mohammed Houdja, criminel endurci.

« Il ne manquait plus dans cette société suspecte qu'un vieux client, le fameux Soleilland, que le forçat Guyennet, son compagnon, avait mis une première fois à mal, par un coup de lime dans le dos, et que le forçat Tombois vint à l'hôpital frapper de trois coups de couteau, blessures auxquelles l'assassin de la petite Marthe ne survécut que quelque temps, après avoir perdu son emploi de gardien de cimetière des îles du Salut, où il fut d'ailleurs enterré.

« Vous allez me demander ce que faisaient le soir, dans la cambuse du Chinois, Manda, Brière, Renard, alors qu'ils devaient depuis le coucher du soleil, être calfeutrés dans la boîte de l'Administration pénitentiaire.

« C'est que les deux premiers gaillards, ayant obtenu la faveur d'être infirmiers, jouissaient d'une liberté relative. Renard, l'habile cuisinier, était devenu le maître d'hôtel du gouverneur. Quant à Marcheras, encore évadé, il cherchait des aminches pour gagner avec lui « la belle » (la fuite) avec un canoë qui aurait atteint en quelques jours à l'embouchure de l'Oyopok, d'où l'on arrive au Brésil ; alors c'est la bonne vie !

« Mais Manda et Brière n'avaient pas confiance dans les évasions préparées par Marcheras, qui s'était toujours fait reprendre. Renard avait une bonne place de maître d'hôtel chez le gouverneur, où il avait engraissé, Brière et Manda étaient « usés ».

« Tas de poules mouillées ! fit Marcheras. Vous manquez de cran. Je partirai donc seul pour « la belle »

« Soudain une face sinistre apparut dans le cadre de la porte, éclairée par la lune. « Attention aux mouches ! » fit Manda très méfiant.

C'était Hespel, l'ancien bourreau du bagne, dégommé pour violences sur un gardien. Oui, c'était cette canaille d'Isidore Hespel qui venait d'entrer.

« Tous ceux qui ont passé par le bagne de Saint-Laurent, soit comme forçats, soit comme fonctionnaires, connaissent bien cette crapule d'Hespel, dit « Tête de cire », ou encore « Le Chacal ». À peine arrivé au bagne, il s'arrange pour obtenir un adoucissement de son sort.

Faux comme un jeton, il rampe et il moucharde les autres fagots (forçats).

« Sans scrupules, naturellement, il mangeait à tous les râteliers, jouant même vis-à-vis de ses compagnons (les fagots de l'Administration Pénitentiaire) le rôle d'agent provocateur. Un jour, ayant frappé un surveillant, il fut révoqué de sa fonction de bourreau.

« Une fois sa peine purgée, il tente de s'évader et est arrêté au moment même où il franchit le mur d'enceinte du bagne. Paranoïaque, Isidore est certain d'avoir été dénoncé et il jure de se venger. C'est encore au comptoir de la buvette de Tchang-Si qu'il s'ouvre de son funeste projet auprès des autres « fagots » : « V'là le dégommé ! fit Marcheras, très méfiant, que viens-tu faire ici ? »

« Hespel s'accouda au comptoir, commanda une gnole et déclara en roulant sa chique : « Je cherche le gardien Lanoé pour lui faire la peau, car c'est cette bourrique qui m'a fait révoquer, et c'est encore ce roussin qui m'a fait avoir vingt berges de prison en supplément. Et la prison, c'est plus dur que les travaux forcés, car on y passe vingt-deux heures sur vingt-quatre en cellule. C'est encore lui, Lanoé, qui m'a fait renvoyer des concessions de Saint Maurice, où je comptais bien saigner le surveillant et sa femme dans leur tôle. Et quand par une nuit noire, étant en cellule, j'ai forcé les barreaux du blockhaus pour m'évader, c'est lui qui a voulu m'agripper quand j'allais sauter le mur. Cependant, j'ai pu filer. Et me voilà. »

« Il ajouta après avoir vidé son verre de gnole :

« Ah ! La vache ! J'aurai sa peau !

– Et tu iras voir la veuve ! fit Marcheras.

– Ce serait après tout bien ton tour d'y passer, dit Manda.

– Après avoir exécuté les aminches, les compagnons de misère, tu y passerais toi aussi, reprit Marcheras.

– Ce ne serait que justice, ajouta Manda, tandis que Brière et Renard, ces rescapés de la guillotine, opinaient du bonnet en dégustant leur tord-boyaux, sous la lampe qui verdissait leur face glabre.

– Oui, reprit Hespel en vidant son verre de gnole, j'aurai sa peau, et pas plus tard que ce soir. Après l'avoir refroidi, je prendrai « la belle ». Si je suis repris, je m'en fous. J'ai plus de cinquante berges. Et j'ai encore vingt berges de prison à faire en plus des travaux forcés à perpète. Je n'y arriverai jamais. Ma seule chance consiste à sortir de prison pour retourner aux travaux forcés où l'on est mieux et à l'air. Donc je m'en fous et m'en contrefous. J'en ai marre de cette existence de requin. Quand on a été l'égal de monsieur Deibler et haut fonctionnaire d'exécution, on a sa fierté et on ne veut plus remettre ça dans la brousse. Adieu, les fagots ! »

« Hespel sortit, remonta vers le village de la Transportation, où les aboiements des chiens répondaient aux hurlements des singes roux dans la forêt sauvage.

« C'était par un beau clair de lune qui plaquait une clarté d'argent sur le large fleuve Maroni et bleuissait les palétuviers de la rive. Le silence régnait sur le bagne endormi, quand soudain un cri lointain, effroyable, s'éleva, glaçant d'effroi tous ceux qui l'entendirent.

« Un crime venait d'être commis. Cela faisait le deuxième en quelques mois. Pirou, le maire assassin du Kremlin-Bicêtre, avait été trouvé la tête tranchée dans son garbet.

« Hespel a tué Lanoé, dit Manda, en réglant les consommations de Renard et de Brière.

– Eh bien ! Non, Hespel n'avait pas trouvé Lanoé ce soir-là. C'était un relégué qui avait assommé une négresse dont nous avions entendu le cri de terreur. »

« Mais le lendemain, un après-midi ensoleillé, pendant la promenade sous la véranda du quartier des libérés, Hespel frappait de quatre coups de couteau le porte-clefs Lanoé, qui en mourut.

« Jugé devant les assises de Cayenne, l'ex-bourreau Hespel fut condamné à mort.

« L'exécution eut lieu à l'aube d'un beau jour de mai 1924. Hespel, conduit les mains ligotées devant la veuve, faisait le crâneur. Je le vois encore avec sa face d'oiseau de proie, sa tête plate aux cheveux blancs, son air gouailleur de Parigot, apostrophant son successeur par ces mots :

« 'spèce d'apprenti, tu pourrais pas mieux turbiner ! Regarde, tes bois ne sont pas d'équerre, le couperet est de guingois, et la lunette pas dans l'objectif ! Panouille, tu vas me rater..., laisse ça, mon vieux ! Je vais te montrer comment on fait du bon boulot. »

« Mais il ne put achever, les aides l'avaient allongé sur la bascule, et son successeur le tirait par les deux oreilles pour encadrer la tête dans la lunette, qui, en effet, n'était pas d'aplomb.

« Puis, avec un bruit sourd, le couperet tomba. Un flot de sang jaillit.

« Monsieur l'exécuteur des hautes œuvres (en disponibilité) venait d'être exécuté !

« C'était bien son tour », dit un vieux forçat repenti.

« Et ce fut la seule oraison funèbre d'Isidore Hespel. »

« PUTAIN, TU TE MAGNES LE CUL, ESPÈCE DE SALOPARD DE L'INDIANA, J'AURAIS DÉJÀ PU EN PENDRE UNE DOUZAINE, VU LE TEMPS QUE TU PRENDS ! »

« Jamais je ne changerai, même si les portes du Paradis s'ouvrent en grand devant moi et qu'on m'offre un million de dollars. Je n'ai aucune envie de faire le bien ou d'être bon. » Ces phrases résument à merveille l'existence de Carl Panzram, l'un des plus terrifiants serial killer de tous les temps – et l'un des plus méconnu, même si James Woods l'incarne au cinéma dans *Killer : A Journal of Murder* (1996), un film médiocre de Tim Metcalfe.

Il est aussi le premier tueur en série à avoir écrit son autobiographie dans le couloir de la mort de Leavenworth en 1929 et 1930. Elle sera publiée en 1970, encadrée par des textes de Thomas E. Gaddis et James O. Long, qui supervisent l'incarcération de Panzram à la prison de Leavenworth. Le nom du tueur en série ne figure même pas comme co-auteur de l'ouvrage lors de sa publication par The MacMillan Company. Voici comment le condamné # 31614 se présente dans le prologue de ses mémoires : « J'ai commencé à faire de la taule à l'âge de onze ans, et je n'ai pratiquement plus fait que ça pendant le reste de mon existence. Je ne suis jamais resté très longtemps en liberté. Ce que vous avez fait et que vous m'avez infligé, vous le faites aussi subir aux autres. Ce que je vous ai fait, d'autres le font aussi. C'est un cercle sans fin. J'ai agi comme on m'a appris à le faire. Je ne suis pas différent des autres. Vous m'avez enseigné les ficelles de l'existence, et j'ai suivi vos préceptes. Si vous continuez à le faire, il vous faudra en payer le prix, et ce prix est très coûteux. Vous perdrez tout, même votre vie. Maintenant, vous qui ne me connaissez pas ou mes désirs, vous décidez sans me consulter d'aucune manière ; vous remettez en cause le jugement d'une Cour légalement constituée et la légitime condamnation qui m'a été infligée. Pour vous remercier de tous vos efforts, je n'ai qu'un unique souhait, c'est que vous ayez tous un seul cou sur lequel je pourrais poser mes mains. Je n'ai aucune envie de changer. Mon seul désir est de réformer ceux qui tentent de me changer. Et je crois que l'unique manière de réformer des personnes, c'est de les tuer. À n'importe quel moment, je peux être transféré vers un autre pénitencier, un asile psychiatrique ou un couloir de la mort, et ça m'est complètement égal. Ils ne me garderont pas longtemps car aucun pouvoir sur cette terre ne pourra me garder vivant et emprisonné pour une longue période encore. J'ai juste envie de finir mes mémoires pour donner ma vision des choses, même s'il ne s'agit que d'un seul lecteur. Mais un seul homme ou des millions, peu importe à mes yeux. Quand j'aurai fini, eh bien, ce sera la fin et rien d'autre n'importe à mes yeux. Durant mon existence, j'ai tué vingt-et-une personnes, j'ai commis des milliers de cambriolages, vols ou actes de pyromanie, et j'ai aussi sodomisé plus d'un millier d'hommes. Et je n'en ai pas le moindre remords. Je n'ai pas de conscience et ça ne me trouble pas le moins du monde. Je ne crois pas en l'humanité, ni à Dieu ou au Diable. Je hais viscéralement cette putain de race humaine, y compris moi-même. Si vous prenez la peine d'examiner en détail tous mes crimes, vous vous rendrez compte que j'ai toujours suivi une seule et unique idée dans l'existence. De m'attaquer aux plus faibles, aux plus vulnérables et à ceux qui n'étaient pas sur leur garde. C'est ce qu'on m'a appris : la puissance fait loi. »

Carl Panzram, matricule 31614. »

Il est né en 1891 au sein d'une famille de « travailleurs, durs au mal, ignorants et pauvres », d'origine allemande, vivant dans une ferme du Minnesota. Le père les abandonne alors que Carl est âgé de sept ans. Quatre ans plus tard et déjà doté d'une carrure impressionnante, il quitte ses proches pour se lancer dans l'aventure, direction la Californie. Il vole un gâteau, quelques pommes et un pistolet pour monter à bord d'un train de marchandises. Mais il se fait prendre avant de pouvoir aller très loin. On l'envoie dans une maison de redressement, la Minnesota State Training School à Red Wing où deux religieux fanatiques tentent de lui inculquer l'amour de son prochain à coups de fouet et de savates. À l'atelier de peinture, comme le raconte Carl Panzram avec un certain humour : « Ils nous ont repeints le corps en bleus » et il n'a qu'une envie « c'est de crucifier Jésus encore et encore ». Pour se venger, il met de la mort aux rats dans le riz au lait du directeur et il brûle l'atelier de peinture, ce qui engendre des dommages à hauteur de cent-mille dollars. Il n'a que douze ans. Après deux ans passés à l'institution de Red Wing, l'adolescent rebelle en a tiré des leçons, comme il l'explique dans « Killer » : « Voler, mentir, haïr, brûler et tuer. J'ai appris qu'un rectum pouvait servir à autre chose qu'à crépiter. Je me suis juré de voler, incendier, détruire et tuer partout où j'irai, pendant le reste de mon existence. »

Panzram est confié à la garde de sa mère qui pleure le décès par noyade de son fils favori et qui l'envoie dans une école luthérienne. Moqué par les autres pensionnaires à cause de son séjour dans une maison de redressement, il les frappe et menace le directeur avec un Colt 45. Il monte à nouveau à bord d'un wagon de marchandises où son voyage tourne au cauchemar avec un viol collectif dont il est la victime : « J'ai pleuré, supplié, mais rien n'y a fait. Cela m'a ouvert les yeux. » Il atterrit à Butte, la capitale du Montana, où il est incarcéré pour de nouveaux larcins. Il s'évade de la Montana State Reform School pour incendier des églises au hasard de ses déplacements durant les deux années suivantes. Panzram s'engage dans l'U.S. Army à l'âge de seize ans après une nuit de libations, mais, encore une fois, il ne parvient pas à s'adapter à la discipline. En avril 1907, il est condamné à trois ans de prison à Fort Leavenworth (Kansas) pour avoir volé du matériel militaire. Sa révolte permanente lui vaut d'être attaché par une chaîne à la cheville à une boule de métal pesant vingt-cinq kilos pendant six mois. Lorsqu'il en ressort en 1910, il est devenu « l'incarnation du Mal absolu ».

Pendant une année, il vagabonde au Texas, dans l'Illinois, le Missouri et le Kansas où il travaille comme vigile pour les chemins de fer, briseur de grèves et main d'œuvre dans un cirque itinérant. En 1911, avec l'aide d'un complice, il agresse un voyageur et lui dérobe trente-cinq dollars. Puis il l'attache, pieds et poings liés, avant de lui fourrer une chaussette dans la bouche. « Je me suis dit qu'il fallait en profiter et pratiquer une petite sodomie. Je pense qu'il est toujours là où je l'ai balancé du train, à moins que les vautours et les coyotes ne lui aient réglé son compte. » Il s'engage brièvement dans la Légion étrangère de l'armée mexicaine, avant de déserter à nouveau. Sa vie d'errance se poursuit, émaillée par d'innombrables viols : « Chaque fois que j'en croisais un qui n'avait pas trop l'air rouillé, je lui ordonnais de lever les bras en l'air et de baisser son froc. Je suis devenu un immense expert en sodomie, bien plus qu'Oscar Wilde n'aurait pu le rêver. Et j'enculais tellement que je n'avais même plus une seconde pour penser à Jésus et à tous ses saints, comme on me l'avait enseigné dans ces maisons de redressement. »

En prison, un codétenu lui apprend à faire sauter les coffres ; il met à profit cette technique pour faire s'effondrer le mur d'enceinte et s'évader. En 1915, Carl Panzram est âgé de vingt-trois ans lorsqu'il se fait arrêter dans l'Oregon pour plusieurs vols. Il plaide coupable pour éviter une condamnation trop lourde, mais la justice ne l'entend pas de cette oreille et le condamne à la peine maximale. Fou de rage, il « arrache tous les radiateurs, les tuyaux, les fils électriques, brise toutes les tables, la vaisselle, les livres de la bibliothèque, les vêtements et matelas de l'établissement, avant d'y mettre le feu ». En retour, il écope d'une sentence de sept ans dans le pénitencier au régime le plus dur de l'État, l'Oregon State Penitentiary. Les détenus doivent rester silencieux en permanence et, lorsqu'ils se déplacent, poser une main sur l'épaule du prisonnier qui le précède, les yeux baissés vers le sol. À chaque fois que la règle n'est pas respectée, celui qui enfreint le règlement a droit à un matraquage en règle.

À chaque occasion, Panzram tente de s'évader. Lors d'une tentative en compagnie d'Otto Hooker, ce dernier abat le directeur de l'établissement. Si Hooker parvient à s'échapper, Panzram est repris et doit essuyer les foudres du nouveau directeur qui n'est autre que le frère de la victime. Malgré tous les châtiments corporels qu'il subit, il reste indomptable et il met deux fois le feu aux ateliers de la prison. Une nouvelle tentative d'évasion lui vaut d'être « attaché par les bras avec des chaînes, dénudé et arrosé pendant des heures avec une lance à incendie. Après avoir perdu connaissance, j'étais devenu quasi aveugle, le corps gonflé, tuméfié, avec des meurtrissures partout, mes parties génitales étaient devenues aussi grosses que celles d'un âne. Beaucoup de personnes ont payé de leur vie ce qu'on m'a infligé ce dimanche matin ».

Les traitements subis par les détenus sont si violents que le directeur est renvoyé. Et c'est Charles Murphy, un partisan de méthodes humanistes qui le remplace. Carl Panzram en est à sa huitième tentative d'évasion. « J'ai pensé que ça devait être un pédé. Mais ce nouveau régime me convenait. » Il se voit offrir des rations supplémentaires et des livres. Murphy lui donne la possibilité de sortir à sa guise tous les jours s'il promet de revenir tous les soirs dormir dans sa cellule. Panzram se plie à ce régime pendant deux mois et il devient même le porte-drapeau de l'orchestre du pénitencier. Un jour, il prend une cuite, couche avec une infirmière, avant de prendre le large à bord d'un train de marchandises. Il tire sur le shérif d'une petite ville, avant d'être capturé. Lors de son procès, Charles Murphy témoigne : « Je sais que je ne pourrais plus jamais lui faire confiance. Son cas est absolument désespéré. »

Quelques mois plus tard, Panzram réussit son évasion au cours de laquelle trois prisonniers sont abattus par des gardes. Il adopte l'identité de « John O'Leary » pour s'embarquer en tant que marin pour un tour du monde meurtrier. « En 1920, après un vol de bijoux, j'ai gagné trois-mille dollars et j'en ai profité pour acheter un voilier, l'*Akista*. Je me suis dit que ce serait chouette d'engager quelques matelots, de les faire boire, puis de les sodomiser, avant de les voler et de les tuer. Pendant trois semaines, j'ai agi de la sorte. Dès qu'ils étaient ivres morts, je leur faisais sauter le caisson avec mon Colt calibre 45. Ensuite, j'attachais une corde avec une pierre à leur corps pour les balancer par-dessus bord, à City Island, près du port de New York. Il y en a dix qui sont toujours là, au fond de l'océan. Après avoir perdu mon yacht dans une tempête, j'ai pris un navire pour l'Europe que j'ai volé à mon arrivée. De là, je suis parti pour Matadi, dans le Congo belge. Puis vers Luanda, en Angola. J'ai bossé pour la Sinclair Oil Company, à gérer leurs nègres, et je me suis bien occupé à leur rendre la vie infernale, ça je peux vous l'affirmer ! J'ai voulu m'acheter une jeune négresse et j'ai payé un bon prix à ses parents. Environ huit dollars. Et ça, parce que c'était une vierge. Soi-disant. Elle avait onze ou douze ans. Je l'ai emmené dans ma cabane avant de la rapporter le lendemain matin. Ils m'avaient menti, elle n'était pas vierge et j'ai exigé d'être remboursé. Ils m'en ont proposé une autre, plus jeune. Mais c'était encore une arnaque. J'ai arrêté de chercher une fille vierge. J'ai opté pour un garçon. J'en ai dégotté un. Un de nos serveurs. Je lui appris les bienfaits de la sodomie civilisée, telle qu'est pratiquée chez nous. Mais c'était un sauvage qui ne voulait pas être éduqué. Il m'a dénoncé au boss qui m'a viré sur-le-champ. Je lui ai donné une bonne leçon. Je suis retourné à Luanda pour chercher de l'aide auprès du consulat américain. Ils n'ont rien voulu savoir car ils me connaissaient de réputation. En quittant les bureaux, je me suis posé sur un banc pour réfléchir à ma situation. Un petit noiraud de onze à douze ans est venu m'emmerder. Il cherchait quelque chose. Et il l'a trouvé. Je l'ai emmené dans une carrière proche de la Sinclair Oil Company. Je l'ai laissé là, mais pas avant de l'avoir sodomisé et tué. Son cerveau lui sortait par les oreilles quand je l'ai quitté. Plus mort que ça, c'est impossible. Il y est toujours, aux dernières nouvelles. Le soir même, j'ai embarqué à bord d'un navire à vapeur pour Lobito Bay. J'ai loué un canot avec six nègres, à la recherche de crocodiles. J'en ai trouvé plein. Ils étaient tous affamés. Je les ai nourris. J'ai tiré une balle dans la tête de chacun des six nègres, avant de les balancer dans la flotte. Les crocs ont fait le reste. [...] De retour aux États-Unis, en juillet 1922, à Salem, dans le Massachussetts, j'ai fracassé le crâne à coups de pierre d'un gosse de onze ou douze ans. J'ai pratiqué une petite sodomie sur lui avant de m'en débarrasser [la victime était Henry McMahon, âgé de douze ans]. »

Carl Panzram continue son existence faite d'errance, de viols, d'assassinats, de vols, à Philadelphie, Baltimore, La Nouvelle Orléans, Jacksonville, New Haven, Providence, puis New York, avant de purger six ans de prison à Sing Sing et à Dannemora. Libéré en juin 1928, il est à nouveau incarcéré à Washington où sa tentative d'évasion lui vaut un traitement inhumain. Trois jours de tortures le laissent brisé et un jeune gardien, Henry Lesser, prend pitié de lui. Lesser se rend compte que Panzram est très cultivé, qu'il est un fin connaisseur de Schopenhauer et de Nietzsche. Une amitié se noue entre les deux hommes et le récidiviste accepte de raconter sa vie sur des cahiers.

Transféré à la prison de Leavenworth, ils continuent à correspondre. En juin 1929, Carl Panzram tue un gardien en le frappant à mort. Lors de son procès en 1930, il refuse qu'un avocat le défende et il est condamné à être pendu le 5 septembre 1930. Il renonce à toutes ces procédures d'appel : « Je préfère mourir de cette façon, et si je possède une âme, je veux mourir ainsi, plutôt que cette mort lente dans un donjon ou un dans un asile psychiatrique à la cellule capitonnée. Ma devise est : « Vole-les tous, viole-les tous et tue-les tous ! »

Il marche sans peur et sans crainte vers le gibet qui a été spécialement édifié pour lui, vu ses cent-cinq kilos. En chemin, il croise deux prêtres. « J'espère qu'il n'y a pas de suceurs de bites cathos ici ? » hurle-t-il. Les deux curés s'enfuient sans demander leur reste.

Sur l'échafaud, lorsque le bourreau lui demande s'il souhaite prononcer d'ultimes paroles, Carl Panzram rétorque, d'une voix ferme : « Putain, tu te magnes le cul, espèce de salopard de l'Indiana, j'aurais déjà pu en pendre une douzaine, vu le temps que tu prends ! »

« VOUS ALLEZ M'ENVOYER VERS UN MONDE MEILLEUR »

Parmi toutes les méthodes d'exécution, la pendaison est celle qui a été pratiquée le plus longtemps, sur tous les continents et à toutes les époques, puisqu'elle existe toujours dans certains pays, tels que le Japon ou l'Iran. Aux États-Unis, seuls deux États, celui du New Hampshire et de Washington, autorisent encore un condamné à mort à la choisir. Elle est aussi bon marché, facile à exécuter – c'est le cas de le dire –, et elle est très cruelle, surtout quand on étrangle le condamné, puisque l'agonie se prolonge à peu près sur une période de vingt minutes. Sauf si l'on précipite correctement le condamné dans le vide par l'entremise d'une trappe qui s'ouvre sous ses pieds, auquel cas le décès intervient très vite par le bris de la nuque, une méthode que l'on rencontre dès la fin du XIXe siècle.

L'Angleterre est, de loin, le pays qui a le plus utilisé cette manière de tuer ses condamnés. Rien que sous le règne du roi Henri VIII, on estime que soixante-dix-huit-mille condamnés sont ainsi passés de vie à trépas. C'est à Londres que se déroule le plus grand nombre de pendaisons, à Tower Hill, sur les vastes champs de Tyburn. Dans le Londres actuel, le lieu fatidique se situe exactement au croisement d'Oxford Street et d'Edgware Road, près de Marble Arch. Une pierre gravée évoque ces pendaisons. Elle a été déplacée et se trouve à l'heure actuelle dans l'entrée du Hilton London Metropole Hotel sur Edgware Road. Entre 1196 et son ultime utilisation en 1783, la potence de Tyburn a vu passer environ cinquante-cinq-mille personnes. Le condamné à mort est généralement incarcéré dans la prison de Newgate, qui se situe à environ cinq kilomètres de distance des champs de Tyburn. Des ruelles étroites permettent d'y accéder et la longue procession du chariot transportant le détenu revêtu de ses plus beaux atours, son cercueil, son bourreau, et un ou deux membres du clergé, est un spectacle de choix pour les milliers de spectateurs qui se pressent aux balcons, sur les toits des édifices ou dans les rues. Des stands de boissons et de nourriture se dressent ces jours-là. Devant le gibet, des entrepreneurs érigent des tribunes payantes, afin de pouvoir assister en tout confort à la mise à mort. En 1758, pour la pendaison du Dr Henesey, qui se rend coupable de trahison, la demande est si élevée que Mammy Douglas augmente fortement les tarifs des billets qui se vendent comme des petits pains. Au moment où le bourreau se prépare à passer le nœud coulant au cou du condamné, un messager royal vient annoncer le report de l'exécution. Furieux, les badauds déclenchent une émeute, détruisent les tribunes et seule l'intervention des soldats sauve Mammy Douglas d'un lynchage.

Lors de cette procession en chariot vers Tyburn, la coutume veut qu'elle s'arrête à une ou deux reprises, notamment devant l'hôpital de Saint Giles in the Fields où l'on offre une ultime pinte de bière au condamné, d'où l'expression « un dernier pour la route ». L'un de ces hommes va même jusqu'à demander une bouteille de vin et il ajoute : « J'ai un rendez-vous important que je ne dois pas manquer, mais je vous le promets, je vais vous payer sur le chemin du retour. » Un autre condamné refuse la boisson, et le bourreau remplit son office. Trois minutes après son décès, un messager arrive, trop tard, pour annoncer le report de la pendaison. S'il avait accepté cette dernière tournée, il aurait pu être sauvé.

À l'arrivée du chariot devant l'assemblée de milliers de badauds, ceux-ci se mettent à hurler « Chapeau bas ! Chapeau bas ! » Non pas par respect pour l'individu qui va mourir, mais parce que les couvre-chefs empêchent ceux qui sont mal placés d'assister au spectacle. Jusqu'en 1870, la corde est tressée avec un nœud coulant qui cause une agonie lente d'environ une vingtaine de minutes. Parfois, le bourreau autorise les amis ou les domestiques de la victime à venir tirer sur les jambes de celle-ci ou encore de lui frapper la poitrine pour accélérer le décès. Le cadavre reste en place pendant une heure avant d'être détaché. Alors que le corps tressaille encore, les femmes se précipitent pour s'emparer de la main du pendu et en toucher leur joue ou leur poitrine, afin de guérir de maladies de peaux. Des enfants sont soulevés à bout de bras pour que la « sueur de la mort » coule sur leurs membres infectés. Les échardes de bois de la potence ont aussi le don de soigner le mal de dents. Pendant plusieurs siècles, outre son salaire, le bourreau a le droit de vendre des bouts de la corde. Plus le condamné est célèbre, plus le prix est élevé.

Le 14 décembre 1650, la servante Anne Green, vingt-deux ans, est pendue à Oxford pour avoir, soi-disant, assassiné son nouveau-né. En fait, il est mort-né. Voici comment l'événement est décrit à l'époque : « Elle reste suspendue par le cou pendant près d'une demi-heure durant laquelle ses amies lui frappent la poitrine et se suspendent à ses jambes. Parfois, elles soulèvent son corps pour le faire retomber d'un seul coup, afin de la soustraire à ses misères. À tel point que le shérif, par crainte que la corde ne se brise, leur ordonne d'arrêter leurs activités. Le corps est transporté dans un cercueil, vers une maison privée. Comme elle montre des signes de vie, un robuste individu pense lui faire charité en sautant à pieds joints de toutes ses forces sur la poitrine et l'estomac, dans le but d'abréger ses souffrances. Le docteur Petty, professeur d'anatomie, voyant cela avec un confrère, décide de la remettre en vie. Ils la saignent abondamment et la mettent dans un lit, avec une autre femme. Au bout de deux heures, elle parvient à prononcer quelques mots. Cinq jours plus tard, elle se tient debout. Dans l'espace d'un mois, elle a recouvert la santé pour rejoindre ses amies à la campagne, en emportant son cercueil avec elle. » Anne Greene décède de mort naturelle quinze ans plus tard.

C'est le fameux bourreau anglais James Berry qui officialise, en 1892, son mode opératoire avec *My Experiences as an Executioner*. En 1886, après toute une série de pendaisons ratées, le Home Office britannique décide de créer un comité présidé par le baron d'Aberdare. Il publie ses conclusions deux ans plus tard, avec *The Official Table of Drops* établissant la distance de chute en fonction du poids du condamné à mort. Ainsi, une personne qui pèse soixante-dix kilos doit chuter d'une hauteur d'un mètre quatre-vingt-dix-huit ; pour quelqu'un de quatre-vingt-dix kilos, la hauteur de chute doit se mesurer à un mètre cinquante-cinq. Une édition révisée est publiée en octobre 1913 et ces dispositions ont toujours cours dans des pays tels que Singapour. L'Amérique n'est pas en reste avec deux manuels officiels, dont le *Procedure for Military Executions* de l'armée américaine, qui date du 12 juin 1944, et dont la dernière édition révisée a été publiée en décembre 1947. Le 1er mai 1990, l'État du Delaware fait paraître *Execution by Hanging – Operation and Instruction Manual.*

Quelles sont les dernières pendaisons à avoir été effectuées dans le monde occidental ? En Angleterre, ce sont Gwynne Evans et Peter Allen, les meurtriers de John West, qui sont exécutés à huit heures du matin dans deux prisons différentes, à Manchester et à Liverpool, le 13 août 1964. Aux États-Unis, c'est Billy Bailey qui est pendu le 25 janvier 1996, dans le Delaware. En 1967, une étude des sociologues Jack Hedblom et Negley Teeters estiment à environ seize-mille le nombre total d'hommes et de femmes exécutés par pendaison sur le sol américain. Au Canada, la première à se dérouler date de 1759 et la dernière est celle de Ronald Turpin et Arthur Lucas, le 11 décembre 1962, dans la prison de Toronto. En Australie, c'est Ronald Ryan le 3 février 1967.

Dernier homme à avoir été pendu à ce jour aux États-Unis, Billy Bailey choisit cette méthode comme l'y autorise les lois de l'État du Delaware. « Je ne suis pas un chien », explique-t-il. « Je ne vais pas les laisser m'endormir ainsi. » Les officiels sont plutôt embarrassés car ils ne savent pas comment procéder et ils demandent conseil à ceux de l'État de Washington qui a pendu deux détenus dans les années 1990, dont le serial killer Westley Allan Dodd. Ils se procurent un manuel écrit par un bourreau anglais et celui de l'U.S. Army qui date de 1969. Bailey, qui est âgé de quarante-neuf ans, pèse quatre-vingt-dix kilos, ce qui nécessite une « chute » réglementaire d'un mètre cinquante-cinq.

Le 25 janvier 1996, c'est le directeur de la prison de Smyrna, Robert Snyder, qui se charge de la pendaison car il n'existe plus de bourreau dans l'État du Delaware. Pour son dernier repas, le condamné mange un steak, des petits pois, une pomme de terre au four et de la glace à la vanille. Il enchaîne les cigarettes et plaisante avec son avocat : « Je crois que je vais bientôt arrêter de fumer. » Lorsque Robert Snyder lui demande s'il souhaite prononcer quelques mots, Bailey répond : « Non, monsieur. » Il est minuit et quatre minutes lorsque la trappe s'ouvre sous les pieds de Billy Bailey. Son corps tournoie six fois d'un côté et une fois de l'autre. Bailey est prononcé « décédé » onze minutes plus tard, à minuit quinze.

Albert Milsome et Henry Fowler sont pendus le même jour, à la prison de Newgate, le 9 juin 1896, pour leur complicité dans le meurtre de Henry Smith, le 14 février de la même année. Lors de leur procès, ils s'accusent mutuellement de cet acte. Dans l'attente de leur exécution, ils continuent à se battre en permanence. Pour éviter un désastre, la justice britannique décide de pendre John Seaman, et de le « placer » entre les deux adversaires. Ce dernier indique avec beaucoup d'humour quelques instants avant sa propre mort, que « c'est bien la première fois de mon existence que je suis un putain de pacificateur ».

La pendaison de Henry Spencer, le 3 août 1914, se transforme en un « show » du condamné qui chante des psaumes et qui déclare : « J'ai rejoint les rangs des enfants de Dieu. Le Mal était en moi. Il a maintenant disparu. C'est le plus beau jour de ma vie. »

Après un premier mariage raté, Sarah Good s'installe à Salem, dans le Massachusetts pour convoler à nouveau. Des habitants l'accusent d'être une sorcière et de leur avoir jeté un mauvais sort. Elle est condamnée à la peine de mort et exécutée par pendaison, le 19 juillet 1692, en compagnie de quatre autres femmes, Elizabeth Howe, Rebecca Nurse, Susannah Martin et Sarah Wildes. Le révérend Noyes lui demande d'avouer et Sarah Good lui répond : « Je ne suis pas plus une sorcière que vous êtes vous-même un sorcier, et si vous m'ôtez la vie, Dieu vous fera boire du sang. »

D'autres sont plus explicites et ils n'hésitent pas à raconter leur crime dans les moindres détails, tel Hiram Hall, le 13 avril 1899, lorsqu'il grimpe sur l'échafaud, l'air décontracté, un cigare au bec : « Le matin du 18 août 1897, mon épouse Ida a pris un seau pour aller au puits. Ma mère s'est précipitée vers moi pour s'exclamer, « Vas-y, Hiram, c'est le bon moment. » J'ai pris un autre seau pour la suivre. Nous sommes arrivés ensemble au puits et Ida s'est penchée par-dessus la margelle. Je l'ai poussée de tout le poids de mon corps pour la faire basculer. Elle s'est désespérément accrochée au rebord. Elle me regardait avec des yeux si implorants et une telle pitié qu'elle aurait fait fondre un cœur de pierre. Je me suis dit que je n'avais certainement pas un tel organe dans ma poitrine. Je me suis baissé pour prendre une grosse pierre et lui fracasser le crâne de toutes mes forces. Elle a tremblé l'espace de quelques instants, avant de lâcher prise et de chuter, inconsciente, dans les flots.

« Je n'ai pas attendu de constater si elle sombrait ou non, et je suis revenu sur-le-champ à la maison. Au bout d'une à deux minutes, ma mère s'est précipitée à l'intérieur pour me prévenir qu'Ida tentait de remonter et qu'elle ne pouvait rien y faire. Je suis retourné au puits pour apercevoir Ida flotter dans l'eau, apparemment morte. J'ai pris une planche pour la frapper à plusieurs reprises sur la tête. Avant de la pousser sous la surface pendant quelques secondes. Elle a fini par sombrer. »

Dans ses aveux, Hiram affirme que c'est sa mère qui l'a poussé à commettre ce crime car elle détestait Ida. Il ajoute qu'elle souhaitait aussi la mort de son père, mais qu'il s'était toujours refusé à le faire. Pendant qu'il attend son exécution, Hiram Hall tente en vain de contacter sa mère qui refuse de lui répondre et de venir le voir. Par contre, son père le soutient et il assiste même à la pendaison de son fils.

Benjamin Snell, qualifié « d'homme éduqué et de bonne famille », égorge la petite Lizzie Weisenberger, lors d'un cambriolage. Lorsque le détenu Frank Funk apprend qu'il doit être pendu le même jour que Snell, il écrit au président McKinley pour supplier que son châtiment soit reporté de quelques jours, afin de ne pas mourir « aux côtés d'un tueur d'enfant ». Le président accepte sa requête. Les ultimes paroles de Snell sont : « Oh, je vais mourir étouffé avec ça autour du cou. Je sens de l'électricité dans ma tête, à présent. »

Célèbre cowboy (son rôle est interprété par Steve McQueen dans un film de 1980 et par David Carradine dans un téléfilm), Tom Horn sert de pisteur pour capturer le chef indien Geronimo. Condamné à la peine de mort pour l'assassinat d'un adolescent de quatorze ans, Horn a toujours proclamé son innocence. Le 20 novembre 1903, dans le Wyoming, il chante un hymne : *Keep Your Hand upon the Throttle and Your Eye upon the Rail.* Horn tresse lui-même la corde qui sert à le pendre et il ajuste le nœud coulant lorsqu'il se rend compte des tremblements du bourreau Joseph Cahill : « Tu ne vas pas me lâcher, Joe, voyons ? »

William Lipsey, un mineur de profession, est condamné à la peine de mort après avoir poignardé le client d'un bar en Californie à la suite d'une dispute alcoolisée. Lorsqu'il quitte l'établissement, il se vante de son geste, « Je l'ai frappé jusqu'à la garde et je l'ai entendu couiner. » Conduit jusqu'au gibet, le 3 novembre 1854, il est beaucoup moins vantard et il tente de rebrousser chemin. Il apostrophe le bourreau qui s'apprête à le pendre : « Dépêchez-vous, faites au plus vite, je sens que je vais m'évanouir. »

John Goodwin est un déserteur de Fort Apache. Il assassine deux hommes dans la réserve indienne de San Carlos. L'un des chasseurs a donné un coup de pied au chien de Goodwin, après que celui-ci l'ai mordu. Dans un premier temps, il est condamné à la réclusion criminelle à perpétuité, mais son avocat estime qu'il peut obtenir une sentence plus légère lors d'un nouveau procès. C'est tout le contraire qui se produit. Une fois sur l'échafaud en ce 13 mai 1913, dans l'Arizona, John Goodwin clame, d'une voix ferme : « Quatre parjures ont causé ma perte. Mon procès n'a pas été équitable. Je suis un socialiste et je préfère mourir en tant que tel que continuer à vivre sous un tel régime. J'ai mené un long et dur combat que j'ai fini par perdre. Je me rends à mon sort, mais je ne me soumets pas. À présent, je vais avaler mon remède. »

Sur le point de mourir, après s'être fait tirer dessus, John Burke dénonce Danford Hartson comme son meurtrier. Le 15 juillet 1857, alors qu'il est en train d'être pendu par l'État de Californie, Hartson glisse hors du nœud coulant et chute au travers de la trappe du gibet. Il doit à nouveau être exécuté quelques instants plus tard et il engueule le bourreau : « Nom de Dieu, ne refaites plus jamais ça ! »

Seule femme à avoir été exécutée dans l'État du Minnesota, Ann Bilanski est accusée d'avoir empoisonné son mari pour vivre sa relation adultère avec son amant. Le 23 mars 1860, la pendaison doit se dérouler dans la cour de la prison où elle est incarcérée, mais plusieurs milliers de personnes parviennent à défoncer les portes pour assister au « spectacle ». Parmi les badauds, des dizaines de mères de famille venues accompagnées de leurs enfants. Lorsqu'Ann Bilanski quitte sa cellule, elle prononce ces dernières paroles : « Ne laissez pas cette foule se repaître de ma mort. Je suis préparée à retrouver le Seigneur, mais je ne veux pas qu'on me regarde mourir. Je meurs sans que l'on ait eu une quelconque pitié à mon égard, ou fait preuve de justice. Je vais mourir pour le bien de mon âme et non pas pour un meurtre. Vos cours de justice n'en sont pas… et cette justice, je vais enfin l'avoir au Paradis. »

Membre d'un groupe de sept cheminots, Harrison Gibson et deux de ses complices abattent trois passagers d'un train qu'ils viennent de voler dans le Montana. Les trois hommes sont pendus en même temps, le 16 février 1917. Gibson est le seul à s'exprimer : « Hé, M'sieur le shérif, j'ai un goût amer dans la bouche ce matin. Il y une pomme rouge dans ma poche et je voudrais bien en avoir une bouchée, avant de partir [Le condamné a les mains ligotées et il mange la pomme]. Bon, on y va. Ils ne peuvent pas tuer un sourire ! » Les témoins racontent que Gibson a un air ravi sur les lèvres lorsqu'on lui ajuste la cagoule.

Escroc devenu tueur en série, Herman Webster Mudgett, est plus connu sous son autre identité du Dr H.H. Holmes. Il est condamné pour un unique crime, mais on le suspecte d'avoir assassiné entre cinquante et deux-cents victimes, principalement des femmes. Il se fait construire un château en plein centre de Chicago, où l'on découvre des restes humains, sous la forme de vingt-sept squelettes. Cet édifice est complètement truffé de pièges, destinés à ses victimes : pièce ignifugée, chambre à gaz, puits rempli de chaux, etc.

Le 7 mai 1896, il monte sur l'échafaud. « Gentlemen, j'ai peu de choses à vous dire. En fait, j'aurais préféré ne pas m'exprimer, mais en agissant ainsi, je n'aurai fait que cautionner mon exécution. On m'a accusé de nombreux crimes, mais je n'ai tué que deux femmes, en tout et pour tout. Je souhaite aussi vous confirmer que je n'ai assassiné aucun des membres de la famille Pitezel – les trois enfants et

Benjamin, le père –, afin qu'il n'y ait aucun malentendu par la suite. Pourtant, j'ai été condamné pour ces crimes et je suis aujourd'hui destiné à être pendu pour cela. C'est tout ce que j'ai à dire. »

Ivre lorsqu'il dérobe la caisse du Crawford Theater, dans l'Illinois, Edward Brislane abat son directeur. Il demande à être exécuté dans un parc, ce qui aurait permis à une foule considérable d'y assister. Sa demande est rejetée. Lorsqu'il grimpe sur le gibet, Brislane proteste avec véhémence : « Je suis opposé à cette forme de meurtre institutionnel, mais je préfère être à ma place, plutôt qu'à la vôtre pour assister avec une telle impatience à l'agonie d'un homme. En plus, que Dieu me châtie, si je mens, tout cela pour un crime que je ne me souviens même pas d'avoir commis. Que l'État de l'Illinois meure de honte. Adieu. »

Pendant les semaines qui précèdent sa pendaison par l'État de l'Illinois, Joseph Windrath, qui tue un homme lors d'un cambriolage qui tourne mal, répète en permanence la même phrase : « Mettez-le dans la mauvaise boîte. » À tel point que les autorités le font examiner à plusieurs reprises pour savoir s'il n'a pas sombré dans la démence, mais tous les médecins concluent à sa responsabilité et à une absence de maladie mentale. Seule variante, lorsque son épouse vient lui rendre visite la nuit qui précède son exécution du 5 juin 1896 : « Pendez Mannow. Mettez-le dans la mauvaise boîte. » (Mannow est le nom du complice de Windrath).

Pendu par l'État de Californie, le 4 janvier 1874, Isaac Weaver a assassiné Adolph Walmer. Il exprime un ultime désir : « J'ai toujours souhaité mourir sans porter mes bottes. S'il vous plaît, retirez-les. » Son souhait est exaucé.

Une autre histoire de chaussures, le 25 février 1881 : l'exécution de John Vanderfield, condamné pour l'assassinat d'une jeune femme. Il monte d'un pas alerte sur le gibet, en fumant le cigare. « Tous les hommes jeunes se doivent d'en tirer une leçon, et ne jamais commettre de vol, même si celui-ci est insignifiant, car ils pourraient connaître le même châtiment que je m'apprête à endurer. Il me reste cinq minutes à vivre. Je veux penser au Paradis en attendant. Tant qu'il y a de la vie, il y a de l'espoir [Il retire ses pantoufles]. Donnez-les à des pauvres. Le *Courier Journal* ne pourra pas dire que je suis mort droit dans mes bottes. »

Grower Cleveland Redding proclame haut et fort qu'il est le prince d'Abyssinie et qu'il veut guider son peuple vers un retour en Afrique. Ses partisans manifestent lors d'un rassemblement organisé par ses soins dans l'Illinois. Une émeute éclate, au cours de laquelle deux personnes sont tuées par balle. Le 24 juin 1921, il déclare sur le gibet : « J'ai quelque chose à dire, mais ce n'est pas le moment. »

Edgar LaPierre est un criminel endurci qui commet des vols au Canada avec la complicité de son épouse. Le couple s'installe en Californie où avec un troisième larron, ils accumulent vingt-deux cambriolages. Lorsque la police vient pour l'arrêter à son domicile, LaPierre tue l'officier de police William Davis. Pendant son incarcération dans le couloir de la mort, il creuse deux tunnels avec trois autres détenus, avant de se faire prendre par un gardien. Le matin du 15 février 1929, LaPierre demande à ce que « mon cœur soit prélevé sur mon corps et qu'on l'envoie à N.M. Wheatley. (Il s'agit de son ancien employeur que LaPierre rend responsable de son sort.) Afin qu'il puisse regarder le cœur d'une personne qui, à cause de son immense lâcheté, va subir une mort ignoble. Un homme bien meilleur qu'il ne l'est lui-même. » Sa requête est évidemment rejetée.

Condamné pour désertion et viol, Thomas Dawson est un Anglais qui a combattu pendant la guerre de Crimée où il reçoit la Victoria Cross. Le 25 avril 1864, en Virginie, il déclare : « Vous allez me briser le cou, mais jamais vous ne pourrez rompre le sceau de ma virilité. » Lorsque la trappe s'ouvre sous ses pieds, il atterrit debout sur le sol, l'exécuteur s'étant trompé pour l'estimation de la longueur de la corde. Pris de panique, le bourreau tire sur l'extrémité de celle-ci et Dawson décède d'une mort lente par asphyxie.

Tous ne font pas preuve de courage ou d'humour à l'instant de vérité. Cambrioleur et violeur en série à Chapel Hill, en Caroline du Nord, Henry Andrews, un grand gaillard très costaud, doit être traîné jusqu'à la potence, le 16 mai 1879. « Pitié ! Pitié ! Pitié ! Ne me pendez pas ! Je ne peux pas mourir ! Je ne suis pas prêt à mourir ! Je ne veux pas mourir ! »

Le 27 septembre 1929, en Californie, Paul Rowland, condamné pour l'assassinat d'Alger Morrison avec qui il aurait eu des relations « dégénérées ». Des rumeurs que le criminel ne supporte pas. Il se prépare à parler : « J'ai quelque chose d'intéressant à vous raconter… » mais le bourreau actionne trop vite la trappe et lui coupe la parole.

Sur le gibet, ce 19 octobre 1883, Margaret Harris, une domestique de dix-huit ans qui a été condamnée pour avoir empoisonné la famille de ses employeurs en Géorgie, se tourne vers sa sœur qui est à ses côtés : « Je veux être enterrée à côté de notre mère, mais ils ne l'autorisent pas. Ils se moquent bien de ce qui va arriver à mon corps. Adieu ! Adieu, ma sœur ! »

Eva Dugan est une femme de caractère, accusée du meurtre d'A.J. Mathis, meurtre dont elle rejette d'abord la culpabilité sur un certain « Jack ». Elle tente, par la suite, de plaider la folie : « Lorsqu'on me regarde, tout le monde peut voir que j'ai ma place dans un cabanon. » Le jour de son exécution, le 21 février 1930, dans l'Arizona, elle refuse toute aide religieuse : « Je veux mourir telle que j'ai vécu. » Sur l'échafaud, elle ajoute : « Tout le monde aime les chics types et déteste les mauvais perdants. » Sa pendaison donne lieu à un spectacle horrible car Eva Dugan est décapitée par la corde.

Le 26 décembre 1862, devant la prison de Mankato, dans le Minnesota, quatre-mille personnes et mille-cinq-cent soldats assistent à la plus grande exécution de masse de l'histoire judiciaire des États-Unis, avec la pendaison de trente-huit indiens Dakota. Après la rébellion des membres de la tribu, qui meurent de famine, et qui vont piller des magasins pour y prendre de la farine, une guerre éclate en 1862. De part et d'autre, de nombreux civils, quatre-cent-quatre-vingt-dix hommes, femmes et enfants, sont violés et tués. La répression est terrible. Trois-cent-trois indiens sont condamnés à la peine de mort, mais le président Lincoln ordonne de n'exécuter que ceux qui ont activement participé à des crimes. Le nombre est ramené à trente-neuf, puis trente-huit individus, après le pardon accordé à l'un d'entre eux. Un gibet spécial est édifié, en forme de carré, afin de pendre simultanément les trente-huit condamnés. Une seule corde est utilisée et tous sont attachés les uns aux autres. Une cagoule de mousseline blanche recouvre leurs visages. Au moment où les nœuds coulants sont mis en place, les trente-huit hommes tentent de se tenir par la main. Ils se mettent à psalmodier en chœur un chant traditionnel. Puis, chacun commence à crier son nom suivi d'un « Je suis là ! » À dix heures pile, un roulement de tambour annonce le début de l'exécution. Un silence de plomb s'abat sur toute l'assistance. D'un seul coup de hache, le capitaine William Duley, qui a perdu son épouse et ses cinq enfants pendant cette guerre, tranche la corde et précipite la mort des trente-huit indiens Dakota. Les corps restent suspendus trente minutes, avant d'être décrochés et enterrés dans une fosse commune près du fleuve Minnesota. Ils seront exhumés pour être utilisés dans différentes écoles de médecine.

Après avoir ingurgité un mélange de morphine et d'alcool, Robert Martin se dispute avec son épouse. Il l'abat, ainsi que l'enfant qu'elle tient dans ses bras. Le 3 janvier 1884, dans le New Jersey, il évoque ses derniers moments : « Je suis presque navré que vous m'ayez réveillé. J'étais plongé dans un rêve des plus plaisants. Non ! Je ne peux pas vous en parler, car je ne m'en souviens plus. Je sais seulement que je me trouvais dans un état d'esprit délicieux. »

Westley Allan Dodd représente le cas extraordinaire d'un pédophile depuis l'adolescence, multirécidiviste, qui décide, à vingt-neuf ans, de passer à des actes plus violents encore vis-à-vis de jeunes garçons. Son journal intime exprime ouvertement ses fantasmes : « Je demande à présent à Satan de guider mes pas. » Le 4 septembre 1989, il tue deux frères de dix et onze ans, à Portland, dans l'Oregon. Le 29 octobre 1989, il récidive sur la personne d'un garçon de quatre ans, dont il garde le cadavre pendu dans son placard. Quinze jours plus tard, Dodd est arrêté par les spectateurs d'une salle de cinéma, après avoir tenté de kidnapper un autre enfant.

Il plaide formellement coupable et exige des autorités judiciaires d'être condamné à mort, sans possibilités d'appels. Son vœu est exaucé et Dodd choisit lui-même la pendaison, à l'image de ce qu'il a fait subir à sa troisième victime. Il est exécuté le 5 janvier 1993, le premier condamné à être pendu depuis trente ans aux États-Unis. Dans une interview accordée à CNN, Westley Dodd explique qu'il ne correspond pas à l'image traditionnelle du serial killer, puisqu'il a eu une enfance heureuse et qu'il n'a subi aucun sévice.

Peu avant son exécution, Dodd explique : « Je ne mérite pas mieux que ce que j'ai infligé à ces gosses. Ils n'ont pas eu une mort douce et ils ont souffert. C'est normal que mon décès soit violent, non ? Dans mon cas, je savais que je risquais la peine de mort, si je me faisais prendre, mais je m'en foutais. Peu de gens me croiront lorsque je dis que je suis sincèrement désolé pour ce que j'ai fait, mais c'est quelque chose que j'ai besoin d'exprimer. Comme j'ai confessé tous mes péchés, je crois ce que la Bible nous apprend : J'irai au Ciel. J'ai quelques doutes, mais j'aimerais beaucoup y retrouver ces trois garçons et les prendre dans mes bras pour leur dire à quel point je regrette le mal que je leur ai fait. Et d'être capable de les aimer d'un amour pur. Je sais qu'ils sont déjà là-haut. »

Il est minuit lorsqu'il s'approche du micro : « Je me rappelle que quelqu'un m'a demandé s'il existait un moyen de stopper un criminel sexuel. J'ai dit que non. Mais j'ai fait erreur. Je me suis trompé quand j'ai déclaré qu'il n'y avait pas d'espoir, ni de paix. Il y a de l'espoir. Il y a de la paix. Je les ai trouvés en la personne de notre Seigneur, Jésus-Christ. Obéissez au Seigneur et vous trouverez la paix. » À minuit cinq, Westley Allan Dodd est déclaré mort.

George Sherry est âgé de vingt-et-un ans et son complice, Jeremiah Connolly, a dix-neuf ans, lorsque ces deux employés d'un abattoir agressent quatre personnes ainsi qu'une jeune femme, après une nuit de libations. Dans la bagarre qui s'ensuit, Hugh McConville, est tué en voulant défendre sa nièce.

Les deux hommes sont condamnés à la peine de mort et, le 21 juin 1878, George Sherry fait preuve d'originalité en grimpant sur l'échafaud. Ses dernières paroles prennent la forme d'un poème :

« À ce monde de péché et à toi, ma sœur, je vous dis au revoir.

Mais c'est dur, très dur, ma sœur, ma famille et mes amis de savoir que nous n'allons plus jamais nous voir.

D'être emmené comme une brute à l'abattoir, de périr par la main d'un exécuteur capable.

Condamné par les lois de ce pays, de mourir tel un ignoble félon coupable. »

Edward Rector s'est rendu coupable de l'assassinat de son beau-père, en Louisiane. Le 4 janvier 1884, son fils en larmes est à ses côtés lorsqu'il grimpe sur l'échafaud. « Où est mon petit garçon ? Regarde-moi, fiston, et prends une bonne leçon. » À cause d'une mauvaise estimation de la longueur de la corde, lorsque la trappe s'ouvre, Rector ne se brise pas le cou et met dix-huit minutes à mourir asphyxié.

John Owens fait preuve d'humour pour son dernier jour sur terre, le 5 mars 1886, en Louisiane. Il a été accusé d'avoir tué son employeur, un fermier, crime qu'il reconnaît tout en affirmant avoir agi en état de légitime défense. Il s'adresse au bourreau : « Quelle heure est-il ? J'aimerais que vous vous dépêchiez. Je veux arriver en enfer à temps pour le dîner. »

Après avoir assassiné son patron en 1875 dans le Connecticut, Allen Adams disparaît pendant dix ans avant de refaire surface dans le Tennessee, où il est condamné pour des faits d'escroquerie. Afin d'éviter les travaux forcés dans une chaîne de forçats au bagne, il avoue son meurtre. Extradé dans le Massachusetts pour y être pendu le 16 mars 1886, il tente de se suicider en se tranchant la gorge. Son exécution est repoussée au 16 avril. Adams y fait alors preuve d'une grande véhémence : « Allez-y et faites votre boulot d'enculé. Je ne veux pas mourir étranglé, espèce de salopard. Y a pas besoin d'une centaine d'hommes pour me pendre. » Lorsqu'on lui demande s'il souhaite ajouter quelque chose, il rétorque : « Cela ne vous regarde pas ! C'est un boulot qui vous plaît, de tuer quelqu'un ainsi, bande de connards ! Vous avez du sang sur les mains. Magne-toi le cul, mon vieux, où le shérif Clark aura encore besoin d'avaler un whisky pour se calmer les nerfs. Et si tu ne fais pas gaffe, je peux me faire très mal en chutant par cette trappe. Et je te prie de croire que je ferai un procès à la ville pour des dommages et intérêts. »

La pendaison de quatre anarchistes, Albert Parsons, August Spies, George Engel et Adolph Fischer, le 11 novembre 1887, est directement à l'origine de la fête internationale du travail du 1er mai. Tout démarre le 1er mai 1886 devant l'usine McCormick de Chicago, où les ouvriers en grève exigent la journée de huit heures de travail. La police arrive pour disperser avec brutalité les manifestants. Il y a un mort et plusieurs dizaines de blessés. L'anarchiste August Spies appelle à un rassemblement pacifique à Haymarket Square, le 4 mai, afin de protester contre les violences policières. Le maire de Chicago est présent et tout se déroule dans le calme. À 22 heures, le maire téléphone même à un inspecteur pour demander à ce que les forces de l'ordre se retirent. Environ deux-cents policiers chargent alors la foule encore présente. Une bombe est lancée qui tue le policier Mathias Degan et déclenche une émeute. Les agents ouvrent le feu. Sept policiers périssent, certains touchés par leurs propres collègues, et une cinquantaine de manifestants.

Personne n'est identifié comme le lanceur de bombe, mais Adolph Fischer est considéré comme responsable de ce qui devient le « Massacre de Haymarket ». Sept de ses amis anarchistes sont aussi arrêtés. Leur procès s'ouvre le 21 juin 1886 et, dès le départ, aucun doute n'est permis. Le procureur Grinnel est très clair dans ses instructions pour le jury, où l'on trouve le parent d'un des policiers tués : « Ces huit hommes ont été choisis parce qu'ils sont des meneurs. Ils ne sont pas plus coupables que les milliers de personnes qui les suivent. Messieurs les jurés, faites de ces hommes un exemple en les condamnant à la peine de mort. Faites les pendre et vous sauverez nos institutions et notre société du chaos. »

Le 19 août, sept sont condamnés à la peine de mort, tandis qu'Oscar Neebe écope de quinze ans de réclusion. Michael Schwab et Samuel Fielden voient leurs peines commuées en réclusion criminelle à perpétuité.

Neebe, Schwab et Fielden sont graciés, le 26 juin 1893. Louis Lingg se suicide dans sa cellule. Albert Parsons, George Engel, Adolph Fischer et August Spies sont pendus le 11 novembre 1887, à 11 h 30 du matin. La condamnation à mort de Spies est particulièrement injuste, car il ne peut pas avoir jeté la bombe sur la police : il est sur l'estrade en train de prononcer un discours pacifiste lorsqu'elle explose. Les quatre hommes sont alignés dans la cour de la prison, cagoulés et revêtus d'une bure blanche. August Spies affirme que « Le temps viendra où notre silence sera plus puissant que les voix qui nous étranglent aujourd'hui. » George Engel s'écrie en allemand : « Vive l'anarchie ! » Adolph Fischer donne plutôt dans l'humour noir avec son « Ceci est le plus beau jour de ma vie. » Albert Parsons se démarque aussi : « Vous m'autorisez donc à parler ? Oh, hommes d'Amérique ! Vous m'accordez le privilège de pouvoir m'exprimer à l'ultime moment ? Ecoutez donc la voix du peuple. »

Douglas Van Vlack kidnappe son ex-femme dans l'Idaho et la tue, ainsi que deux membres des forces de l'ordre. Le 9 décembre 1937, quelques heures avant d'être pendu, il parvient à échapper à l'attention de ses gardiens pour grimper sur un mur et s'accrocher à une poutre du plafond de la prison. Il y reste une demi-heure, pendant que l'aumônier et son avocat le supplient de redescendre. Il se jette dans le vide, à dix mètres de hauteur, tandis que les gardes le récupèrent dans un filet. Sur l'échafaud, Van Vlack s'écrie : « J'ai le droit de choisir ma façon de mourir ! »

La pendaison est un échec et le condamné décède le lendemain, après avoir passé une dizaine d'heures dans le coma.

Élevé dans une famille de Mormons, dans l'Utah, Barton Kay Kirkham est un déserteur de l'U.S. Air Force. Lors du cambriolage d'une épicerie, il abat de sang-froid le couple de propriétaires. Il exige lui-même d'être pendu, puisque dans l'Utah un condamné peut choisir entre trois méthodes d'exécution. Sa raison ? « Je sais que ça les enquiquine, et ça va me faire de la publicité. »

Le jour fatidique du 7 juin 1958, Kirkham s'adresse aux témoins : « À cette époque, mon cœur était rempli de haine et elle grandissait de plus en plus en moi. Je n'avais aucun moyen de la vaincre et je me fichais complètement de ce qui pouvait arriver. Les docteurs ont dit que je me sentais justifié de commettre cet acte, et ils ont raison. Je l'ai fait. Je voulais me venger. C'est à cause de tout cet amour que mes parents ne m'ont jamais donné, à cause de leurs obligations religieuses qu'ils continuent d'ailleurs à effectuer. Ils m'ont obligé à rester à la maison, et à mener une existence qu'ils avaient choisie pour moi. J'ai eu ma vengeance et je n'éprouve aucun remords, ni aujourd'hui, ni demain, dans un autre monde… J'en ai plus qu'assez, je veux mourir. J'en ai par-dessus la tête. J'ai tué ces gens pour faire du mal à mes parents et leur pourrir la vie au sein de leur communauté religieuse. Qui est responsable de tout ça ? Ce n'est pas uniquement mes parents, je suis aussi fautif qu'eux, et beaucoup d'autres également. Ma vie est un vrai merdier et je suis heureux que ça se finisse. »

Richard Eugene Hickock et Perry Edward Smith massacrent en novembre 1959 les quatre membres de la famille Clutter à Holcomb, Kansas, car ils espèrent trouver un coffre contenant la somme de dix-mille dollars. Mais ce « tuyau » d'un autre détenu n'est qu'une fausse rumeur. Leur odyssée meurtrière est immortalisée par Truman Capote dans *De sang-froid* (*In Cold Blood*), ainsi que par l'adaptation cinématographique réalisée par Richard Brooks en 1967. Les deux hommes se sont connus en détention. L'écrivain est présent lors de l'exécution des condamnés, le 14 avril 1965. Hickock accueille les témoins dans la cour de la prison, le sourire aux lèvres : « Je suis ravi de vous voir. Je veux simplement vous dire que je n'en veux à personne. Vous allez m'envoyer vers un monde meilleur. »

Issu d'une famille brisée où la violence est omniprésente, Perry Smith passe la majeure partie de son existence derrière les barreaux. Là encore, Truman Capote recueille ses ultimes paroles : « Je pense qu'il est monstrueux de tuer quelqu'un ainsi. La peine de mort est injustifiable d'un point de vue légal et moral. Peut-être ma vie aura-t-elle permis de contribuer à quelque chose… Ce serait dingue de m'excuser pour ce que j'ai fait. Même déplacé. Mais je le fais quand même. Je demande pardon. »

« QUE VOUS SOYEZ UN ROI OU UN BALAYEUR DES RUES, VOUS FINIREZ TOUS PAR DANSER AVEC LA FAUCHEUSE. »

Obscur homme de main du gang criminel chinois, « Hip Sing Tong », basé à San Francisco, Gee Jon ne se doute pas qu'il va entrer dans l'histoire, le 27 août 1921, lorsqu'il frappe avec force à la porte d'une cabane de la ville minière de Mina, dans le Nevada.

Gee Jon est un Chinois d'origine cantonaise qui est né aux alentours de 1895. Il émigre aux États-Unis en 1907 pour s'installer dans la communauté de Chinatown, à San Francisco, où il rejoint les rangs des « Hip Sing Tong », un groupe mafieux spécialisé dans l'alcool et le trafic de drogue. Entre les années 1880 et 1913, les différentes sociétés secrètes chinoises se disputent avec violence la suprématie des activités criminelles de Chinatown. On estime qu'entre dix-neuf et trente sociétés secrètes prennent part à ce qui s'appelle la guerre des Tongs.

En 1922, une dispute territoriale entre les « Bing Kong Tong » et les « Hip Sing Tong », ainsi qu'une dette non réglée pour la vente d'une jeune femme esclave, débouche sur plusieurs morts. Afin de venger le sang versé, des assassinats ciblés sont commandités. Gee Jon, qui est un tueur à gages pour sa société, est envoyé à Mina, une petite cité minière du Nevada, pour y tuer Tom Quong Kee, un teinturier de soixante-quatorze ans, qu'il ne connaît pas. Comme Jon parle à peine quelques mots d'anglais, il est guidé dans son expédition meurtrière par Hughie Sing qui a travaillé deux ans comme apprenti dans la boutique de Kee. Il fait nuit lorsqu'ils frappent à la porte du domicile du vieil homme qui leur ouvre en pyjama. Il n'a pas le temps de dire un mot lorsqu'il reçoit en pleine poitrine deux balles d'un Colt calibre 38.

Deux jours plus tard, les deux suspects sont interpellés à Reno, à deux-cents kilomètres de là, ce qui est très rare à l'époque, dans ce style de guerre entre sociétés secrètes. Dès le début de son interrogatoire, Hughie Sing avoue le crime, car il pense être libéré grâce à ses aveux. Lors de leur procès, les deux hommes sont jugés coupables et condamnés à la peine capitale par la cour du comté de Mineral. La procédure habituelle aurait voulu qu'ils soient incarcérés au pénitencier de Carson City pour y être, selon leur choix, pendu ou fusillé. Mais entre 1912 et 1921, l'État du Nevada s'est servi de ces deux méthodes, un héritage de leur passé du « Wild West ». De plus en plus de voix s'élèvent contre la barbarie de ce type d'exécutions, et il en est de même pour la chaise électrique qui a connu beaucoup de ratés. N'y aurait-il pas une autre voie, moins inhumaine, et qui pourrait renvoyer une « image de modernité » pour le Nevada, selon les propres termes d'un éminent éditorialiste ? Il semble que oui. Le Dr Allen McLean Hamilton, un toxicologue, rend un rapport qui conclut que l'utilisation d'un gaz létal offre une mort rapide et sans douleur. En 1921, les législateurs adoptent cette proposition à la quasi-unanimité des votes.

Dans un premier temps, l'idée, pour le moins surprenante, est de ne pas avertir le condamné de son exécution. On le transfère dans une cellule spéciale complètement hermétique qui possède deux valves. L'une lui sert à respirer l'air. L'autre donne accès au gaz létal. Une nuit, une fois qu'il est endormi, on inverse l'ouverture des deux valves. Et le prisonnier se réveille dans un monde que l'on suppose meilleur. Sauf que le Huitième Amendement de la Constitution interdit les exécutions qui sont cruelles et inhabituelles. L'avocat de Gee Jon et de Hughie Sing insiste sur ce point légal et, pendant deux ans, il multiplie les recours judiciaires. En désespoir de cause, il plaide auprès du Comité des Pardons, à propos de « l'infériorité » de la race des deux accusés. Durant cet espace de temps, Sing voit sa peine commuée en perpétuité, à cause de son jeune âge – dix-neuf ans – et parce qu'il n'est pas le tireur, tandis que Gee Jon reste condamné à la peine capitale.

À cause de difficultés techniques, l'idée de gazer le détenu par surprise est abandonnée. L'administration pénitentiaire décide d'édifier une chambre étanche à partir d'un ancien salon de coiffure qui se situe dans la cour de la prison de Carson City. Un poste de « conseiller au gaz » auprès de l'État du Nevada est créé pour l'occasion. C'est E.B. Walker qui décroche le titre parce qu'il est le directeur adjoint de la California Cyanide Company à Cudahy, en Californie, qui fournit de l'acide cyanhyrique, dit acide prussique aux agriculteurs, industriels ou armateurs infestés par des insectes et autres animaux nuisibles. Ce produit CHN sert aussi de désinfectant. C'est un gaz similaire, commercialisé en 1923, sous le nom de « Zyklon B », par la Deutsche Gesellschaft für Schädlingsbekämpfung ou Degesch à Francfort, qui est utilisé par les nazis dans les camps d'extermination d'Auschwitz et Maïdanek. L'acide cyanhydrique est un liquide incolore qui possède une basse température d'ébullition et qui se change en gaz à 25,7°. Sa densité en tant que gaz fait qu'il est plus léger que l'air, si bien que les vapeurs s'élèvent dans l'atmosphère, d'où la nécessité d'avoir un lieu complètement fermé. Quatre-vingt milligrammes suffisent à tuer un homme de quatre-vingt kilos. Il est six fois plus toxique que le chlore, trente-quatre fois plus que le monoxyde de carbone et sept-cent-cinquante fois plus que le chloroforme.

La chambre à gaz construite à Carson City comprend trois pièces, le lieu hermétique, qui fait trois mètres quarante de long, trois mètres de large et deux mètres quarante de hauteur, où le prisonnier est attaché à une chaise. Il y a une fenêtre à l'arrière du siège du condamné qui permet aux témoins de voir ce qui s'y passe. À côté, trois gardiens tirés au sort sont chargés d'actionner la pompe qui transforme l'acide en gaz. Pour éviter cette corvée, au cas où ils seraient tirés au sort, plusieurs d'entre eux ont démissionné, avant cette première exécution. Enfin, la pièce où les témoins se rassemblent et qui peut contenir jusqu'à trente personnes.

Le 7 février 1924, en fin d'après-midi, un essai technique avec deux chats donne « satisfaction » aux officiels. Le 8 février, à 9 h 30 du matin, Denver Dickerson, le directeur de la prison, vient chercher Gee Jon qui tremble : « Eh bien, Gee, vous êtes prêt ? » Gee se contente de hocher la tête. Après un jeûne de dix jours, il accepte d'avaler un dernier repas composé de jambon et d'œufs, avec du toast et du café. Il est emmené, les mains attachées aux cuisses, jusqu'à la chambre à gaz. Le temps est froid et nuageux.

Gee pleure à chaudes larmes lorsque deux gardiens l'installent sur la chaise. L'un d'eux est si nerveux qu'il quitte très vite la pièce en refermant la porte derrière lui, oubliant que son collègue est à présent enfermé avec le condamné. Paniqué, l'homme frappe avec frénésie sur le panneau pour qu'on le libère. Il est exactement 9 h 40 lorsque la pompe se met en action. Comme la température extérieure est froide, un chauffage électrique a été installé, mais il tombe en panne. Or il faut au moins 25° pour que l'acide prussique se transforme en gaz. Une flaque liquide est visible sur le sol, près de la chaise, mais une partie de l'acide se change malgré tout en vapeur. Les témoins se sont agglutinés près du hublot pour assister au « spectacle ». Au bout de cinq secondes, Gee semble perdre conscience, même s'il continue à hocher de la tête pendant six minutes environ. Au bout de dix minutes, il reste totalement immobile. Pendant tout le processus, ses yeux sont restés grand ouverts. La porte de la chambre létale reste fermée pendant trente minutes, le temps que le gaz soit évacué par une soufflerie installée à l'intérieur.

À 12 h 20, la porte est ouverte et le corps de Gee est transporté à l'hôpital pour être examiné par quatre médecins, mais sans qu'une autopsie ne soit pratiquée. « Il y avait une odeur d'amandes amères, comme quand on les écrase dans un mortier », raconte l'un des témoins. L'un des quatre médecins est le major Delos Turner du United States Veterans Bureau qui souhaite faire une expérience sur le cadavre, « pour l'intérêt de la science ». Il a emporté avec lui de l'adrénaline et du camphre. « Je suis persuadé que je peux le ramener à la vie avec des injections de camphre. Cela a marché avec d'autres décès par cyanure, et je crois qu'un homme ainsi exécuté peut être ressuscité. » Le directeur Denver Dickerson refuse avec dégoût une telle expérience. Dans son rapport aux armées, le major Turner suggère qu'un individu gazé de cette manière soit ensuite fusillé ou pendu pour s'assurer de son décès « définitif ».

Même si Gee Jon ne paraît pas avoir souffert, beaucoup de journaux fustigent cette méthode « qui n'a d'égale que l'horreur d'un récit d'Edgar Allan Poe », le *New York Times* ajoutant que « l'agonie particulière qu'un homme doit éprouver lorsqu'il imagine sa mort pendant des jours, voire des semaines, doit être insupportable. » Même le directeur Denver Dickerson estime qu'il est préférable de fusiller un condamné, car le décès est beaucoup plus rapide. Jusqu'en 1961, un peu plus d'une vingtaine d'individus périssent dans la chambre à gaz du Nevada. Ensuite, pendant dix-huit ans, il n'y a plus aucune exécution jusqu'à celle de Jesse W. Bishop, en 1979. Il aurait pu y échapper, mais Bishop insiste pour mourir car il a « assassiné dix-huit personnes ». Le Colorado et l'Arizona adoptent cette méthode en 1934, la Caroline du Nord en 1936 et la Californie en 1937. En 1960, onze États se servent de la chambre à gaz. Jim Holohan, directeur de la prison de San Quentin, où se déroulent les exécutions pour l'État de Californie, est révulsé par les pendaisons et la chaise électrique lui semble tout aussi brutale. Il devient un ardent défenseur de cette nouvelle méthode.

La chambre à gaz de San Quentin possède huit côtés, avec des fenêtres où les témoins peuvent assister à la mort du condamné qui, lui, ne peut pas les voir. Deux chaises y sont installées, équipées pour une double exécution. Sous chacun des sièges, l'exécuteur place un sac rempli de granulés de quatre-cent-cinquante grammes de cyanure qui se situe au-dessus d'un puits. Dans la pièce attenante, il remplit deux flacons de près de quatre litres avec un mélange d'acide sulfurique et d'eau distillée. Ces deux récipients sont reliés aux puits installés sous les chaises. Il vérifie ensuite l'étanchéité du lieu. Le détenu dort dans une cellule séparée par un petit couloir de la chambre à gaz. On lui fixe l'embout d'un stéthoscope sur le cœur. Une fois le condamné attaché à l'une des chaises, le stéthoscope est relié par un tube flexible jusqu'au médecin de la prison qui écoute les battements du cœur, à l'extérieur. Le bourreau actionne un évacuateur d'air et, quelques secondes plus tard, il fait passer le mélange d'eau distillée et d'acide sulfurique qui gargouille dans les tuyaux pour remplir les deux puits sous les fauteuils. Puis, dès que le directeur lui en donne le signal, il tire sur un levier afin de libérer les granulés de cyanure contenus dans les sacs. Ils se dissolvent instantanément pour former de pâles vapeurs autour du condamné.

Combien de temps le prisonnier met-il à mourir ? On peut en avoir une idée grâce au carnet de bord d'un médecin de San Quentin qui chronomètre le décès d'un condamné :

« Prisonnier pénètre dans la chambre à 10h.

Porte fermée à 10 h 03

Cyanure de sodium arrive à 10 h 04

Le gaz atteint le visage du condamné

10 h 05 Grimace et respire violemment, jette tout le poids de son corps contre les courroies.

10 h 05 Grimace. Suffoque. Pieds et mains étendus vers l'avant.

10 h 06 Grimace. Suffoque à 3 reprises.

10 h 07 Trois hoquets.

10 h 08 Étouffe.

10 h 09 Deux hoquets.

10 h 15 Cœur s'arrête de battre. »

Soit onze minutes après que le cyanure commence à faire effet. Après que le gaz soit aspiré, le corps est aspergé avec de l'ammoniaque liquide pour neutraliser l'effet du gaz sur les vêtements.

La première « inauguration » à San Quentin est, en fait, une double exécution, celle d'Albert Kessel, vingt-neuf ans, et Robert Lee Cannon, vingt-quatre ans, qui se déroule le 2 décembre 1938. Tous les deux ont écopé de la peine capitale pour le meurtre du directeur de la prison de Folsom l'année précédente. Placés dans des cellules adjacentes, ils passent leur ultime nuit à écouter et à chanter de la musique « hillbilly » sur un vieux phonographe. Ils mangent un petit déjeuner copieux et, à 9 h 50, ils ont droit à un verre de whisky et à un cigare. Pieds nus, vêtu d'un jeans et d'une chemise blanche, Cannon est attaché à l'une des deux chaises, après avoir salué les trente-neuf témoins d'un

« Hello, les gars… à bientôt ! ». Ensuite, c'est au tour de Kessell de s'installer : « Dis-donc, y a foule, » dit-il à son compagnon d'infortune.

Il est 10 heures du matin.

Lorsque les fumées commencent à s'élever, Cannon s'écrie : « Jusque-là, tout va bien ! » Puis le gaz commence à l'encercler. « On y est ! » La bouche de Cannon s'entrouvre, comme s'il cherche à dire quelque chose, mais il perd connaissance. Kessell tente de retenir sa respiration, avant que son corps ne se raidisse et que ses mains s'agrippent désespérément aux bras de la chaise : « Putain, ça fait mal ! » Sa tête se penche en arrière, puis en avant, et il perd connaissance à son tour.

Il est 10 h 19 lorsque les deux prisonniers sont déclarés morts. Il aura fallu douze minutes à Cannon pour mourir et trois minutes trente supplémentaires pour Kessell.

Court Smith, le directeur de la prison de San Quentin a détourné les yeux pour ne pas assister au décès des deux hommes, tout comme d'autres témoins. Le cyanure et l'acide sulfurique ont coûté 1,80 dollars. Le Dr Stanley, médecin de la prison, réfute l'idée que cette mise à mort s'opère sans douleur pour les condamnés. « Ils ne meurent pas instantanément, c'est faux. Ces hommes ont souffert lorsque leurs poumons n'arrivaient plus à absorber d'oxygène et ils se sont battus pour respirer. Ils sont décédés d'une suffocation interne qui a dû être très douloureuse. » L'aumônier, qui a accompagné une soixantaine de condamnés, lors de leurs derniers instants, est du même avis : « Je préfère encore voir une douzaine de pendaisons qu'assister encore une fois à une telle mise à mort. J'ai vu Cannon essayer de former les mots « C'est terrible ! » lorsque le gaz l'a submergé. Les muscles de son cou étaient prêts à exploser, ses yeux sortaient des orbites et sa bouche... ouverte ! L'horreur absolue. Ce que j'ai vu aujourd'hui à San Quentin ne doit plus jamais se reproduire. »

Dans ses mémoires, Clinton Duffy, le directeur de la prison de San Quentin, qui est un farouche opposant à la peine de mort, raconte qu'il a assisté à quatre-vingt-dix exécutions par la chambre à gaz. Lorsqu'un détenu lui demande l'impression que l'on peut ressentir, il lui répond que c'est comme de s'endormir. D'où le surnom de « grand sommeil » (« Big Sleep ») dans l'argot des prisonniers. Juste avant que le condamné ne pénètre en ce lieu fatidique, on lui conseille de ne pas inhaler tout de suite les vapeurs lorsqu'il entend les capsules chuter dans le puits rempli d'acide sulfurique et d'eau distillée. Ils doivent retenir leur respiration l'espace de quelques secondes, avant d'aspirer profondément. Cette petite pause laisse le temps au gaz de se concentrer et de leur faire perdre conscience plus vite, sans suffoquer. Clinton Duffy a pour habitude de se positionner près d'une des huit fenêtres pour leur faire un signe de la main, afin de leur indiquer quand ils doivent aspirer le gaz.

Pour ce type de méthode, les ratés sont assez rares, contrairement aux pendaisons et à la chaise électrique.

Le 18 avril 1956, à la prison de San Quentin, Robert Pierce est dans sa cellule où il reçoit l'aumônier qui le réconforte quelques minutes avant l'heure prévue pour son exécution. Tout d'un coup, Pierce s'empare d'un morceau de verre qu'il a caché sous le matelas, avant de s'entailler profondément la gorge. Le médecin est prévenu sur-le-champ et il tente en vain d'enrayer le flot de sang de Pierce qui est toujours vivant. Doit-on l'emmener à l'hôpital ? Les autorités décident que non. Cinq gardiens le transportent jusqu'à la chambre à gaz, malgré les hurlements et les coups de pied du prisonnier : « Je suis innocent ! Je suis innocent ! Je suis innocent ! « Lorsque les gardiens l'attachent à la chaise, il hurle : « Seigneur, ne me laissez pas partir ainsi ! J'ai mal agi, mais je n'ai jamais tué personne ! » Robert Pierce s'adresse ensuite aux témoins et aux journalistes : « C'est de votre faute si je suis ici. Nom de Dieu, vous êtes une bande de salopards car je suis innocent ! » Il survit assez de temps pour périr par le gaz létal.

Henry Ford McCraken est un guitariste de trente-sept ans qui est condamné à la peine capitale pour avoir violé Patricia Jean Hull, une écolière de dix ans, qu'il a kidnappée le 19 mai 1951. Sur le point d'être exécuté, après près de trois années d'attente dans le couloir de la mort de San Quentin, il perd la tête, ce qui est confirmé par des examens psychiatriques. La loi interdit d'exécuter des malades mentaux et il se voit appliquer une thérapie à base d'électrochocs. Considéré comme « guéri », McCracken est exécuté le 19 février 1954.

Contrairement aux autres méthodes d'exécution, l'identité des bourreaux est presque toujours restée secrète. En général, il s'agit de gardiens qui, dans les années 1950, touchent cent-vingt-cinq dollars par exécution avec, en bonus, une semaine de congés payés. On raconte que l'un d'entre eux est devenu fou de rage lorsque l'homme qu'il devait exécuter a obtenu un report de son exécution.

Le cas le plus tragique d'une exécution dans la chambre à gaz est, sans aucun doute, celui de Barbara Graham, la troisième femme à périr ainsi à San Quentin, le 3 juin 1955. Son histoire est racontée, trois ans plus tard, par Robert Wise dans *Je veux vivre !* (*I Want to Live !)* qui prend parti pris pour l'innocence (probable) de la jeune femme de trente-et-un ans. Son rôle est interprété par Susan Hayward qui remporte l'Oscar pour son interprétation. Lorsque Barbara naît à Oakland, le 26 juin 1923, sa mère Hortense est encore une adolescente non mariée. Elle n'a que deux ans lorsque sa mère est envoyée, à dix-neuf ans, dans une maison de redressement. Barbara est élevée par de la famille lointaine ou des étrangers et, bien qu'intelligente, elle reçoit une éducation limitée. Elle fait des fugues et, condamnée pour vagabondage, à quatorze ans, se retrouve à la Ventura State School for Girls, là même où Hortense a elle aussi séjourné. Deux ans plus tard, en 1939, elle devient une « fille à matelots » pour les marins de l'U.S. Navy, à San Diego. À vingt-deux ans, Barbara travaille comme prostituée dans un bordel de San Francisco. Elle est condamnée à de nombreuses reprises, fait sept ans de prison et se marie à quatre reprises pour donner naissance à trois enfants. À chaque fois, elle tente en vain de se remettre dans le droit chemin.

En 1953, elle épouse Henry Graham, un criminel et un drogué. Elle se trouve à Los Angeles, où elle fait connaissance avec les amis de son mari, Jack Santo et Emmett Perkins, avec qui elle a des relations adultères. Au mois de mars, ils apprennent qu'une veuve de soixante-quatre ans, Mabel Monahan, possède cent-mille dollars en liquide à sa demeure de Burbank. Barbara sonne au domicile de cette femme sous le prétexte d'utiliser son téléphone. Dès qu'elle ouvre la porte, Santo, Perkins et un troisième complice, Jack True, se précipitent à l'intérieur. Mabel Monahan refuse de leur donner quoi que soit et Barbara Graham l'aurait alors frappé à la tête avec un pistolet, lui fracassant le crâne. Elle est ensuite asphyxiée avec un coussin. La fouille de son domicile ne permet pas de découvrir ce magot inexistant, et ils quittent les lieux les mains vides. Par contre, il y avait pour quinze mille dollars de bijoux cachés dans un sac, au fond d'un placard.

L'enquête de police permet l'arrestation des membres du gang. Jack True accepte de témoigner contre les autres en échange d'une immunité totale. Il accuse notamment Barbara du meurtre de la vieille dame. Pendant son incarcération, juste avant de passer devant le tribunal, elle tente de suborner un détenu pour qu'il lui fournisse un alibi, mais celui-ci prévient la police. Barbara explique sa manœuvre en indiquant, « Cela ne vous est jamais arrivé d'être désespéré ? Et de ne pas savoir quoi faire ? » Lors du procès, Perkins et Santo refusent de témoigner en faveur de la jeune femme qui est condamnée à la peine capitale, tout comme ses co-accusés.

Barbara Graham est envoyée à Chino, dans la prison du California Institution for Women, où elle reste presque deux ans, le temps que tous ses appels soient rejetés. Dès le début et jusqu'au bout, elle proteste toujours de son innocence, quant à sa participation au décès de Mabel Monahan. La presse la qualifie de « Bloody Babs ». Quelques jours avant la date de son exécution prévue pour le 3 juin 1955, elle est transférée à la prison de San Quentin. Le matin fatidique, elle demande un *hot fudge sundae* en guise de petit déjeuner. Elle s'habille avec soin et applique du rouge à lèvres. À 9 h 05, un appel annonce un report de son exécution prévue à 10 heures. Une heure plus tard, le gouverneur de la Californie téléphone au directeur de la prison pour le prévenir que la demande est rejetée. À 10 h 23, le médecin de la prison lui fixe un stéthoscope et son embout sur la poitrine, lorsqu'un troisième appel résonne à nouveau pour un nouveau report : « Pourquoi me torturent-ils ainsi ? J'étais prête pour 10 heures. »

À 11 h 12, quatrième coup de fil, l'exécution peut démarrer. Barbara Graham demande et obtient un masque pour les yeux : « Je ne veux pas avoir à regarder tous ces gens. » Ses ultimes paroles viennent en réponse au conseil du directeur qui la pousse à retenir sa respiration, afin de mourir sans souffrances : « Et comment le savez-vous, nom de Dieu ? » De manière erronée, beaucoup de médias et de sites Web affirment que ses ultimes paroles sont : « Les gens de bien sont toujours sûrs d'avoir raison. » alors qu'elle les a prononcées, la nuit précédente, lorsqu'elle rencontre son avocat. À 11 h 42, Barbara Graham est déclarée morte. Son corps est enterré au cimetière de Mount Olivet, à San Rafael, en Californie.

Entre 1910 et 1944, Louise Peete, une prostituée, assassine plusieurs maris ou compagnons, ainsi que d'autres personnes pour qui elle travaille. En outre, cette « femme fatale » au visage ingrat et au cœur de pierre, cause le suicide de deux de ses amants. Pour ses crimes, elle a déjà passé dix-huit ans derrière les barreaux. Elle est condamnée à la peine capitale pour le meurtre d'une femme âgée.

Juste avant de pénétrer dans la chambre à gaz de San Quentin, le 11 avril 1947, elle accepte de répondre aux questions des reporters présents : « Je viens d'une famille éduquée. Je suis moi-même cultivée. Mes parents n'étaient pas des criminels et ils n'ont pas élevé des enfants délinquants. [...] Le gouverneur de Californie est un gentleman... et, en tant que tel, il ne devrait pas faire tuer une lady. » Louise Peete s'adresse au directeur de la prison : « Je suis prête. Cela fait déjà longtemps que je suis prête. » Puis, vers le gardien qui l'attache au fauteuil : « Je ne veux pas porter de masque. »

Le 13 juillet 1934, Joseph Behiter sifflote lorsqu'on l'attache au fauteuil de la chambre à gaz du Nevada. Il a été condamné à la peine capitale pour avoir assassiné Maxine Armstrong, une danseuse à Las Vegas. Très décontracté, il conseille les gardiens : « Ne serrez pas trop les courroies, les gars. Sinon, je vais avoir du mal à respirer les gaz. »

Après avoir passé du temps derrière les barreaux au Texas pour diverses escroqueries, Johnson Caldwell se rend en Californie, où il croise la route de Lilly Pearl Storts. Au bout de trois nuits d'ivresse, ils se marient. Un jour, il lui demande un prêt, ce qu'elle refuse. Le lendemain matin, Caldwell la frappe avec une barre de fer avant de l'étrangler avec deux ceintures. En fuite dans l'Arkansas, il est stoppé pour un contrôle de routine par un policier, et il lui avoue spontanément : « Je suis l'homme que vous recherchez pour le meurtre de ma femme. » Le 6 mai 1955, Johnson Caldwell est exécuté dans la chambre à gaz de San Quentin : « J'ai mené une vie de merde, mais je me demande si Dieu a une place pour des gens comme moi ? »

Robert Folkes, vingt-trois ans, écope de la peine capitale pour avoir tranché la gorge d'une femme à bord du train Southern-Pacific, où il travaille comme cuisinier. C'est le premier condamné à voir la chambre à gaz de l'Oregon, le 5 janvier 1945, car, contrairement à tous ses prédécesseurs, il n'a pas les yeux bandés : « Je n'ai rien à dire, sauf que je suis innocent. Il est plus facile de condamner un Nègre qu'une personne de race blanche. Adieu. »

Le 15 mai 1936, cigare au bec, Jack Sullivan, vingt-trois ans, s'installe sur la chaise de la chambre à gaz en Arizona. Il avale un dernier shot de whisky et fait le clown pour les photographes. Il sourit et agite les mains à l'intention des témoins de son exécution : « Je me sens super bien. Allez, on se magne. » Lorsqu'on lui demande, un dernier souhait, tout comme Robert White avant lui, Sullivan rétorque : « Un masque à gaz, ce serait au poil ! »

Pyromane et voleur de voitures, Warren Cramer se met à tuer lors du braquage d'un drugstore en Californie. Il plaide coupable lors de son procès et il demande à ce qu'on l'exécute le plus vite possible. Clinton Duffy, le directeur de la prison de San Quentin, le dépeint comme « un homme brillant qui est incapable de contrôler ses pulsions les plus violentes. » Installé dans la chambre à gaz, le 14 mai 1943, il affirme : « Je ne sens rien du tout. » Puis, quelques secondes plus tard : « Purée, ça sent les œufs pourris. »

Déjà incarcéré plus de la moitié de son existence pour différents vols à main armée, Robert Harmon assassine un autre détenu à coups de couteau, ce qui lui vaut la peine de mort. Plusieurs associations tentent d'éviter son châtiment, mais le condamné refuse tout soutien et exige d'être exécuté. Il se considère lui-même comme trop violent et dangereux pour la société. Harmon ajoute que s'il reste en vie, il recommencera. Le 9 août 1960, avant d'entrer dans la chambre à gaz de San Quentin, il se veut optimiste :

« Peut-être que mon exécution aidera à abolir la peine de mort. »

Condamné à la peine capitale pour avoir abattu son patron, Michael Randolph, à Denver, le cuisinier Robert Battalino pénètre en souriant dans la chambre à gaz de l'État du Colorado, le 7 janvier 1949. Il refuse l'aide religieuse de deux aumôniers de la prison, « Allez vous faire foutre ! », avant de leur cracher dessus. Lorsque le directeur de la prison intervient, Battalino lui rétorque : « Je te hais, pourriture. Dépêchez-vous, j'ai hâte de retrouver mes copains en enfer ! »

Criminel multirécidiviste, Aaron Mitchell fait de la prison dans le Tennessee, le Colorado et le Missouri. Après une tentative de vol à main armée dans un bar, il abat l'officier de police Arnold Gamble dans un échange de coups de feu. De nombreuses associations se mobilisent pour le sauver et Mitchell accorde plusieurs interviews dans le couloir de la mort de Californie : « Tous les Nègres qui ont tué un policier ont fini dans la chambre à gaz. Je n'ai aucune chance. Je ne pense pas faire preuve d'amertume. Mais je sais que le fait d'être un Nègre a été un facteur important dans tout ce qui m'est arrivé. » Le 12 avril 1967, Aaron Mitchell prononce ces ultimes paroles : « Je suis Jésus-Christ. Regardez ce qu'ils m'ont fait. »

Edward Earl Johnson, un Afro-Américain du Mississippi, est devenu mondialement célèbre grâce à un bouleversant documentaire de la BBC, *Fourteen Days in May*, diffusé en 1987, qui suit les deux dernières semaines du condamné, depuis le moment où il apprend la date de son exécution jusqu'aux ultimes minutes, lorsqu'il se prépare à pénétrer dans la chambre à gaz. Il écope de la peine capitale pour avoir abattu le shérif Jake Trest et violé Sally Franklin, une femme de soixante-neuf ans.

Johnson n'a pas de casier judiciaire et un témoin clef ne le reconnaît pas lors d'un tapissage, avant de changer d'avis. Il affirme que les enquêteurs lui ont extorqué des aveux sous la contrainte, après avoir menacé de le tuer, ainsi que ses grands-parents. Jusqu'au dernier moment, Edward Earl Johnson est persuadé qu'un coup de fil va le sauver et surseoir à son exécution dans la chambre à gaz du Mississippi, le 20 mai 1987 : « Je pense que personne ne va appeler, je pense que personne ne va appeler... C'est bon, allons-y. Allons-y. » Il est prononcé mort à 12 h 06 à la Parchman Prison Farm.

Le 7 janvier 1982, les frères Karl-Heinz et Walter LaGrand, dix-neuf et vingt ans, ratent leur braquage d'une banque à Marana, dans l'Arizona. Ils tuent un homme et blessent grièvement une femme. Ils vivent aux États-Unis depuis l'âge de quatre et cinq ans, mais ils sont toujours restés des citoyens allemands. Lors de leur arrestation par les autorités de l'Arizona, on oublie de leur indiquer qu'en tant qu'étrangers, ils ont droit à une aide de leur ambassade ou consulat. Ils sont tous les deux condamnés à la peine capitale et font appel de cette décision. La Cour suprême des États-Unis et la Cour Internationale de Justice sont saisies, mais rien n'y fait, car Jane Hull, le gouverneur de l'Arizona, refuse toute interférence. Cela crée même un incident diplomatique entre l'Allemagne et les États-Unis.

Les deux condamnés passent dix-sept ans dans le couloir de la mort. Karl-Heinz LaGrand reçoit l'injection létale le 24 février 1999. Son frère Walter a opté pour la chambre à gaz, dans l'espoir que la Cour suprême estime que c'est un châtiment cruel et inhabituel, mais ce n'est pas le cas. Le 3 mars 1999, il pénètre dans la chambre à gaz de l'Arizona. Voici ces dernières paroles : « À tous mes proches, je souhaite qu'ils connaissent la paix. À tous ceux, ici rassemblés, je vous pardonne et j'espère que je le serai moi aussi dans mon autre vie. » À ce jour, il s'agit de la dernière exécution au moyen de la chambre à gaz sur tout le territoire des États-Unis. Six États américains, le Wyoming, l'Arizona, le Missouri, le Mississippi, le Maryland et la Californie, permettent encore le recours à cette méthode, si le condamné la sélectionne ou si les produits nécessaires à une injection létale ne sont pas disponibles.

« JE SUIS PRÊT À PARTIR. PERSONNE NE ME REGRETTERA. MA VIE A ÉTÉ INUTILE. »

Le peloton d'exécution ou fusillade est une méthode encore utilisée dans une soixantaine de pays à travers le monde, notamment lors de conflits ou de guerres civiles. Souvenons-nous des milliers de Vendéens, hommes, femmes et enfants, massacrés par les forces armées de la Révolution française. Les militaires l'utilisent aussi pour les personnes accusées de trahison (Mata Hari) ou de désertion.

En France, un peloton d'exécution était, par tradition, composé de douze hommes, quatre sergents, quatre caporaux et quatre simples soldats. Un treizième soldat était chargé de bander les yeux du condamné, si celui-ci le souhaitait, tandis qu'un autre officier officiait pour administrer le coup de grâce. Une marque, qui sert de cible, est placée sur la poitrine. La personne exécutée est debout, attachée à un poteau ou assise. Touche macabre, notamment dans l'Utah des Mormons, certains condamnés sont installés, assis, sur leur propre cercueil. C'est le cas pour John Lee, le 23 mars 1877. L'Indonésie utilise encore de manière régulière cette méthode d'exécution, avec un peloton composé de douze hommes et d'un officier, notamment pour les trafiquants de drogue qui sont, presque toujours, condamnés à la peine capitale, comme le 29 avril 2015, où huit personnes, dont sept étrangers, furent fusillées. Là aussi, elles ont le choix d'avoir les yeux bandés ou non, d'être debout, assises ou à genoux, et elles sont obligatoirement attachées à un poteau. Le peloton doit se situer à une distance comprise entre cinq et dix mètres. Peu de temps auparavant, les condamnés sont transférés dans une prison spéciale, à Nusakambangan, qui est surnommée « l'Alcatraz indonésien ». Ils sont placés à l'isolement et on leur signifie la date de leur mise à mort trois jours avant celle-ci.

Autre variante, celle par balle unique, où un seul exécuteur administre la mort à bout portant dans la tête. En Chine, elle fut longtemps la méthode favorite. Trois policiers sont chargés du condamné, deux le tiennent par les bras et un troisième est le tireur. Le coût des munitions est à la charge de la famille de l'exécuté. À présent, c'est l'injection létale qui remplace, petit à petit, l'arme à feu. Des pays tels que Taïwan ou la Biélorussie ont toujours recours au tireur unique.

Aux États-Unis, hormis les exécutions militaires, cent-cinquante hommes ont été mis à mort par des fusillades depuis 1608. Dix-huit États ont eu recours à cette méthode jusqu'au XXe siècle, principalement la Californie, l'Oklahoma et l'Utah. Depuis, seul le Nevada et l'Utah ont employé les armes à feu. Pour ce qui concerne le Nevada, elle ne sert qu'à une seule reprise, le 14 mai 1913. En 1911, de nombreuses voix s'élèvent dans cet État pour fustiger la pendaison qualifiée de « méthode barbare ». Les autorités pensent un moment donner aux condamnés la possibilité d'avaler du poison, mais ils choisissent de leur offrir le même choix que dans l'Utah, soit la fusillade ou la pendaison.

Le 14 mai 1912, sur un quai de la gare de Tonopah dans le Nevada, Andrija Mircovich, un jeune mineur, s'approche de l'homme d'affaires John Gregovich, avant de le poignarder à de nombreuses reprises et de s'écrier en serbe : « Crève, espèce de vieux salopard ! ». Mircovich est désarmé et arrêté sur-le-champ. Il est persuadé que la victime tente de lui soustraire sa part d'héritage, après la mort accidentelle d'un de ses cousins. Condamné à la peine capitale, il choisit le peloton d'exécution. « Je suis prêt à mourir à n'importe quel moment, et c'est plus rapide de cette façon », explique-t-il. Il est transféré à la prison de Carson City où des rumeurs commencent à circuler que les gardiens, qui doivent composer le peloton d'exécution, seraient très réticents à prendre part à la fusillade. Un reporter répercute l'information qui est bientôt reprise par de nombreux médias à travers le monde. Le directeur de la prison, George Cowing, est bientôt assailli par des centaines de propositions de tireurs d'élite qui se portent volontaires pour mener à bien la tâche, y compris beaucoup d'étrangers et de femmes.

Afin de résoudre ce problème de personnel, George Cowing demande à une fonderie locale de lui construire une machine à tuer. Surnommée « Shooting Gallery of Steel », elle pèse quatre-cent-cinquante kilos. Ce cube d'acier comporte trois fusils superposés de la marque Savage, équipés d'un silencieux Maxim. La mise à feu se fait par un système de ressorts reliés à des cordons. L'une de ses armes est chargée à blanc, les deux autres avec des munitions létales, si bien que les trois gardiens chargés de couper les cordons ne peuvent pas savoir qui a tiré les balles fatales. Deux mois plus tard, lorsque Cowing réceptionne la machine à tuer, en février 1913, il est si horrifié qu'il démissionne de son poste. C'est Denver Dickerson qui le remplace comme directeur du pénitencier. Le condamné est assis attaché sur une chaise vissée à une plateforme, face à la machine. Dans la cour de la prison, une hutte protège les trois gardiens qui ne voient pas le condamné décéder. Douze témoins assistent à la mise à mort.

Le 8 mai 1913, les différents appels de Mircovich ayant été rejetés, la date fatidique est fixée pour le 14 mai. Et c'est l'horreur absolue car le détenu doit se plier à un essai technique de la machine à tuer. On l'installe sur la chaise face aux trois fusils pointés sur lui. Les viseurs sont ajustés au centimètre près sur l'emplacement de son cœur qu'un médecin de la prison a détecté avec son stéthoscope, et qu'il cible avec un carton. Le prisonnier est ensuite reconduit dans sa cellule. La cible est fixée sur la chaise, avant que l'on déclenche le tir. L'une des balles s'incruste en plein milieu, l'autre à deux centimètres à peine. L'essai est jugé concluant.

Le jour fatidique arrive. Denver Dickerson tire au sort les noms des trois gardiens qui doivent couper le cordon pour déclencher le tir. Il demande au détenu s'il souhaite être cagoulé ou avoir les yeux bandés : « Non, je veux voir. » « Que Dieu vous accompagne et adieu. » Dickerson serre la main de Mircovich : « Je vous suis très reconnaissant. Vous avez été bon pour moi. » Mircovich est conduit jusqu'à la cour de la prison. « Maintenant, mourrez comme un soldat », déclare le capitaine de la garde qui le salue. « Montrez à ces gens que vous êtes courageux. »

« Moi, mourir comme un soldat », réplique Mircovich. D'un pas assuré, il s'installe sur la chaise et le médecin lui pose la cible sur le cœur. « Levez la tête. » Le condamné fixe les trois canons de fusils qui sont pointés vers lui. Il cligne des yeux à cause du soleil qui se lève dans cette aube blafarde. Dickerson fait un geste de la main. Des flammes s'échappent des canons. La bouche du condamné s'ouvre et il s'effondre. La cible est devenue rouge carmin. Les deux balles l'ont frappé en plein cœur.

L'exécution d'Andrija Mircovich est la dernière du Nevada pendant onze ans. Plusieurs condamnés à mort décèdent de causes naturelles pendant que leurs cas sont examinés en procédures d'appel. En 1924, c'est la chambre à gaz qui remplace la fusillade et la pendaison. La « machine à tuer » n'est plus jamais utilisée. Que devient-elle ? En 1942, elle est recyclée avec cinquante autres tonnes de métal de la prison de Carson City pour participer à l'effort de guerre.

Le nom de Joe Hill est célèbre dans le monde entier, grâce à la chanson de Paul Robeson qui fut reprise par Pete Seeger, Bruce Springsteen et Joan Baez notamment. On l'entend la chanter dans le générique du film *Joe Hill* de Bo Widerberg, puis dans *Woodstock* :

« I dreamed I saw Joe Hill last night,
Alive as you and me.
Says I, « But Joe, you're ten years dead ! »
« I never died », says he.
« I never died », says he. »

Mais personne ou presque ne sait qu'il fut exécuté par fusillade à la Utah State Prison en 1915. Musicien lui-même, ce syndicaliste écrit des textes, des poèmes et des chansons. Il est né en Suède, le 7 octobre 1879, sous le nom Joel Hägglund. À la mort de son père, il commence à travailler dès l'âge de huit ans. En 1902, il émigre aux États-Unis où il devient Joseph Hillstrom et Joe Hill. L'écrivain John Dos Passos parle de lui dans *Nineteen Nineteen*. Blond aux yeux bleus, il ne fume pas et ne boit pas. Il devient un routard et il arrive en Californie en 1906. Il s'inscrit à un syndicat de l'ultragauche révolutionnaire, les Industrial Workers of the World. En 1911, Joe Hill participe à une brigade internationale qui combat lors de la révolution mexicaine. À son retour, il figure sur une liste noire de tous les employeurs de la Côte Ouest, ce qui l'oblige à partir pour Salt Lake City dès 1913.

Le 10 janvier 1914, deux hommes masqués et armés pénètrent dans l'épicerie de John Morrison au moment où celui-ci et ses deux fils sont en train de fermer. « On va vous avoir ! » s'écrie l'un des tireurs qui ouvre le feu. John Morrison, un ancien policier, et son fils aîné sont tués. L'un des assaillants est touché à la poitrine. Le plus jeune fils survit à l'attaque. Les deux inconnus s'enfuient en courant, sans toucher à la caisse, ce qui laisse penser aux enquêteurs que vol n'est pas le mobile, et qu'il s'agit plutôt d'une vengeance. Deux heures plus tard, Joe Hill se présente chez un médecin à quatre pâtés de maisons de distance. Il saigne d'une blessure par balle au poumon. Le docteur le soigne et lorsqu'il l'aide à se rhabiller, un holster avec une arme de poing tombe sur le plancher. Hill affirme qu'il a été touché lors d'une dispute avec un ami au sujet d'une femme mariée, et qu'il s'est emparé du revolver. Lorsqu'il est reconduit à son domicile, Hill se débarrasse de l'arme en la jetant par la fenêtre. Le lendemain, le médecin apprend ce qui est arrivé chez les Morrison et il prévient la police. Il rend visite à Joe Hill pour changer son pansement et il lui fait une injection de morphine qui endort son patient. La police en profite pour l'arrêter.

Joe Hill est inculpé des deux assassinats des Morrison père et fils. Il affirme haut et fort ne pas les connaître et il refuse de donner l'identité de cette femme mariée. Circonstance aggravante, son ami et colocataire, Otto Applequist, suspecté d'être son complice, a disparu. Il ne sera jamais retrouvé, pas plus que l'arme dont Hill s'est débarrassé. Le plus jeune des fils Morrison est incapable d'identifier le syndicaliste. Tous ceux qui le connaissent sont convaincus qu'il n'aurait jamais été capable d'un tel geste. Les autres sont persuadés qu'il s'agit d'un acte de vengeance. À l'époque où il était encore policier, John Morrison aurait tué un ami de Joe Hill.

Pendant son procès, l'accusé refuse de témoigner et il renvoie même ses avocats. Les Industrial Workers of the World engagent un juriste de renom pour défendre Joe Hill qui est, malgré tout, condamné à la peine de mort. Entre la pendaison et le peloton d'exécution, il choisit d'être fusillé : « J'y suis habitué, après tout. » Des appels sont adressés à la Cour suprême de l'Utah et au comité des pardons. Ce dernier lui propose même de le faire libérer, s'il accepte de dire en privé à son avocat comment il a été blessé. Mais Joe Hill refuse toute négociation : « Si je ne peux pas avoir de nouveau procès, je suis prêt à donner mon sang en tant que martyr afin que d'autres puissent être jugés de manière équitable. »

Les Industrial Workers of the World et Joe Hill proclament qu'il a été piégé à cause de ses activités syndicales. Pendant deux ans, le monde entier se mobilise pour le sauver et des manifestations se déroulent à New York et dans le reste de l'Amérique. Le gouvernement suédois et le président Woodrow Wilson font pression sur le gouverneur de l'Utah qui rejette toute interférence. La nuit qui précède son exécution, Joe Hill adresse un télégramme à William Haywood qui dirige le syndicat : « Adieu, Bill. Je meurs en rebelle pour une cause. Ne perds pas de temps à pleurer – organise ! Nous sommes ici à cent-cinquante kilomètres du Wyoming. Peux-tu faire en sorte que mon corps franchisse les limites de cet État pour être enterré ? Je ne veux pas rester dans l'Utah. »

Le matin de son dernier jour, le 10 novembre 1915, les officiels ne peuvent pas accéder à la cellule du détenu qui a bloqué la porte. Lorsque les gardiens forcent leur chemin, il les frappe avec un manche à balai, avant de se rendre : « Bon, c'est fini, mais vous ne pouvez pas en vouloir à un homme qui se bat pour survivre. » Le médecin de l'établissement lui propose une rasade de whisky que Joe Hill refuse par peur d'aimer ce breuvage et d'y devenir addictif explique-t-il.

Dans la cour de la prison, le condamné est attaché à une chaise. À sept mètres de là, le peloton est caché derrière une épaisse toile. Cinq trous y ont été percés pour les canons des fusils. « Je vais vous montrer comment on meurt. J'ai la conscience tranquille. » Un bandeau est attaché pour lui couvrir les yeux. Le médecin se sert d'un stéthoscope pour localiser le cœur et il fixe une cible blanche sur l'emplacement. Joe Hill tente de se pencher en arrière pour regarder sous le bandeau. « Je m'en vais maintenant, les gars. Adieu ! Adieu, les gars ! » Au moment où l'officier en charge s'apprête à donner l'ordre de tirer, le prisonnier lui coupe la parole : « Feu... Allez-y et tirez ! » s'écrie-t-il.

Lorsque le cercueil de Joe Hill traverse les rues de Salt Lake City et de Chicago, des foules immenses lui rendent un dernier hommage. Le 1er mai 1916, ses cendres sont dispersées dans de nombreux pays et dans tous les États américains, sauf un, l'Utah.

À l'exception des exécutions à caractère politiques et militaires, l'homme le plus célèbre à avoir été fusillé est Gary Gilmore, dont l'histoire criminelle a été narrée par Norman Mailer dans *Le Chant du bourreau*. C'est aussi parce qu'il s'agit de la première exécution sur le territoire américain depuis dix ans. Né au Texas, dans une famille où la violence et l'alcool règnent en maître : le père martyrise ses quatre garçons. À douze ans, Gary quitte le foyer. Deux ans plus tard, il vole une voiture et est envoyé pendant dix-huit mois dans une maison de redressement. Il passe dix-huit ans sur les trente-six années de son existence derrière les barreaux pour des cambriolages, des vols à main armée, des agressions, des viols ou pour des tentatives de meurtre. Qualifié d'authentique psychopathe lors de différentes évaluations psychiatriques, Gary Gilmore possède un Q.I. élevé, il lit beaucoup et est un écrivain talentueux. En 1963, il tente de se suicider. Derrière les barreaux, il organise des émeutes et des grèves de la faim. Il frappe aussi un autre détenu à coups de marteau, ce qui le paralyse à vie.

En 1976, il est en libération conditionnelle et il fait la connaissance de Nicole Barrett qui, à vingt ans, a déjà été mariée trois fois et qui a deux enfants. Gilmore se montre abusif, il boit en permanence et se bourre de médicaments. Elle finit par le quitter et il part à sa recherche, fou de rage. Au domicile de la mère de Nicole, il trouve la jeune sœur de celle-ci qui vient de sortir d'un hôpital psychiatrique et il l'emmène avec lui. À une station-service, il tue de sang-froid un pompiste qui ne cherche même pas à lui résister. Quelques heures plus tard, la sœur de Nicole retrouve sa mère et lui dit qu'elle a échappé de peu à la mort. Dès le lendemain, Gary Gilmore assassine l'employé de nuit d'un motel de Provo, mais il se blesse à la main. Avant le lever du jour, il est derrière les barreaux.

Son procès ne dure que trois jours avant qu'il ne soit condamné à la peine de mort. On lui donne le choix entre la pendaison et le peloton d'exécution. Il est le trente-neuvième sur quarante-quatre individus à choisir d'être fusillé. Il est transféré dans l'établissement de haute sécurité de l'Utah State Prison, près de Salt Lake City. Lors d'un examen psychiatrique, les conclusions du médecin sont sans appel : « J'estime que peu de temps après sa sortie de prison Gary savait qu'il ne pourrait jamais se réinsérer dans la société. Ne voulant pas retourner derrière les barreaux, il a pris les dispositions nécessaires pour que quelqu'un d'autre se charge de sa propre destruction. Il désirait la peine de mort. Et la manière dont il a commis ces deux assassinats démontre qu'il cherchait à se faire prendre. »

Dans le couloir de la mort, Gary Gilmore pousse Nicole Barrett à un pacte de suicide. Le même jour, les deux anciens amants sont découverts inconscients, lui dans sa cellule, elle à son domicile, après avoir avalé des capsules de somnifères. Gilmore récupère plus vite que Nicole qui reste quelques jours dans le coma. Le 17 janvier 1977, il est finalement exécuté, après avoir renoncé à toutes ses possibilités d'appel. Comme il s'agit de la première exécution depuis dix-sept ans dans l'Utah, les arrangements sont faits à la va-vite. Derrière le fauteuil où doit s'installer Gary Gilmore, on a érigé des sacs de sable et des matelas pour éviter que les balles ne ricochent sur les murs. À trois mètres de distance, une toile verte cache les quatre exécuteurs qui sont assis sur un banc avec, devant eux, un rail pour poser le canon de leurs Winchester de calibre 30. Ils sont séparés d'un mètre, les uns des autres. Chacun touche 175 dollars pour sa « participation ». Gilmore prend le temps de plaisanter avec les quatre témoins qu'il a invité, son oncle, ses deux avocats et son agent littéraire, Lawrence Schiller. À l'un de ses avocats, qui est chauve, il déclare : « Tu pourras avoir mes cheveux quand ce sera terminé. » Le directeur Smith lui lit son arrêt de mort et demande s'il souhaite s'exprimer. « On y va ! » rétorque Gilmore d'une voix ferme. Quatre balles le touchent en plein cœur. Il est déclaré mort deux minutes plus tard.

Le 18 janvier 1977, un petit avion survole les environs de Provo et son pilote vide un sac plastique qui contient les cendres de Gary Gilmore. Le même jour, dans un hôpital, un chirurgien défait les pansements d'un jeune patient. « Mon Dieu, c'est magnifique. Je peux voir ! » Le malade a reçu par transplantation les cornées des yeux de Gilmore, ces mêmes yeux qui avaient plongé leur regard dans la gueule noire des canons des fusils du peloton d'exécution.

Depuis 1960, aux États-Unis, il n'y a eu que trois exécutions par fusillade, toutes dans l'Utah avec Gary Gilmore en 1977, John Albert Taylor en 1996 et Ronnie Lee Gardner en 2010, ce qui peut sembler étrange car l'État a banni cette méthode en 2004. Mais la loi n'est pas rétroactive et trois autres condamnés à mort devraient être passés par les armes dans les années qui viennent. L'Idaho a renoncé en 2009, ce qui fait qu'il ne reste plus que l'Oklahoma pour des détenus qui en font le choix. En mars 2015, l'Utah a rétabli le peloton d'exécution, au cas où les produits nécessaires à l'injection létale ne seraient plus disponibles.

Alors qu'Austin Cox va être fusillé dans l'Utah, le 19 juin 1944, il ne dit mot, mais pousse à plusieurs reprises du coude le shérif John Watson qui est à ses côtés en train de lire son arrêt de mort. Au moment où le peloton d'exécution se prépare à viser, il leur tire la langue.

Lors de la révolte de 1768 en Louisiane, lorsque les colons refusent que ce territoire français passe sous la coupe de l'Espagne, Jean-Baptiste Noyan est condamné à être pendu avec quatre autres camarades, mais il n'y a pas de bourreau. Le 25 octobre 1769, il est conduit, menotté, jusqu'à la Place d'Armes de La Nouvelle-Orléans où le gouverneur lui offre la vie sauve, ce que Noyan refuse. Ses ultimes paroles sont : « J'ai combattu avec mes camarades ! Avec eux, je meurs ! »

En 1879, Wallace Wilkerson écope de la sentence suprême pour avoir tué un homme, après une dispute lors d'une partie de cartes. Âgé de quarante-cinq ans, il refuse d'être attaché et d'avoir les yeux bandés. Il tient un cigare à la main, en ce 16 mai 1879 : « Je vous donne ma parole. Je vais mourir comme un homme, en regardant mes exécuteurs droits dans les yeux. » Mais la fusillade se passe mal, car aucune des balles ne touche un organe vital. Wilkerson s'écrie : « Oh mon Dieu ! Oh mon Dieu ! Ils m'ont manqué. » Il reste allongé plus d'une vingtaine de minutes avant de décéder. Un journaliste local publie un éditorial où il fustige l'exécution et il conclut par un « La guillotine française, elle, ne rate jamais son coup. »

Ray Gardner a violé et assassiné Shirley Jean Gretzinger, dix-sept ans, qui répond à une annonce pour du babysitting. Il implore à plusieurs reprises le pardon qui lui est refusé. Le 29 septembre 1951, il est fusillé dans un couloir de la nouvelle prison d'État de l'Utah dont la construction n'est pas encore achevée. « Je suis prêt à partir. Personne ne me regrettera. Ma vie a été inutile. »

Le 14 septembre 1894, Enoch Davis est fusillé pour l'assassinat de son épouse. Il refuse toute aide religieuse car il affirme être athée. Il demande à ce que le peloton d'exécution de l'Utah se présente face à lui, et qu'il ne soit pas caché par une toile de tente, mais cette requête est rejetée. « Les gars, on me dit que vous souhaitez assister à la mort d'un homme ? C'est bien ainsi que je vais mourir. Je vais périr comme un homme car je suis un homme parmi les hommes, et je ne veux pas mourir comme un Indien. J'ai faim et soif, je ne veux pas partir le ventre vide… Quoi, pas de café chaud ? Alors, donnez-moi un whisky chaud. De toute façon, je préfère ça. »

James Rodgers est le trente-septième condamné à mort à être fusillé dans l'Utah le 30 mars 1960. Il a tué un collègue de travail dans une mine d'uranium. Lorsqu'on lui demande s'il a une ultime requête, Rodgers rétorque : « Eh bien, oui, un gilet pare-balles ! »

Condamné pour avoir violé et étranglé une fillette âgée de onze ans, John Albert Taylor fait face au peloton d'exécution de l'Utah, le 26 janvier 1996 : « Je voudrais dire ces quelques mots pour ma famille et mes amis, tirés de ce poème : « Souvenez-vous de moi, mais laissez-moi partir. »

« VA TE FAIRE FOUTRE ! »

Personne ne sait ce que représente le fait d'être électrocuté, pendu, fusillé ou gazé, et c'est cette peur de l'inconnu et de la douleur qui prévaut lorsqu'on est confronté au problème de la mise à mort de meurtriers. Notre civilisation moderne exige une méthode rapide et la plus indolore possible, or ces pratiques ne présentent aucune garantie à ce sujet.

L'injection létale, en revanche, est perçue de manière différente, car elle s'assimile à l'expérience que tout un chacun peut connaître lors d'une anesthésie à l'hôpital. Une piqûre qui entraîne la perte de conscience. Ce type d'exécution s'effectue en deux étapes, une injection qui fait perdre conscience, puis l'administration de drogues fatales. Elle est proposée pour la première fois en 1888 par un médecin new-yorkais, le Dr Julius Mount Bleyer, dans un article « Best Method of Executing Criminals » qui est publié dans le *Medico-Legal Journal*. Il pointe du doigt les

« défauts » de la décapitation, de la pendaison et de l'électrocution. À son avis, elle est plus sûre et beaucoup moins coûteuse. Sa proposition n'est pas retenue et il faudra attendre quatre-vingt-neuf ans, avec ce qui est connu sous le nom de « Protocole de Chapman ». Jay Chapman, qui est le médecin légiste de l'État d'Oklahoma, préconise, « une perfusion saline intraveineuse injectée dans le bras du détenu, dans laquelle on introduit une injection létale composée d'un barbiturique à l'action ultrarapide, suivie d'un paralysant chimique ». Une fois que cette procédure est validée par l'anesthésiste Stanley Deutsch, ancien directeur de l'école de médecine de l'Université d'Oklahoma, le révérend Bill Wiseman la fait voter par les législateurs de l'État. Le 29 août 1977, c'est au tour du Texas d'adopter cette méthode, et la première exécution du Lone Star State se déroule le 7 décembre 1982, à l'occasion de la mise à mort de Charles Brooks Jr.

Si les drogues sont administrées avec un timing précis et un dosage correct entre chacune des différentes injections, le détenu perd connaissance dans les dix à quinze secondes, avant de décéder au bout de deux à quatre minutes. Un séquentiel trop rapide provoque une coagulation des substances qui altère leurs effets. L'administration préliminaire d'un antihistaminique permet de combattre l'accès de toux et le crachotement causés par l'absorption de tels produits. L'administration pénitentiaire des États concernés se voit maintenant confrontée à un problème majeur : qui va se charger d'effectuer cette tâche ? Il faut une certaine expertise pour localiser la veine dans l'angle du coude du condamné – et non pas un muscle qui retarderait la perte de connaissance et entraînerait une douleur intense. Il semble évident que le personnel médical est le plus à même de mener à bien une telle opération, mais l'American Medical Association interdit formellement à ses membres de participer à cette mise à mort. Par contre, ils sont autorisés à constater le décès des prisonniers après leur exécution. En conséquence, il convient de former des « opérateurs », ce qui est encore compliqué par le fait que la plupart des condamnés sont des toxicomanes aux veines abîmées, trop petites, ou atteints de phlébites.

Autre problème lié à l'action manuelle des « opérateurs » et de leur matériel. Si l'une des aiguilles d'une seringue vient à se bloquer, le timing très précis est bouleversé et entraîne un ratage complet de l'exécution. En 1985, un *self-made-man*, Fred Leuchter, invente un système automatique, contrôlé par ordinateur, qu'il vend à l'État du New Jersey pour la somme de 30 000 dollars ; cette machine aux huit seringues est également utilisée par le Missouri et le Delaware. Il est aussi connu pour ses thèses négationnistes sur l'Holocauste puisqu'il apporte son soutien aux délires d'Ernst Zündel et de Robert Faurisson sur les chambres à gaz. Les boutons qui contrôlent les seringues sont dupliqués afin que les « opérateurs » ignorent lequel d'entre eux a déclenché l'injection létale.

Le détenu est emmené attaché par des courroies sur un chariot-brancard jusqu'à la salle d'exécution, où les « opérateurs » sont installés dans une pièce attenante. On insère une canule dans chaque bras. Une seule est nécessaire, la seconde sert de recours en cas de problème. Les canules sont stérilisées et les bras sont tamponnés avec de l'alcool. Pourquoi me direz-vous prendre de telles précautions, si le détenu doit être exécuté ? Il arrive que l'exécution soit reportée à la dernière minute, comme ce fut le cas pour James Autry en octobre 1983, avant d'effectuer un second passage, fatal, celui-là, le 14 mars 1984. Le personnel de la prison doit aussi être protégé. Les canules connectées, le goutte-à-goutte intraveineux de solution saline est enclenché. Il faut aussi s'assurer qu'elles ne sont pas bloquées.

Dans la plupart des États, il y a trois injections. La première est du sodium thiopental, fabriqué par le laboratoire américain Hospira qui en a arrêté la commercialisation. D'où la nécessité pour l'administration pénitentiaire américaine de se procurer ce produit auprès de laboratoires européens, avant que l'Union européenne ne décide d'en interdire l'exportation. On utilise également le Pentobarbital, connu sous la marque de Nembutal, quand il est manufacturé par le laboratoire danois Lundbeck qui en a prohibé la vente aux Department of Corrections aux États-Unis. Cet anesthésiant, fortement concentré, fait perdre connaissance en moins de trente secondes. Un quasi-arrêt du système respiratoire est un autre effet de ce produit. Vient ensuite du bromure Pancunorium, connu sous la marque Pavulon, un relaxant musculaire qui entraîne une paralysie rapide et complète des différents organes respiratoires, tels que le diaphragme. Le décès survient par asphyxie. Du chlorure de potassium entraîne l'arrêt des fonctions cardiaques.

Un technicien formé à ces techniques se charge d'insérer les canules, puis de les relier aux tuyaux qui débouchent dans la salle voisine où un « opérateur » prépare les différents mélanges pour les trois seringues qui sont dupliquées. Un moniteur est branché pour observer le rythme cardiaque du prisonnier. Le rideau ou volet qui cache ces différentes manipulations est ensuite ouvert afin que les témoins assistent à l'exécution. À ce stade, le condamné est autorisé à prononcer ses ultimes paroles grâce à un micro que l'on suspend au-dessus de son visage. Le directeur de la prison fait ensuite signe aux deux exécuteurs d'enclencher manuellement ou par voie mécanique le processus d'exécution. D'habitude, le décès s'effectue en moins de sept minutes, sauf en cas de ratés, comme c'est le cas pour Christopher Newton, le 24 mai 2007, à Lucasville, dans l'Ohio. Le détenu pèse cent-vingt kilos et ses veines sont impossibles à localiser. Il faut dix tentatives et deux heures pour le mettre à mort. Entre-temps, Newton est même autorisé à se rendre aux toilettes. Un problème identique survient le 2 mai 2006 pour Joseph Lewis Clark, dans ce même établissement. Il faut quatre-vingt-dix minutes pour l'exécuter.

Le 8 décembre 2009, afin de simplifier la procédure, l'Ohio décide de se servir que d'un unique produit, le sodium thiopental, pour exécuter Kenneth Biros. Huit autres États ont depuis choisi de suivre l'Ohio. Le 10 septembre 2010, c'est l'État de Washington qui emboîte le pas avec la mise à mort de Cal Coburn Brown. En 2013, cette injection intraveineuse est complétée par deux piqûres intramusculaires de dix milligrammes de Midazolam et de quarante milligrammes d'hydromorphone, au cas où l'administration de sodium thiopental deviendrait problématique. Ce nouveau procédé à trois injections est utilisé pour la première fois à « Florida State Prison », le 15 octobre 2013. L'arrêt de la commercialisation du sodium thiopental par le laboratoire Hospira, le seul fabricant américain du produit, suite aux controverses et au boycott à l'exportation de l'Union européenne, ont retardé un certain nombre d'exécutions. Afin de subvenir à leurs besoins, plusieurs États ont recours au Pentobarbital qui est généralement utilisé pour l'euthanasie des animaux. La première exécution avec ce nouveau produit se déroule en Oklahoma avec John David Duty, le 16 décembre 2010.

Afro-américain, originaire d'une famille aisée du Texas, Charlie Brooks est un loser et un toxicomane de trente-trois ans, qui préfère se shooter à l'héroïne et planifier des coups foireux avec son copain Woodie Loudres plutôt que de travailler. Déjà condamné à deux peines de prison, Brooks se rend, en 1976, chez un vendeur de voitures de Fort Worth. David Gregory leur propose un tour pour essayer un véhicule. Il finit une balle dans la tête à l'intérieur d'une chambre de motel. Lorsque Loudres et Brooks sont arrêtés, aucun des deux ne veut dire qui a tiré le coup fatal. Ils sont jugés dans des procès séparés et condamnés à la peine de mort. Un vice de procédure lors de la sélection du jury fait que la condamnation de Loudres est annulée. Il choisit de plaider coupable et il obtient une condamnation à quarante années de prison.

Le 6 décembre 1982, Charlie Brooks voit son ultime espoir s'envoler lorsque la Cour suprême rejette son appel. Le Texas Department of Corrections décide de précipiter les choses et fixe la date de l'exécution au lendemain. Il est le premier homme noir à être exécuté depuis quinze ans. Le Dr Ralph Gray lui rend visite pour examiner ses bras : « Il a plein de bonnes veines. » Il est transféré dans une cellule qui se situe à quelques mètres de la salle d'exécution, là même où trois-cent-soixante-et-un condamnés ont péri sur la chaise électrique et qui a été remplacée par un chariot. Brooks mange son dernier repas, un steak frites, avec un *peach cobbler* comme boisson. Il est presque minuit lorsque les gardiens emmènent Brooks jusqu'à la salle, où il grimpe sur le brancard. Six courroies le maintiennent en place. Sur l'un de ses bras, on peut lire le tatouage suivant : « I Was Born to Die. » (« Je suis né pour mourir » N.D.A).

Une fois les canules insérées et fixées aux deux tubes, l'exécution est prête à démarrer. Le directeur Jack Pursley ouvre le rideau et Brooks peut apercevoir les témoins, parmi lesquels figurent sa fiancée, une infirmière de Fort Worth, qui a correspondu avec lui depuis qu'il se trouve dans le couloir de la mort. « Souhaitez-vous prononcer quelques mots ? » « Oui, je t'aime », dit-il en fixant sa dulcinée droit dans les yeux. « Je suis témoin qu'il n'y a qu'un seul Dieu, et c'est Allah. Car je vous dis en vérité que nous appartenons à Allah et que je retourne vers lui. Sois forte. » Il est 00 h 09. « Nous sommes prêts. » L'exécuteur attendait ce signal. L'une après l'autre, les trois seringues sont actionnées. Brooks bouge la tête, comme s'il allait dire non, puis il bâille, avant de perdre connaissance. Son bras bouge de haut en bas, son poing se serre, et il fait entendre deux sifflements en respirant. L'un des médecins place son stéthoscope sur la chemise ouverte : « Encore deux à trois minutes. » À 00 h 16, il annonce : « Cet homme est mort. » Le lendemain, la cour d'appel indique qu'un homme ne peut pas être exécuté si le jury ne peut pas décider qui de lui ou de son complice a commis l'assassinat. Ce qui est le cas pour Charlie Brooks et Woodie Loudres. À vingt-quatre heures près, le condamné aurait pu avoir la vie sauve.

Le 20 octobre 1980, James David Autry, vingt-six ans, ne se doute pas encore qu'il va, lui aussi, à la fois entrer dans l'histoire et dans la salle d'injection létale du Texas, en tant que second condamné à être exécuté. Dès son enfance, son destin semble scellé et le mener tout droit vers la peine capitale. Enfant battu, il est né au sein d'une famille d'alcooliques. Avant l'âge de dix ans, il torture des animaux et se fait prendre pour des vols à l'étalage. Adolescent, il commet des braquages. Il est envoyé à trois reprises en maisons de redressement et condamné deux fois à des peines de prison.

Ce jour fatidique d'octobre 1980, à Port Arthur, James David Autry a passé toute la journée avec un ami homosexuel à boire et à se droguer. La nuit venue, il se rend dans une boutique Sak-N-Pak pour prendre un six pack qu'il pose sur le comptoir. Mère de cinq enfants, la caissière Shirley Drouet, quarante-trois ans, lui annonce : « Cela fait 2,70 dollars » « Gardez la monnaie », réplique Autry qui lui tire une balle entre les yeux avec son calibre 38, avant de quitter le magasin avec sa bière. En chemin vers son véhicule, il croise deux hommes. Il ne se pose pas de questions et leur tire dessus. Joe Broussard, un ancien prêtre catholique de quarante-trois ans, décède sur place, tandis qu'Anthanasios Svarhas survit à ses blessures, mais en garde des séquelles irréversibles au cerveau.

Une fois arrêté, James Autry énonce une part de vérité, lors de son interrogatoire, en affirmant : « Je ne connais pas cette Shirley Drouet. » Il nie toute participation aux crimes. La justice texane lui offre la possibilité de plaider coupable en échange de quarante années d'incarcération, mais il refuse. Autry espère que son ami va lui fournir un alibi pour cette soirée du 20 octobre. C'est tout le contraire qui se produit. Ce dernier accepte de témoigner à charge contre Autry, afin d'écoper d'une peine de sept ans de réclusion. Condamné à la peine capitale, il passe son temps, bourré de tranquillisants, dans le couloir de la mort à Huntsville, à regarder la télévision et à lire des westerns. On le surnomme d'ailleurs le « Cowboy », ce qui n'est guère étonnant vu son nom qui est identique à celui du célèbre acteur de westerns de série B, le cowboy chantant Gene Autry.

En 1983, lorsque son ultime recours échoue, Autry envoie toutes ses possessions à sa mère. Il déclare préférer être exécuté que passer vingt ans derrière les barreaux. Par contre, il déteste l'idée de l'injection létale, « ce n'est pas viril ». Il souhaite être décapité ou pendu. Le 5 octobre 1983, il passe son ultime journée à écouter de la country et à échanger au téléphone avec sa mère et son plus jeune frère qui est en prison dans le Colorado. Vers 21 heures, on lui sert un hamburger avec des frites. A 23 heures, il franchit les dix marches qui le séparent de la salle d'exécution.

Pendant ce temps, à Washington, Byron White, le juge de la Cour suprême, est dans l'attente d'un ultime recours qui pourrait lui être adressé avant l'exécution qui est prévue à 00 h 01. L'avocat du condamné est présent dans le bâtiment, ainsi qu'un représentant des Libertés Civiques Américaines, une organisation opposée à la peine de mort.

23 h 10. Un recours est présenté au juge White.

23 h 30. Byron White décide que les arguments méritent un examen plus approfondi. Une ordonnance de suspension est adressée au directeur de la prison de Huntsville.

23 h 37. Le directeur de la prison Jack Pursley reçoit l'information.

23 h 39. Il en informe James Autry qui est attaché sur le chariot, les canules fixées à ses bras, avec la solution qui commence à couler dans ses veines.

Tout le processus est interrompu sur-le-champ. Jamais dans l'histoire contemporaine de la peine capitale, un sursis a été prononcé si peu de temps avant l'exécution. Autry est reconduit dans sa cellule, sans dire un mot.

En mars 1984, James Autry apprend qu'une nouvelle date pour sa mise à mort est fixée pour le 14 mars. Il tente une ultime manœuvre et demande officiellement à l'État du Texas que son exécution soit retransmise en direct à la télévision : « Tant que ça passe pas à la télé, les gens n'y croient pas. C'est pas réel pour eux. » Mais son vœu est rejeté par le Texas Board of Corrections. Le matin du jour fatidique, il rencontre un prêtre qui l'a connu depuis son adolescence : « Dis-leur à tous que je suis cool et que je vais mourir comme un homme. » Il reçoit aussi la visite d'une correspondante amoureuse de Dallas. Ils pleurent ensemble et il lui dit, « Shirley, je veux vivre. » Le « Cowboy » l'invite à assister à son exécution.

Une fois ficelé sur le chariot, Autry la cherche des yeux. Alors que le sodium thiopental commence à envahir ses veines, Shirley s'écrie : « Je t'aime. Je t'aime tellement. » Il lui sourit faiblement en retour, ses lèvres semblent vouloir former des mots. Le processus prend beaucoup de temps à agir. « Laisse-toi faire. Ne te bats pas. » Dans le silence de la salle, la respiration sifflante du prisonnier est le seul bruit. « Je t'aime, bébé. Je suis là... pour toi. » Il finit par lui répondre : « Je t'aime aussi. » Ses yeux se referment, avant de s'ouvrir à nouveau. « Tu as mal ? » « Mon bras... c'est atroce ! » Son poing gauche qui est serré s'ouvre. Un tremblement de tout son corps le secoue une dernière fois. Il s'affaisse pour ne plus bouger. Il est 00 h 36 en ce 14 mars 1984. Il lui a fallu dix minutes pour mourir.

Accusé d'au moins trois braquages à main armée, Henry Porter abat l'officier de police Henry Mailloux, à Fort Worth, au Texas. Il est exécuté par injection létale, à Huntsville, le 9 juillet 1985 : « Je tiens à remercier le père Walsh pour son aide spirituelle. Ainsi que Bob Ray Sanders et Steve Blow pour leur amitié. Je veux que tout le monde sache que je ne suis pas ce tueur de sang-froid décrit par les journalistes, j'ai bien tué un homme, mais il avait tiré le premier. La seule raison de ma condamnation est que je suis Mexicain et qu'il était un officier de police. Tout le monde a exigé ma mort, et ils l'auront cette nuit. Personne n'a jamais exigé la peine capitale pour ce flic qui a tué un gosse menotté de treize ans sur la banquette arrière d'un véhicule de patrouille. Les gens n'ont pas hurlé à la mort pour ce policier de Houston qui a battu José Campo Torres, avant de balancer son cadavre dans la rivière. Vous appelez ça de la justice. La vie d'un Mexicain ne vaut rien. C'est ça, la justice américaine. Quand un officier tue quelqu'un, il est suspendu ou mis à l'épreuve. Lorsqu'un Mexicain abat un flic, voilà ce qui vous arrive. Et vous m'appelez un meurtrier de sang-froid. Je n'ai attaché personne à un brancard. Je ne pompe pas du poison dans les veines, à l'abri d'une porte close. C'est votre définition du mot justice. Vous et votre société, vous n'êtes qu'une bande d'assassins. Je ne le dis pas sous l'emprise de la colère ou par amertume, je dis simplement la vérité. J'espère que Dieu me pardonnera pour mes péchés. Et j'espère que Dieu sera aussi miséricordieux envers la société qu'il l'a été pour moi. Je suis prêt, monsieur le directeur. »

Après un vol à main armée, Charles William Bass tire sur deux policiers et il en tue un, lors d'un contrôle routier. Exécuté par l'État du Texas, le 12 avril 1986, il affirme : « Je mérite cette peine. Dites à tout le monde que je leur dis adieu. »

Jerome Butler a trente-sept ans lorsqu'il assassine A.C. Johnson en 1973. Condamné à trente ans d'incarcération, il est libéré sous conditions en 1984. Le 17 juin 1986, il tire trois balles dans la tête du chauffeur de taxi Nathan Oakley, à Houston. Oakley a témoigné contre Butler lors de son premier procès pour meurtre. Il est condamné à la peine capitale le 26 novembre 1986 et il ne passe qu'un peu plus de trois ans dans le couloir de la mort, car il renonce à toutes les procédures d'appel, afin d'être exécuté au plus vite. Jerome Butler a passé plus de la moitié de sa vie derrière les barreaux pour des vols, des agressions, des cambriolages et des viols depuis sa première condamnation à la prison de Sing Sing en 1959. Il pénètre le 21 avril 1990 dans la salle d'exécution de la prison de Huntsville, au Texas, pour y prononcer ces ultimes paroles : « Je souhaite à tout le monde une chouette vie. Tout est okay. » Il reçoit l'injection létale à 00 h 15 et est déclaré mort onze minutes plus tard.

G.W. Green et son complice, Joseph Starvaggi, cambriolent le domicile de John Denson, un officier de probation au Texas, afin de lui voler sa collection d'armes à feu. Denson refuse de se laisser faire et Starvaggi l'abat. Green demande à son ami de tuer le reste de la famille. Spectateur désabusé de sa propre exécution à Huntsville, le 12 novembre 1991, G.W. Green se contente d'un laconique : « Allez, on y va, mon gars. Boucle tout et pompe. La vie est vraiment une sacrée merde. »

Johnny Frank Garrett est âgé de dix-sept ans lorsqu'il est accusé du viol et du meurtre de sœur Tadea Benz, dans un couvent d'Amarillo, le 31 octobre 1981. Dès son plus jeune âge, Garrett est régulièrement abusé par son beau-père. Quand il a dix ans, il est initié à toutes sortes de drogues au sein de la famille, telles que les amphétamines ou le diluant de peinture. On le bat et il est même gravement blessé sur le brûleur d'une cuisinière. À quatorze ans, on l'oblige à pratiquer des actes sexuels extrêmes et à jouer dans des films X gays. Depuis lors, il souffre de sérieux problèmes mentaux, mais l'État du Texas le condamne malgré tout à la peine capitale, le 15 décembre 1982. Il est exécuté à la prison de Huntsville, le 11 février 1992, où il prononce ces dernières paroles : « Je voudrais remercier ma famille pour son amour et son soutien. Et le reste du monde peut me baiser le cul, car je suis innocent. » Son cas a fait l'objet d'un documentaire en 2008, *The Last Word*, qui soutient la thèse de l'innocence de Johnny Garrett en émettant l'hypothèse de la culpabilité d'un serial killer de femmes âgées qui était alors en activité à cette époque à Amarillo.

Pour ne pas payer son plein d'essence, Robyn Leroy Parks abat le caissier d'une station-service, sans se rendre compte que son ticket de carte bancaire a déjà été imprimé. Dans les années 1970, il multiplie les vols à main armée et les condamnations. Il est condamné à la peine capitale pour l'assassinat d'Abdullah Ibrahim, en 1978. Dès l'injection dans la salle d'exécution de l'Oklahoma, le 10 mars 1992, Parks met près de onze minutes pour mourir, en donnant le sentiment d'étouffer et de souffrir. Il a d'ailleurs fallu lui administrer une seconde injection après qu'il s'est écrié : « Je suis toujours éveillé. »

Doté d'un quotient intellectuel très faible, 68, Robert Sawyer et un complice battent une jeune baby-sitter, la violent, avant de lui verser de l'eau bouillante sur le corps et de la brûler vive. Il est le premier détenu à être exécuté par injection létale en Louisiane : « Je voudrais dire aux jeunes qui liront ça que boire et avoir de mauvaises connaissances parmi vos amis vous mèneront tout droit à l'endroit où je suis en ce moment. »

Né le 14 janvier 1947, Markham Duff-Smith fait assassiner sa richissime mère adoptive à River Oaks, le 15 octobre 1975. Il est aussi responsable de l'élimination de quatre autres membres de sa famille entre 1971 et 1975, dont un bébé âgé de quatorze mois. Tous ces meurtres sont commis à des fins d'héritage pour financer les excès d'un train de vie qu'il perdra lorsqu'on lui coupera les vivres. Condamné à la peine capitale le 20 octobre 1981, il est exécuté à la prison de Huntsville, au Texas, le 29 juin 1993, où il prononce ces ultimes paroles : « Je suis le plus misérable de tous les misérables parmi les pires pécheurs. Je suis responsable des affaires de 75 et 79. Mon procès n'a pas été juste. Il a été malhonnête. Ils ont menti contre moi. Je vous aime tous dans le couloir de la mort, et je vous tendrai toujours la main. Ceux qui ont toujours été à mes côtés, je vous aimerai toujours. Jim et Rudy Peterson et l'aumônier Lopez, je vous remercie pour votre soutien. »

À vingt-deux ans, Carl Eugene Kelly est en libération conditionnelle lorsqu'il tue, avec son complice Thomas Graves, deux employés d'un magasin 7-Eleven, à Waco, dans le Texas, le 2 septembre 1980. Leur butin se monte à trente dollars. Une fois arrêtés, Graves plaide coupable et écope de la perpétuité. Kelly avoue aussi, mais il refuse l'offre de la justice du Texas. Il est condamné à la peine capitale et passe douze années dans le couloir de la mort. Le 20 août 1993, il pénètre dans la salle d'exécution à Huntsville pour prononcer ces dernières paroles : « Je suis un guerrier Africain, né pour respirer et pour mourir. » Lorsque l'injection démarre, il ajoute : « Je sens le poison pénétrer dans mes veines. »

Avec trois autres complices, Richard James Wilkerson, qui est âgé de dix-neuf ans, tue à l'arme blanche une jeune femme et trois autres employés du Malibu Grand Prix Race Track Amusement Center de Houston, le 1er juillet 1983. Wilkerson venait d'être renvoyé de cette attraction foraine, où il travaillait encore deux semaines auparavant. Condamné à la peine capitale le 17 janvier 1984, il est exécuté le 31 août 1993 à la prison de Huntsville, au Texas, où il prononce ces ultimes paroles : « Je veux juste vous dire que je ne hais personne. Ce que j'ai fait est mal. J'espère juste que tout le monde est satisfait de ce qui va se passer maintenant. » Un autre complice, Kenneth Ray Ransom, est exécuté en 1997.

Surnommé « The Killer Clown » car il aime se déguiser en Pogo le clown pour distraire les enfants malades dans des hôpitaux, l'entrepreneur en bâtiment John Wayne Gacy est un tueur en série homosexuel qui assassine et démembre trente-trois adolescents dans la banlieue de Chicago entre 1972 et 1978. Arrêté le 21 décembre 1978, il est condamné le 13 mars 1980 à la peine capitale. Pendant les quatorze années passées dans le couloir de la mort, Gacy s'adonne à sa passion, la peinture à l'huile. Ses thèmes favoris sont des autoportraits où il est déguisé en Pogo le clown et des variations autour de personnages de Walt Disney, tels que Blanche-Neige et les sept nains ou Bambi. Le soir du 9 mai 1994, il avale une douzaine de crevettes frites, un seau de la recette originale de poulet frit de KFC avec des frites et un demi kilo de fraises. Le 10 mai, il est exécuté par injection létale à l'âge de cinquante-et-un ans, au Menard Correctional Center dans l'Illinois, peu après minuit. Avant son exécution, John Wayne Gacy discute au téléphone avec de nombreuses personnes, dont un journaliste de *Knight-Tribune* : « On a écrit onze ouvrages grand format à mon sujet, trente et un livres de poche, deux scénarii, un film, une pièce à Broadway, cinq chansons, et plus de cinq mille articles. Qu'est-ce que je peux vous dire d'autre ? Mais je n'en tire aucune gloire personnelle de toute cette merde. » Dans la salle d'exécution, ses dernières paroles sont : « Va te faire foutre ! » (« Kiss my ass ! » qui se traduit littéralement par « Embrasse mon cul ! »). Il est déclaré mort dix-huit minutes après le début du processus.

À trente-trois ans, Thomas Grasso étrangle Hilda Johnson, quatre-vingt-sept ans, avec une guirlande de son arbre de Noël, le 24 décembre 1990, à Tulsa, dans l'Oklahoma. Son butin : 12 dollars et un téléviseur. Quelques mois plus tard, il s'installe à New York avec son épouse. Il récidive en assassinant Leslie Holtz, quatre-vingt-un ans, le 4 juillet 1991, pour lui dérober son chèque de sécurité sociale. Arrêté deux semaines plus tard, Grasso plaide coupable et il écope d'une réclusion criminelle à perpétuité, le 21 avril 1992, dans l'État de New York.

Mais l'Oklahoma et son gouverneur républicain George Pataki ne l'entendent pas de cette oreille, contrairement à son collègue new-yorkais, Mario Cuomo, qui est un farouche opposant à la peine capitale. Pataki obtient l'extradition de Grasso qui est escorté jusqu'à la prison de Tulsa, le 11 janvier 1995. Condamné à mort, il est exécuté le 20 mars 1995. Il écrit un courrier ce jour-là : « Mario Cuomo a rèson [*sic*]. Une condamnation à perpétuité sans possibilité de libération conditionnelle est bien pire que la peine de mort. Tous les jurés devraient s'en souvenir. Attica et Oklahoma State Penitentiary sont l'enfer sur terre. Je donne ma vie car c'est le plus précieux geste de remords que je puisse faire. J'espère que tout le monde en tirera une leçon afin qu'un tel acte ne puisse plus se répéter. Les mots se brisent sous un tel fardeau. Adieu. »

Attaché sur le chariot, Grasso se plaint une dernière fois : « Dites bien aux médias que je n'ai pas eu mes SpaghettiOs ; j'ai eu des spaghettis. Je veux que la presse le sache. »

SpaghettiOs est un produit de la marque Campbell, connue pour ses soupes. Il s'en vend environ cent-cinquante millions de boîtes tous les ans. Les pâtes sont de forme circulaire avec de la sauce tomate et du fromage. Pour son dernier repas, Thomas Grasso a demandé cette marque et on lui a servi une boîte de spaghettis aux boulettes de viande à la place. Par ailleurs, il a commandé deux douzaines de *clams* et deux douzaines de moules cuites à la vapeur avec du citron, un double cheeseburger de chez Burger King, des travers de porc, un gâteau à la citrouille avec de la crème Chantilly, ainsi que des fraises.

Né en 1931, Richard Wayne Snell est un membre du CSA (The Covenant, the Sword and the Arm of the Lord), un groupe extrémiste qui prône la suprématie de la race blanche. Il est fondé en 1971 à Elijah, dans l'Arkansas, par James Ellison, un polygame. Snell est persuadé que l'aéroport privé de Mena, dans le même État, sert de couverture à la CIA pour importer de la drogue aux États-Unis. De la même manière, il pense que Bill Clinton, alors gouverneur de l'Arkansas, fait partie de ce complot.

En 1985, la plupart des membres du CSA sont morts dans des actions violentes ou sous les verrous. Le 30 juin 1984, Snell tue, par erreur, le propriétaire d'une boutique de prêts sur gages qu'il croit être un juif. Dans sa fuite, il abat aussi Louis P. Bryant, un officier de police noir, près de Texakarna, dans l'Arkansas. Un routier est témoin de la scène et suit son véhicule jusqu'en Oklahoma, où il prévient les autorités. Un barrage est établi et Snell est blessé dans la fusillade qui s'ensuit. Condamné à la peine capitale, il n'exprime aucun regret lors de son procès et il cite même le dignitaire nazi Rudolf Hess. Le 19 avril 1995, jour de son exécution, coïncide avec l'attentat d'un immeuble fédéral à Oklahoma City perpétré par Timothy McVeigh. Snell assiste à l'événement en riant dans sa cellule. Il avait lui-même planifié de faire sauter cet édifice douze ans auparavant, et Timothy McVeigh connaissait Richard Snell. Pour certains enquêteurs, McVeigh aurait agi pour venger l'exécution de Richard Snell. Ses ultimes paroles sont : « Gouverneur Tucker, vous feriez bien de regarder derrière votre épaule. La justice arrive… Pour rien au monde, j'échangerai ma place contre la vôtre ou celles de vos sbires contre la mienne. L'Enfer crie victoire. Je suis en paix. »

À Dallas, John Fearance fait deux ans de prison en 1972, pour viol et divers cambriolages. En 1975, il est à nouveau incarcéré pour des vols. Le 23 décembre 1977, il rentre chez lui après une journée de travail dans un garage. Il se dispute violemment avec son épouse qui lui a cuisiné un plat de viande qu'il n'aime pas du tout. Fou de rage, il part cambrioler deux maisons dans le voisinage et il poignarde à dix-neuf reprises Larry Faircloth. Il est arrêté trois heures après les faits. Condamné à la peine capitale, il proteste car il estime souffrir de crises psychotiques et de schizophrénie. Le 20 juin 1995, après dix-sept années passées dans le couloir de la mort du Texas, John W. Fearance Jr déclare : « Je suis prêt à mourir. Je n'ai aucune animosité envers qui que ce soit. J'ai commis une erreur il y a dix-huit ans… J'ai perdu le contrôle de mon cerveau, mais je n'avais pas l'intention de faire du mal à quiconque. Je n'ai aucune haine envers l'humanité. J'espère qu'Il me pardonnera mes péchés. Je ne le voulais pas. Je suis prêt à partir à la rencontre de mon Créateur. » Lorsque le poison coule dans ses veines, Fearance a un ultime sursaut. « Grâce soit rendue à Marie ! »

Donna Lynn Vetter est une secrétaire de vingt-et-un ans qui travaille pour le FBI, à San Antonio. Le 4 septembre 1986, elle est violée, battue à mort et sodomisée *post mortem*. Les empreintes du meurtrier sont repérées sur un tapis et correspondent à celles de Karl Hammond, vingt-deux ans, qui est en libération conditionnelle depuis un an pour des cambriolages et une agression sexuelle. Il apparaît menotté et avec un bâillon devant le juge du comté de Bexar en mars 1986, à cause de ses crises de rage. La nuit qui précède sa condamnation, le 30 mars, il parvient à s'évader, à cause d'une porte laissée ouverte. Une chasse à l'homme d'une ampleur inédite s'ensuit sur tout le territoire du Texas et il est repris le lendemain soir à San Antonio. Dans la foulée, il écope de la peine capitale.

Adolescent, Karl Hammond a beaucoup souffert d'hallucinations auditives et visuelles qui lui valent un suivi psychiatrique. Enfant, il a vu son frère assassiner leur père. Mais ces circonstances ne sont pas prises en compte lors des différents appels et il est exécuté le 22 juin 1995, après avoir mangé un double cheeseburger avec des frites, un chocolat au lait et une part de gâteau. Ses ultimes paroles sont adressées à la famille de sa victime qui est présente : « Je veux juste dire que je sais combien c'est difficile pour quelqu'un de perdre une personne qui est tant aimée. Je crois qu'il vaut mieux que je ne dise rien. » Lorsque l'injection débute, il ajoute : « Faites en sorte que je ne souffre pas. Priez pour moi. » Après l'exécution, Virginia Vetter, la mère de Donna affirme : « C'est trop rapide. Il aurait dû souffrir beaucoup plus après ce qu'il a fait à Donna qui, elle, est morte dans d'atroces souffrances. »

Le 17 octobre 1979, Sylvester Adams, vingt-trois ans, souffrant d'un retard mental et sujet à de brusques et imprévisibles crises de rage, cambriole la maison de son voisin. Dans la maison réside Bryan Chambers, seize ans, lui aussi souffrant d'un handicap mental. Adams ne trouve pas d'argent et emmène l'adolescent dans les bois pour l'étrangler. Défendu par un avocat qui oublie d'indiquer l'état mental et psychotique de son client, Adams se voit condamné à la peine capitale par la Caroline du Sud.

Sylvester Adams passe quinze ans dans le couloir de la mort, où il est le premier détenu de Caroline du Sud à recevoir l'injection létale le 18 août 1995. Une nouvelle loi lui a donné la possibilité de choisir entre cette méthode et la chaise électrique. Il chante ses dernières paroles : « Je suis l'homme le plus heureux du monde. Je n'ai pas peur de mourir. Je ne suis pas fou. Jésus, ton bébé rentre à la maison. Je t'aime. Je t'aime, Seigneur. Je ne suis pas fou. » Par la suite, l'une des jurés, qui apprend la condition mentale de Sylvester Adams, déclare qu'elle n'aurait pas voté en faveur de la peine de mort, si elle avait eu connaissance de son état. La seule inversion de ce vote aurait évité l'exécution du condamné.

À dix-neuf ans, Lem Davis Tuggle Jr viole et étrangle Shirley Brickley, dix-sept ans, en 1971, meurtre pour lequel il écope d'une peine de vingt ans de réclusion. Libéré en 1982, il viole et abat Jessie Geneva Havens, cinquante-deux ans, quatre mois plus tard, dans le Comté de Smyth, en Virginie. Le 2 juin 1983, il est arrêté pour le braquage d'une station-service. On retrouve sur lui l'arme qui a servi à assassiner Jessie Havens, dont il avoue le crime. Confondu par des tests balistiques et l'empreinte dentaire retrouvée sur la poitrine de la victime, Lem Tuggle est condamné à la peine capitale par l'État de Virginie.

Le 31 mai 1984, Tuggle et cinq autres condamnés à mort, incarcérés au Mecklenburg Correctional Center de Boydton, en Virginie, s'emparent de treize otages. Ils ont fabriqué des couteaux, à partir de manches de cuillères, et prétendent détenir une bombe. Ils réussissent leur évasion, mais ils sont tous repris. Tuggle est le dernier à se faire prendre dans le Vermont. Tous sont exécutés avant Tuggle qui décède le 12 décembre 1996. Lorsqu'on lui insère les canules, l'exécuteur sélectionne une autre veine pour ne pas abîmer le tatouage « Born to Die ». Lem Tuggle se contente d'un laconique « Joyeux Noël » pour son ultime déclaration.

Charlie Livingston est accusé à l'âge de vingt-et-un ans d'avoir tué Janet Caldwell, une mère de famille blanche de deux enfants, le 10 août 1983. Afin de lui voler son sac à main, Livingston se cache sous le van de Janet Caldwell. Dans la lutte qui s'ensuit sur ce parking de Houston, à 20 heures, il lui tire deux balles dans la gorge. Arrêté quelques minutes plus tard, il avoue, avant de se rétracter. Ses aveux et son procès sont marqués par de nombreuses irrégularités qui laissent planer un doute quant à sa culpabilité. Auparavant, Livingston a tenté d'assassiner son ex-petite amie et son nouveau compagnon, ce qui lui a valu dix années de probation, sans incarcération.

Le 21 novembre 1997, il est exécuté dans la prison de Huntsville, après avoir passé treize ans dans le couloir de la mort. Lorsqu'on lui demande s'il désire prononcer quelques mots, Charlie Livingston réplique sèchement : « Vous m'avez emmené ici pour être exécuté, pas pour entendre un discours. Voilà. »

Première femme à être exécutée par le Texas depuis la guerre civile américaine, Karla Faye Tucker devient le centre d'attention des médias du monde entier. Cette prostituée est âgée de vingt-trois ans lorsqu'elle participe, à Houston, au cambriolage de l'appartement de Jerry Lynn Dean et de sa petite amie Deborah Thornton, le 13 juin 1983, après une nuit à boire et à se droguer. Tucker assassine Dean de vingt-huit coups de hache. Plus tard, elle indique à ses amis avoir joui à chacun des coups de hache. Arrêtée avec son complice Daniel Ryan Garrett, une semaine plus tard, Tucker, que l'on surnomme la « Pickax Killer », est condamnée à la peine capitale, le 19 avril 1984. Garrett écope, lui aussi, de la même peine, mais il décède d'un cancer du foie en juin 1993. Dans le couloir de la mort du Texas, Karla Faye Tucker se régénère dans le christianisme.

Malgré d'innombrables appels à la clémence, elle est exécutée, le 3 février 1998. Karla Faye Tucker se tourne vers le directeur Baggett : « Oui monsieur, j'aimerais dire à vous tous, la famille Thornton et celle de Jerry Dean que je suis vraiment désolée. J'espère que Dieu vous apportera la paix. Bébé, je t'aime. Ron, embrasse fort Peggy de ma part. Tout le monde a été si bon pour moi. Je vous aime tous énormément. À présent, je vais me retrouver face à Jésus. Directeur Baggett, dites merci à tout le monde. Vous avez été si bon pour moi. Je vous aime tous beaucoup. Je vous reverrai tous quand vous viendrez me rejoindre. Je vous attendrai. »

Le 12 avril 1981, James Ronald Meanes et Sandoval Santana braquent un fourgon blindé de Purolator Armored Inc. dont ils tuent le conducteur, Oliver Flores, alors que le véhicule est à l'arrêt devant un magasin de Houston. Ils dérobent douze sacs pour un montant de plus d'un million de dollars, mais ils se font arrêter dans des sous-bois, moins d'une heure plus tard. Tous les deux écopent de la peine capitale et Santana est exécuté en 1993.

Meanes passe sept années supplémentaires dans le couloir de la mort du Texas, car un juge a égaré son dossier, après le rejet d'un appel en 1988. Chose incroyable, les autorités « oublient » alors de l'exécuter ! Finalement, il est retrouvé et le condamné est le vingtième détenu à recevoir l'injection létale à Huntsville en 1998. Le 15 décembre, le technicien médical n'arrive pas à trouver les veines des bras de Meanes, à cause de son passé de toxicomane. Les canules sont insérées dans le côté gauche de son cou et dans sa main droite. Il met huit minutes à décéder. Ses ultimes paroles sont : « À l'image de l'océan qui retourne toujours vers lui-même, l'amour en fait de même. Il en est ainsi pour la conscience, qui revient toujours vers elle-même. Et je le fais avec de l'amour sur mes lèvres. Que Dieu bénisse toute l'humanité. »

À Paris, Texas, le 20 janvier 1988, Tyrone Leroy Fuller, vingt-quatre ans, et ses deux complices, John Earl McGrew et Kenneth Wayne Harmon, décident de cambrioler l'appartement d'Andrea Lea Luke, vingt-six ans. Ils pensent que les lieux sont vides, mais Andrea dort dans sa chambre, après sa nuit de service comme infirmière dans un hôpital voisin. Elle est battue à coups de câble électrique, torturée et violée, avant de recevoir quarante-quatre coups de couteau. Agonisante, elle réussit à quitter son domicile en rampant pour décéder devant la pelouse d'un voisin.

Une fois sous les verrous, McGrew et Harmon acceptent de plaider coupable et d'être des témoins à charge dans le procès de Tyrone Fuller qui admet sa participation au cambriolage, mais qui déclare qu'il fouillait l'appartement à la recherche d'objets à voler pendant que ses complices restent enfermés une heure dans la chambre de la victime. Il n'aurait rien su du meurtre et du viol d'Andrea Luke. Fuller connaît des problèmes avec la loi dès l'âge de seize ans. Il multiplie les condamnations à partir de 1981 et se fait surnommer « Evil ». Il ne se rend jamais à ses rendez-vous avec ses officiers de probation. En prison, il tente de s'évader et plusieurs fouilles de sa cellule permettent de trouver des armes improvisées, avant sa libération conditionnelle en 1986. Par la suite, il travaille un an comme plongeur, mais il est renvoyé pour avoir commis des vols chez son employeur. Plusieurs évaluations psychiatriques montrent que c'est un psychopathe à la forte personnalité antisociale.

Tyrone Leroy Fuller est le premier suspect au Texas à être condamné sur la foi d'expertises génétiques. C'est son ADN qui est prélevé sur le corps d'Andrea, à partir de fluides séminaux et de cheveux. L'ADN exclut aussi ses deux complices pour le viol de la jeune infirmière. Lorsque le directeur de Huntsville lui demande s'il souhaite s'exprimer, Fuller acquiesce : « Oui, à ma famille, je vous aime. S'il vous plaît ne pleurez pas ma mort ni ma vie. Continuez à vivre comme je le souhaite que vous le fassiez. Je n'ai aucune amertume envers qui que ce soit. Souvenez-vous juste de la lumière. Je vais laisser cette lumière briller. Qu'elle brille. Que la lumière illumine les ténèbres. »

William Prince Davis a vingt-et-un ans lorsqu'il abat Richard Lang, un marchand de glaces de la Red Wing Ice Cream Company, à Dallas, au Texas, le 2 juin 1978. Il s'enfuit avec le contenu de la caisse, 712 dollars. Il est arrêté six jours plus tard et il avoue un grand nombre de braquages. Cet Afro-américain commence sa carrière criminelle dès l'âge de dix ans. Depuis qu'il a douze ans, William Davis n'est resté en liberté qu'un an et demi jusqu'à son exécution, le 14 septembre 1999. Ses ultimes paroles sont un hommage à l'équipe de football américain de sa ville natale, les Dallas Cowboys : « Oh, je voudrais juste dire un mot de la fin. Qu'en est-il de ces Cowboys ? »

Il n'est pas le seul à rendre hommage à cette équipe puisque Earl Behringer, exécuté le 11 juin 1997, remercie aussi les Cowboys pour « m'avoir donné beaucoup de plaisir ces dernières années. »

Condamnée pour avoir tué ses deux enfants, Justin Thomas, cinq ans, et Shelby Alexis, deux ans, Christina Marie Riggs, renonce à toutes ses procédures d'appels. Lors de son procès devant la cour de l'Arkansas, elle exige la peine capitale : « Je crois à ce type de punition, même si je suis à présent dans le couloir de la mort. En ce qui me concerne, je suis heureuse d'avoir ce choix. » Le 2 mai 2000, elle entre dans la salle d'exécution en prononçant ces ultimes paroles : « Il n'existe pas de mots pour exprimer ce que je ressens après avoir tué mes bébés. À présent, je peux être avec eux, comme je l'ai toujours souhaité. Je vous aime mes bébés. »

Le 30 août 1986, à Dallas, Brian Keith Roberson, un Afro-américain de vingt-trois ans, assassine à coups de couteau ses proches voisins, James Louis Boots, soixante-dix-huit ans, et son épouse, Lillian Wallace Boots, soixante-quinze ans. Il en profite pour voler des bijoux. Ses empreintes sont découvertes sur place et il est arrêté dès le lendemain. Son casier judiciaire est déjà très fourni avec des cambriolages, des actes de pyromanie, des agressions sexuelles et de la détention de stupéfiants. Il admet les crimes : « J'étais sous influence, j'avais bu toute la nuit et pris du PCP. Je me souviens qu'une certaine forme de violence s'est emparée de moi. » En 1974, le père de Brian Keith Roberson est assassiné par un drogué qui est libéré au bout de six années de détention.

Bruce, le frère jumeau du condamné, est incarcéré pour avoir menacé le président George Bush qui était alors le gouverneur du Texas. Les derniers mots de Brian Roberson, le 9 août 2000, sont : « Comme j'ai déjà dit, tout ce que j'avais à dire à ceux que j'aime, je ne vais pas répéter à vous autres, à cet instant. Vous savez tous que je vous aime et où nous en sommes, ici. Je vous reverrai tous plus tard. Voici ma déclaration. À vous tous, les racistes blancs d'Amérique qui haïssez les blacks et à tous les noirs des États-Unis qui se détestent. Pour reprendre les mots de mon frère légendaire, Nat Turner : « Embrassez donc mon cul de nègre. » Bon, on y va. » Il est déclaré décédé à 18 h 17, cinq minutes après l'injection de la dose mortelle.

Née en 1959, Wanda Jean Allen est une Afro-américaine née dans une famille de huit enfants, dont le père quitte le domicile, après la naissance du dernier enfant. La mère, alcoolique, survit grâce à des aides et à des ménages. À l'âge de douze ans, Wanda est heurtée à la tête par un camion qui la renverse et, deux ou trois ans plus tard, elle reçoit un coup de couteau à la tempe gauche. Son quotient intellectuel est évalué à 69. Elle quitte l'école à l'âge de dix-sept ans. Le 29 juin 1981, elle tue d'un coup de feu sa compagne Debra Pettus, après une dispute. Elle affirme avoir agi en légitime défense, mais les constatations balistiques infirment ses déclarations. Elle accepte de plaider coupable et écope d'une peine de quatre années de réclusion.

Derrière les barreaux, Wanda noue une relation avec Gloria Jean Leathers avec qui elle vit une relation turbulente après leur libération. Le 2 décembre 1988, les deux femmes se disputent dans un magasin d'alimentation. Leathers, vingt-neuf ans, prend ses affaires et s'apprête à porter plainte dans un commissariat d'Oklahoma City, lorsque Wanda lui tire une balle dans l'abdomen. Elle décède cinq jours plus tard. La meurtrière écope de la peine capitale et passe douze années dans le couloir de la mort.

Le 11 janvier 2001, vingt-quatre membres des familles de Gloria Leathers et de Debra Pettus se rendent à l'Oklahoma State Penitentiary, à McAlester, pour assister à la mise à mort de Wanda Jean Allen. Elle prononce ces ultimes paroles : « Mon Père, pardonnez-leur, ils ne savent pas ce qu'ils font. » Elle adresse ensuite un sourire à ses conseillers spirituels et à son avocat, avant de tirer la langue aux autres spectateurs. Sur le brancard, elle danse pendant qu'on lui injecte le poison. Elle est déclarée morte à 21 h 21.

Âgé de quarante-cinq ans, Dennis Thurl Dowthitt, amène son fils Delton, seize ans, jusqu'au bowling de Conroe, dans le Texas, où ils retrouvent Gracie et Tiffany Purnhagen, respectivement seize et neuf ans. Gracie est la petite amie de Delton. Le père propose de les raccompagner à leur domicile. En chemin, Dennis achète un six pack et propose de boire les bières dans un endroit à l'écart. Le fils et sa copine partent s'isoler dans les bois pour s'embrasser. Plus tard, Tiffany, qui a l'air terrorisée, rejoint sa sœur aînée pour lui dire que Dennis lui « fait peur ». Elle chuchote à l'oreille de son aînée. Le père arrive quelques instants plus tard, un couteau à la main. « J'ai fait une connerie. Il faut maintenant qu'on se débarrasse d'elles. » Delton lui répond par la négative, mais Dennis fait chuter Gracie sur le sol et lui tranche la gorge. Il ordonne ensuite à son fils de « le faire. » Obéissant, Delton étrangle Tiffany, avant de lui passer une corde au cou. Dennis Dowthitt s'empare alors d'une bouteille de bière pour violer Gracie. Il propose à son fils de « participer », mais celui-ci refuse. Le père tranche à nouveau la gorge de Gracie et il demande à Delton de faire pareil avec Tiffany, ce qu'il rejette à nouveau.

Plus tard dans la soirée, deux témoins aperçoivent Dowthitt dont la chemise est couverte de sang. Le lendemain, il téléphone à plusieurs reprises à sa fille Darla pour lui demander pardon « pour ce qu'il a fait ». Le 16 juin 1990, Dennis, Delton et plusieurs membres de la famille partent en Louisiane rendre visite à la tante de Dowthitt. Les cadavres des deux victimes sont découverts le jour même, et le médecin légiste indique que Gracie était encore vivante lorsqu'elle a été violée avec une bouteille de bière. Le 17 juin, Dowthitt parle en privé à sa tante pour lui dire : « Je l'ai fait, et j'ai demandé à Delton de le faire aussi. » Mais il refuse de donner plus de précisions.

Delton est arrêté et il avoue tout d'abord les deux assassinats, avant de reconnaître que son père l'a obligé à reconnaître les crimes. En tant que mineur, il pense que sa peine serait moins sévère. Il accepte de plaider coupable pour le meurtre de Tiffany et de témoigner à charge, en échange d'une condamnation à quarante-cinq années de réclusion. Lors du procès de Dowthitt, ses deux filles Donna et Darla témoignent qu'elles ont été abusées par leur père à l'âge de cinq et quinze ans. Darla ajoute qu'elle a été régulièrement violée dès l'âge de onze ans, à l'aide d'une bouteille et d'un manche à balai. Il lui proposait, entre autres, de lui acheter une voiture si elle lui « dégotte » une petite amie mineure. Le 9 octobre 1992, Dennis Dowthitt écope de la peine capitale. Le 7 mars 2001, à la prison de Huntsville, il demande une douzaine d'œufs frits, une miche de pain, des frites, une vinaigrette et trois cartons de lait. Alors qu'il fait preuve d'arrogance et de mépris vis-à-vis des proches de ses victimes, c'est finalement un Dennis pleurnichard et repentant qui s'exprime au moment de l'exécution : « Je suis sincèrement désolé pour tout ce que vous avez enduré. Je ne peux pas imaginer ce que c'est de perdre deux enfants. Si j'étais à vot' place, j'aurais fait justice en me tuant. C'est certain, vous savez ? Je suis terriblement désolé de tout ça. Je dois partir, sœurette. Je t'aime. Prenez tous soin de vous et que Dieu vous bénisse. Gracie était superbe et Tiffany aussi. Vous aviez des filles magnifiques et je suis désolé. Je ne sais pas quoi dire. Okay, directeur, on y va. » Il est déclaré mort à 18 h 18, six minutes après le début de l'injection létale.

Né le 3 octobre 1961, Jeffrey Carlton Doughie est un toxicomane qui a besoin de quatre-cents dollars tous les jours pour acheter ses doses. Il finance ses besoins par la revente d'objets et de bijoux volés lors de cambriolages. Un temps, il travaille pour un couple d'antiquaires de Corpus Christi, au Texas, Jerry et Sylvia Dean, respectivement âgés de quatre-vingt et soixante-seize ans, et qui sont mariés depuis cinquante ans. Le 2 août 1993, le couple refuse de prêter trente dollars à Doughie. Il revient peu de temps après pour les battre à mort à coups de barre de fer. Le 22 août, il étrangle Marie Lozano, soixante-quinze ans, pour la dépouiller. Il est arrêté quatre jours plus tard et condamné à la peine capitale le 10 juin 1994. Le 16 août 2001, Jeffrey Doughie pénètre dans la salle d'exécution de la prison de Huntsville, au Texas. Il prononce les paroles suivantes : « Ces neuf dernières années, j'ai eu le temps de réfléchir à la question de la peine de mort, qu'elle soit juste ou non, et je n'ai pas de réponse. Mais je ne pense pas que le monde soit plus sûr sans ma présence. Si vous aviez voulu me châtier, il aurait fallu le faire dès le lendemain, et pas après toutes ces années. Mais vous ne me faites aucun mal à présent. J'ai eu le temps de me préparer, de dire adieu à ma famille, de mettre de l'ordre dans mon existence. Cela a commencé par une injection et cela va aussi s'achever de la même manière pour moi. Carl, tu es été un ami fidèle, mon pote. Je vais te suivre de là-haut. De retour chez toi, dis à ta fille que je l'aime. Raconte-lui que je suis venu ici comme un homme et que j'en repartirai aussi comme un homme. Cela a été chouette, mec. Merci, Shorty. Je t'apprécie. Je suis venu au monde comme un homme et je le quitterai pareil ; je serai à tes côtés. Je serai avec toi à chaque fois que tu prendras une douche. Si tu chiales en partant d'ici, tu ne me rendras pas justice. Si vous ne lisez pas la paix dans mes yeux, c'est que vous ne savez pas regarder. C'est moi que vous verrez en premier lorsque ce sera votre tour pour ce voyage. Voilà. Je suis prêt, directeur. » Lorsque l'injection démarre, il ajoute, « Cela brûle. » Il est déclaré mort à 18 h 22.

Le 15 juillet 1995, Johnny Joe Martinez a vingt ans lorsqu'il vole quelques marchandises dans un 7-Eleven de Corpus Christi, au Texas. Il dépose son butin dans son véhicule puis, au bout de vingt minutes, retourne dans le magasin pour poignarder à huit reprises au cou l'employé de nuit, Clay Peterson, qui a le même âge que lui. Il empoche les vingt-cinq dollars et soixante-cinq cents du tiroir-caisse et se rend dans un motel proche pour se dénoncer auprès de la police. Ce soir-là, il a beaucoup fumé de l'herbe et consommé de l'alcool. Condamné à la peine capitale, le 28 janvier 1994, Martinez trouve une alliée inattendue avec Lana Norris, la mère de la victime, qui rend visite au Texas Board of Pardons and Paroles pour plaider la cause du meurtrier de son fils : « Je vous en prie, faites en sorte qu'une autre maman ne perde pas un nouvel enfant, à cause d'un assassinat légal. » Mais la justice du Texas ne l'entend pas de cette oreille, et Johnny Joe Martinez est exécuté le 22 mai, après avoir refusé de manger un dernier repas. Sa déclaration finale est la suivante : « Je suis prêt à mourir, mais pas pour mes propres erreurs. Les avocats de mon procès, ce sont eux qui m'assassinent. Je meurs à cause des erreurs de mes avocats. [Il s'adresse ensuite à Lana Norris, la mère de sa victime, qui n'assiste pas à l'exécution.] Je tiens à vous remercier. Cela a beaucoup compté pour moi. Dites à ma mère que je l'aime aussi. Je ne l'ai pas appelée car je n'ai pas pu. Je vais bien. Je suis heureux. On se revoit de l'autre côté. » Il est déclaré mort à 18 h 30.

À dix-sept ans, Napoleon Beazley semble avoir un avenir radieux. Issu d'une bonne famille de la classe moyenne, cet Afro-américain obtient d'excellentes notes pendant ses études et c'est un athlète de haut niveau évoluant au sein de l'équipe de football américain de Grapevine, Texas. Mais il possède aussi un côté obscur. La nuit tombée, il est un dealer de crack. Il se confie à des amis et leur déclare qu'un jour, il aimerait bien tuer quelqu'un pour voir quelle impression cela produit. Le matin du 19 avril 1994, il prévient qu'il roulera bientôt en Mercedes. Le soir même, il circule dans les rues de Tyler, dans la banlieue de Dallas, quand il aperçoit John Luttig, en train de se garer devant son domicile. L'homme de soixante-trois ans se fait tirer dessus, ainsi que son épouse qui en réchappe. John est achevé à bout portant. Dénoncé parce qu'il s'est confié à des amis, Beazley est condamné à la peine capitale, le 21 mars 1995. Il est le dix-neuvième mineur (au moment de son crime) à être exécuté aux États-Unis depuis 1976, et le onzième, rien que pour l'État du Texas. Napoleon refuse son ultime repas. Sa dernière déclaration est très longue : « L'acte que j'ai commis est non seulement haineux, mais dénué de sens. Mais la personne responsable de ce crime n'existe plus – moi, je le suis. Je ne vais pas me débattre pendant mon exécution. Je ne vais pas crier, insulter ou proférer des menaces. Je ne suis pas seulement bouleversé, mais aussi attristé par ce qui va se dérouler ce soir. Je ne suis pas uniquement peiné, mais déçu par un système qui est supposé protéger et servir d'exemple, à l'image de l'erreur monstrueuse et honteuse que j'ai pu moi-même commettre. Je suis désolé d'être ici. Je suis désolé que vous soyez tous ici. Je suis désolé que John Luttig soit mort. Et je suis désolé que quelque chose en moi soit la cause principale de cette tragédie. Ce soir, nous envoyons un message au monde entier pour leur dire qu'il n'y a pas de seconde chance aux yeux de la justice... Ce soir, nous disons à nos enfants qu'en quelque sorte, le meurtre est justifié. Ce conflit nous touche tous. Il n'y a pas de bons ou de mauvais. Les gens qui sont en accord avec ce processus estiment que justice est faite. Les personnes qui pensent que je dois vivre pensent que c'est la justice. Il y a un conflit d'idéaux, chacun pense détenir la vérité. Mais qui a tort si, au final, nous sommes tous des victimes ? Du fond de mon cœur, je dois croire qu'il existe un compromis. Cela m'est égal s'il n'y en a pas pour moi, du moment qu'il en existera un pour ceux qui prendront ma place. Il y a beaucoup d'hommes qui croupissent dans le couloir de la mort – certains sont des hommes bons – et qui sont tombés dans le même piège émotionnel, et qui n'ont pas réussi à le surmonter, comme moi, j'ai réussi à le faire. Donnez à ces hommes le moyen d'y parvenir. Donnez-leur une seconde chance de se racheter de leurs péchés. Beaucoup d'entre eux désirent réparer le mal qu'ils ont causé, mais ils ne savent pas comment.

Le problème n'est pas que personne ne veut les aider, mais c'est le système qui leur dit peu importe, après tout. Personne ne pourra fermer la page. Personne n'en sortira vainqueur. »

Napoleon Beazley reçoit l'injection létale à la prison de Huntsville, le 28 mai 2002. Il est déclaré mort à 18 h 17.

Henry Earl Dunn et ses deux complices, Donald Aldrich et David Ray McMillan, forment le « CB Gang » qui s'est fait une spécialité de persécuter et de voler des homosexuels à Tyler, Texas, dans le parc de Bergfeld, lieu de rendez-vous privilégié de la communauté gay. Le 30 novembre 1993, le trio kidnappe Nicholus West, vingt-trois ans pour l'emmener dans les sous-bois de Clay Hill. Dunn l'oblige à se déshabiller, leur victime défèque de peur dans son caleçon, et ils le frappent à coups de crosse, le font chuter au sol, lui donnent des coups de pied, avant de lui tirer dessus. Les coups de feu sont destinés à torturer West, mais sans le tuer. D'abord dans les mains, ensuite dans l'abdomen. C'est Dunn qui tire à quatre reprises pour l'achever. Âgé de dix-neuf ans, il est condamné à la peine capitale, le 11 octobre 1995. Le 6 février 2003, Henry Earl Dunn mange un cheeseburger avec double ration de fromage, des frites, une laitue, des pickles, un oignon coupé en rondelles, du ketchup, vingt-cinq crevettes frites, quatre bouteilles de jus d'ananas, deux banana splits, avec une bouteille de sirop Hershey's et un pot de confiture de pommes. Attaché au chariot de la salle d'exécution de Huntsville, il prononce ces ultimes paroles : « À ma famille et mes amis... qui ont toujours été présents pour moi et qui ont fait tout ce qui était en leur pouvoir pour m'aider et être à mes côtés, je vous aime de tout mon cœur, et vous serez toujours dans mon cœur. Continuez votre combat contre la peine de mort, car c'est uniquement un moyen de se venger, et cela ne décourage en rien de commettre un crime. Il est temps qu'un moratoire soit prononcé dans l'État du Texas. » Henry Earl Dunn est déclaré mort à 18 h 13.

Condamné à plusieurs reprises pour des cambriolages, David Ray Harris, né en 1960, fait un an de prison à Fort Leavenworth en novembre 1978, puis six ans en Californie en avril 1980. Libéré en conditionnelle, il abat Mark Mays, trente ans, qui tente de l'empêcher de kidnapper sa petite amie Roxanne Lockard, à Beaumont, Texas, le 1er septembre 1985. Il est arrêté quatre jours plus tard pour conduite en état d'ivresse et condamné à la peine capitale le 30 avril 1986. Harris devient célèbre à cause d'un extraordinaire documentaire oscarisé, *Le Dossier Adams* (*The Thin Blue Line*), réalisé en 1988 par Errol Morris avec une envoûtante bande sonore de Philip Glass. Il s'agit très certainement du plus beau film jamais tourné sur une affaire criminelle. Randall Dale Adams a été condamné à la peine de mort pour l'assassinat d'un officier de police à Dallas en 1976 sur la foi d'un faux témoignage de David Ray Harris, qui veut se faire mousser auprès de ses codétenus. Randall Adams est innocenté grâce aux éléments découverts par le réalisateur Errol Morris qui indique que David Harris est le « vrai » coupable, crime pour lequel il n'est jamais jugé.

Le 30 juin 2004, Harris avale son dernier repas composé d'un double bacon burger avec du fromage, de la laitue, des oignons, de la mayonnaise, une tomate, des rondelles d'oignons frits, des frites, un sandwiche au bœuf frit avec du coleslaw, deux parts de gâteau au café, du thé au citron, de la limonade et un carton de lait. Pour son ultime déclaration, David Ray Harris reprend les termes employés par Todd Beamer lors du vol 93 d'United Airlines qui se sacrifie avec d'autres passagers, le 11 septembre 2001. On l'entend au téléphone déclarer : « Okay, les gars, êtes-vous prêts, les gars ? Allons-y ! » Lorsque le directeur de la prison de Huntsville demande au condamné s'il souhaite s'exprimer, Harris répond : « Oui, monsieur, en hommage à un vrai héros américain : « Allons-y ! Seigneur Jésus, reçois mon âme. » Il est déclaré mort à 18 h 48, onze minutes après le début de l'injection létale.

Fan de heavy metal et du groupe Metallica, Troy Kunkle, qui est âgé de dix-neuf ans, se rend en voiture de Corpus Christi à San Antonio avec trois de ses amis, le 12 août 1984. Ils décident de trouver quelqu'un pour le voler. Le hasard veut que ce soit Stephen Horton, vingt-et-un ans. Ils obtiennent son portefeuille qui contient treize dollars. Kunkle décide de tuer le jeune homme : « On va te faire sauter la cervelle. » Lors du voyage retour, il chante en boucle les paroles de la chanson *No Remorse* de son groupe favori : « Un autre jour, une autre peine, un autre souffle... » Les médias le surnomment le « No Remorse Killer. » Il est condamné à la peine capitale le 20 mars 1985 et il passe dix-neuf années dans le couloir de la mort. Pour son ultime repas du 25 janvier 2005, Troy Albert Kunkle commande du poulet frit, un hamburger avec du fromage et des oignons, des frites, du chou-fleur, des beignets à la cannelle, une tarte aux pommes et du lait. Ses dernières paroles s'adressent à la famille de sa victime dont plusieurs proches sont présents : « Je voudrais vous demander de me pardonner. J'ai fait une erreur et je suis désolé de ce que j'ai fait. Tout ce que je peux vous demander, c'est de me pardonner. Je vous aime et je vous retrouverai tous au Ciel. Je vous aime beaucoup. Gloire à Jésus. Je vous aime. Notre Père qui es aux Cieux, que ton règne arrive. Donne-nous notre pain quotidien et pardonne-nous nos péchés. Et ne nous conduits pas vers la tentation, mais délivre nous du mal. Amen. » Il est déclaré mort à 20 h 12.

Né en 1962, Douglas Roberts commence à prendre de la cocaïne dès l'âge de dix ans. Le 18 mai 1996, il vole le véhicule d'une jeune femme devant un supermarché de San Antonio en la menaçant d'un couteau. Il craint d'être repéré et il kidnappe Jerry Velez, quarante ans, qui s'apprête à se garer devant son immeuble, afin de changer de voiture. Quand Roberts demande de lui donner sa chemise, Velez se débat et reçoit sept coups de couteau. En prenant la fuite, son agresseur lui roule dessus. Quelques minutes plus tard, il se dénonce auprès des autorités.

Condamné à la peine capitale le 22 janvier 1997, Roberts renonce à tous ses recours possibles, car il ne veut pas passer le reste de son existence « enfermé 23 heures sur 24 dans une boîte de ciment ». Le 20 avril 2005, il commande un repas gargantuesque avec des poitrines de poulet frites, deux sandwiches au bacon, à la laitue et à la tomate, trois enchiladas au bœuf haché, deux côtes de porc grillées, six épis de maïs, quatre œufs au plat, douze olives vertes au ketchup italien, des haricots beurrés avec du chou, des brocolis au fromage, des beignets d'oignons, des frites, de la laitue, du fromage, des oignons et des jalapenos. Invité à s'exprimer, Douglas Alan Roberts acquiesce : « Monsieur le directeur, okay. Cela fait trop longtemps que je suis emmuré dans ce cube glacial. Avant de partir, je veux tout vous dire. Quand je serai mort, enterrez-moi bien profond, installez deux enceintes à mes pieds, mettez-moi un casque sur les oreilles, et balancez-moi du rock'n'roll quand je serai mort. Je vous verrai au Ciel un de ces quatre. C'est tout, directeur. » Il est déclaré mort à 18 h 21.

Surnommé « Iceman », Kevin Aaron Conner a vingt-deux ans lorsqu'il assassine trois amis à coups de couteau et avec un fusil à canon scié, après une nuit très alcoolisée, le 26 janvier 1988, dans l'Indiana. Condamné à la peine capitale, il tue un codétenu le 27 octobre 2002 lors d'une promenade dans la cour de la prison. Conner passe dix-huit ans dans le couloir de la mort, bien qu'il exige de renoncer à toutes ses procédures d'appel. Il écrit même au gouverneur de l'Indiana, afin de préciser son point de vue : « Tuer une personne est beaucoup plus honnête et humain que de lui imposer cette répression au nom de la justice dans notre système pénal. » Son ultime repas provient d'une commande à la chaîne de fast-food Dairy Queen avec quatre chili dogs, des beignets d'oignons, un banana split, le tout arrosé d'un Oreo-Cookie Blizzard Ice-Cream. On lui accorde exceptionnellement le droit de fumer deux cigares. Kevin Aaron Conner demande à ses amis de vendre des T-shirts souvenirs en son honneur avec, pour illustration, un bloc de glace et un couteau. Ses dernières paroles sont : « Tout le monde doit mourir un jour, alors... allons-y pour ce meurtre. » Il est exécuté par injection létale le 27 juillet 2005, dans l'Indiana State Prison et déclaré mort à 00 h 31.

Herman Dale Ashworth est âgé de vingt-trois ans lorsqu'il passe la soirée du 10 septembre 1996 dans un bar de Columbus, dans l'Ohio. Il lie connaissance avec Daniel Baker qui lui aurait fait des avances. Un peu plus tard, il bat à mort son compagnon de boisson et revient pour l'achever à coups de planche, quelques heures plus tard. Entre-temps, Ashworth a volé quarante dollars dans le portefeuille de sa victime pour s'offrir plusieurs tournées. Il renonce à toutes procédures d'appel et ne demande pas la clémence. Il ne mange pas avant son exécution par injection létale le 27 septembre 2005. Les dernières paroles de Herman Dale Ashworth sont : « Une vie pour une vie, allons-y et justice sera faite. » Il est déclaré mort à 10 h 19.

Après avoir épousé Lisa Huff en décembre 1991 et une séparation conflictuelle neuf mois plus tard, James Filiaggi commence à harceler et à menacer son ancienne compagne. Le 24 janvier 1994, il se rend à son domicile de Lorain, où il défonce la porte pour l'abattre de quatre balles. Il va ensuite chez son ex beau-père où il commet une tentative de meurtre. Lors de son procès, il est condamné à la peine capitale et il affirme n'avoir jamais voulu l'assassiner : « En fait, je voulais décorer le mur de sa maison avec ma cervelle. Avec la dépression, vous n'arrivez pas à réfléchir. »
Le 24 avril 2007, James Filiaggi est exécuté au Southern Ohio Correctional Facility, à Lucasville, dans l'Ohio. Pour son dernier repas, il commande un steak, une pomme de terre au four, des *pirogies* au fromage, du pain, des légumes frais, un cheesecake aux fraises et du lait. Son ultime déclaration est la suivante : « Quand les Browns [l'équipe de football américain de Cleveland] seront au Super Bowl, ces cinq prochaines années, vous saurez que ma magie, là-haut, aura eu son effet. Je sais que j'ai bouleversé l'existence de certains. Pour moi, tout va bien, mais cet État doit savoir que la peine de mort, ce n'est pas la bonne réponse. Ceci n'empêchera jamais de commettre un crime. Certains sont faussement accusés et condamnés. Il faut que l'État se réveille. Peut-être suivra-t-on l'exemple des Européens. Dieu est le seul à détenir la vérité. » James Filiaggi est déclaré mort à 11 h 23.

Le 1er septembre 1986, Dawn McCreery, vingt ans, et Wendy Offredo, vingt-et-un ans, viennent de terminer leur service comme serveuses, lorsqu'une pierre jetée d'un pont détruit leur pare-brise. C'est Clint Dickens, dix-sept ans, qui en est le responsable. Avec son ami Richard Wade Cooey, ils proposent leur aide aux deux jeunes filles qui sont emmenées dans un bois du comté de Summit, dans l'Ohio, pour y être violées et torturées pendant trois heures, avant d'être battues et étranglées avec des lacets de chaussures. Dickens écope de la réclusion criminelle à perpétuité et Cooey de la peine capitale.

Âgé de quarante-et-un ans, Richard Wade Cooey, est exécuté le 14 octobre 2008, au Southern Ohio Correctional Facility, à Lucasville. Il a passé vingt-deux années dans le couloir de la mort. Pour son ultime repas, il mange un T-Bone steak avec de la sauce A1, des frites et des beignets d'oignons, quatre œufs au plat, un gâteau de pommes de terre râpées, un toast beurré, des pâtisseries, de la glace Rocky Road et du Mountain Dew. Lorsqu'on lui demande s'il souhaite s'exprimer, Cooey répond : « Pour quoi faire ? Bande de salopards, ça fait plus de vingt-deux ans que vous ne faites pas attention à ce que j'ai pu dire, et pourquoi quelqu'un y ferait gaffe maintenant ? » Il est déclaré mort à 10 h 28, neuf minutes après le début de l'injection létale.

Steven Michael Woods Jr, né en 1980, assassine le couple Ronald Whitehead et Bethena Brosz à coups de couteau et par arme à feu, le 2 mai 2001, avec l'aide de son complice Marcus Rhodes. Il avait eu connaissance d'un autre meurtre commis par Woods, deux ans plus tôt, en Californie. Il est condamné à la peine capitale le 27 août 2002, tandis que Rhodes écope de la réclusion criminelle à perpétuité grâce à son témoignage à charge.

Pour son dernier repas, le 13 septembre 2011, Woods commande une grande pizza avec du bacon, de la saucisse, des pepperoni, un hamburger au bacon, du poulet frit, du pain à l'ail, du Mountain Dew, du Pepsi, du thé sucré, de la *root beer* (une boisson gazeuse à base d'extraits végétaux) et de la glace, avant de prononcer ces ultimes paroles : « Vous n'allez pas assister à une exécution, mais à un assassinat. Je suis attaché ici pour quelque chose que Marcus Rhodes a fait. Je n'ai jamais tué personne, jamais. Je t'aime, maman, je t'aime. C'est mal. Toute cette histoire est une monstrueuse erreur. Je n'arrive pas à croire que Marcus Rhodes va s'en tirer. La justice m'a abandonné. Quelqu'un a merdé grave. Je t'aime, maman. Bon, directeur, si vous devez tuer quelqu'un, allons-y. Appuyez sur la détente. Je le sens… Je sens que ça vient. Adieu. » Il est déclaré mort à 18 h 22.

Kimberly McCarthy, née le 11 mai 1961, est une ancienne thérapeute et aide-soignante qui embrasse une vie criminelle afin d'assouvir son addiction au crack. Entre décembre 1988 et le 21 juillet 1997, elle commet des escroqueries et de nombreux cambriolages, à Lancaster et dans la région de Dallas. Elle assassine trois personnes âgées, ce qui lui vaut d'écoper de la peine capitale, le 7 décembre 1998. Le 26 juin 2013, Kimberly McCarthy prononce son ultime déclaration : « Ceci n'est pas une défaite. C'est une victoire. Vous connaissez ma destination. Je rentre à la maison pour être avec Jésus. Gardez la foi. Je vous aime tous... Dieu est grand. » Elle est déclarée morte à 18 h 37, vingt minutes après le début de l'injection létale. Elle est la cinq-centième personne à être exécutée par l'État du Texas depuis 1982, date de la réinstauration de la peine de mort.

Lisa Ann Coleman, une lesbienne afro-américaine de trente-huit ans, a été condamnée à la peine capitale pour avoir battu, maltraité et affamé Davontae Williams, neuf ans, le fils de sa compagne. Lorsqu'il est retrouvé mort, le 26 juillet 2004, Davontae présente plus de deux-cent-cinquante cicatrices sur le corps. Le 17 septembre 2014, Coleman pénètre à 18 h 02 dans la salle d'exécution de Huntsville, au Texas, où elle prononce les paroles suivantes : « Je suis prête, je sais où je vais. Je ne suis pas amère, juste prête. Dites-leur que je suis restée forte jusqu'à la fin. Que Dieu vous bénisse tous. » Elle est déclarée morte à 18 h 23.

Le 13 janvier 2015, Andrew Brannan, soixante-six ans, commande un ultime repas composé de trois œufs au plat, de pommes de terre râpées et grillées, de biscuits, d'une saucisse, de gaufres avec des fraises, de lait, de jus de pomme et d'un café décaféiné. Il est condamné à la peine capitale pour avoir échangé des coups de feu et tué le shérif Kyle Dinkheller, lors d'un contrôle routier en 1998. Ce vétéran décoré de la guerre du Viêtnam est atteint de PTSD, le syndrome de stress post-traumatique. Lorsqu'il pénètre dans la salle d'exécution du Georgia Diagnostic and Classification Prison, il prononce les mots suivants : « Je suis fier d'avoir combattu aux côtés de mes camarades, et je prie qu'un sort similaire au mien ne les touche jamais. Je présente mes condoléances à la famille Dinkheller, surtout aux parents de Kyle et à son épouse et ses deux enfants. » Il est déclaré mort à 20 h 33.

Condamné à la peine capitale pour avoir tué et violé un nourrisson de onze mois en 1997, Charles Warner, quarante-sept ans, prononce ces ultimes paroles, le 15 janvier 2015 : « Avant de vous faire part de ma dernière déclaration, je dois vous dire qu'ils m'ont percé les bras à cinq reprises. Cela fait mal. C'est comme de l'acide… Je ne suis pas un monstre. Je n'ai pas fait tout ce dont ils m'accusent… Mon corps est en feu. » Au bout de dix-huit minutes, il est déclaré mort à 19 h 28 à l'Oklahoma State Pentitentiary à McAlester. C'est la première exécution en Oklahoma, avec un nouveau protocole de trois drogues, instauré depuis l'injection létale ratée de Clayton Lockett neuf mois auparavant, qui met quarante-cinq minutes à mourir.

Quelques mois après avoir purgé une peine de vingt ans de réclusion pour un enlèvement et un viol au Texas, David Zink kidnappe Amanda Morton, dix-neuf ans, pour la conduire dans un motel de Morton où il abuse d'elle. « Si j'estime que vous représentez une menace pour ma liberté, je suis décidé à vous éliminer. » Il attache sa victime à un arbre, lui brise la nuque, l'étrangle, avant d'enfoncer de la terre et des feuilles dans sa gorge. L'autopsie démontre qu'Amanda Morton a huit côtes brisées et qu'on lui a infligé plus d'une centaine de blessures de son vivant. Lors de ses aveux, David Zink rit à plusieurs reprises lorsqu'il évoque son crime aux policiers dans une vidéo saisissante.

Le 14 juillet 2015, David Zink, cinquante-cinq ans, avale un cheeseburger avec des frites, un soda et du cheesecake dans la prison proche de Bonne Terre, non loin de Saint-François, dans le Missouri. Sa dernière déclaration est la suivante : « Je ne peux même pas imaginer la douleur et l'angoisse que l'on peut ressentir quand on apprend que quelqu'un a tué un proche, et je présente mes plus sincères excuses à la famille d'Amanda Morton et à ses amis pour mes actions. J'espère que mon exécution leur apportera la paix et la satisfaction qu'ils recherchent. Je dois aussi demander pardon à d'autres victimes, ma famille et mes amis, qui vont aussi vivre des émotions qui les feront souffrir avec mon châtiment. J'ai tenu ma promesse de me battre jusqu'au bout, et bien que mes efforts ne soient pas couronnés de succès, nous avons réussi à montrer les failles du concept de base du système judiciaire américain. Pour ceux qui restent dans le couloir de la mort, sachez que tout un chacun doit mourir. D'un point de vue statistique, nous autres nous connaissons une mort plus douce que la majorité, alors je vous encourage à l'accepter de tout cœur, afin de célébrer notre vraie libération, avant que la société ne s'en rende compte et ne nous condamne à une perpétuité sans possibilité de libération conditionnelle, une mort à petit feu. » Il est déclaré mort à 19 h 41, huit minutes après le début de l'injection létale.

Richard Masterson, quarante-trois ans, est condamné en 2002 pour le meurtre par strangulation de Darrin Honeycutt, le 26 janvier 2001, alors que les deux hommes ont eu une relation intime dans le Comté de Harris, au Texas. Darrin Honeycutt est un drag queen, connue sous le nom de scène de « Brandi Houston ». Masterson est exécuté par injection létale le 21 janvier 2016, dans la prison de Huntsville et il est déclaré mort à 18 h 53, vingt-cinq minutes après le début du processus. Ses ultimes paroles sont : « Vous m'envoyez vers un monde meilleur. Cela me convient tout à fait. Vous devez vivre et mourir suivant les choix que vous avez vous-même décidés. J'ai fait le mien. »

Pablo Lucio Vasquez, né en 1977, surnommé le « Vampire Killer », est condamné à la peine capitale, le 30 mars 1999, pour avoir scalpé, démembré et bu le sang de David Cardenas, douze ans, à Donna, dans le comté d'Hidalgo, au Texas, le 19 avril 1998. Il frappe sa victime avec un tuyau de plomb et une pelle. Vasquez coupe les bras et un pied de l'enfant, avant de tenir le corps à bout de bras pour s'asperger de son sang et le boire. Il tente en vain de décapiter le cadavre avec la pelle. Des voix intérieures et le Diable lui auraient ordonné d'agir, le mobile du crime étant attribué à un rituel occulte.

Le 6 avril 2016, Pablo Vasquez est déclaré mort à 18 h 35, après avoir prononcé ces ultimes paroles : « Je voudrais juste dire à ma famille que je la remercie... Je suis désolé pour celle de David. C'est la seule manière que j'ai de me faire pardonner. Ici, aujourd'hui, justice est faite. Ma confiance est en Jésus. »

SANG POUR CENT : LES ULTIMES PAROLES DE CENT SERIAL KILLERS ET TUEURS DE MASSE

Né en 1966, Alfredo Rolando Prieto est condamné à la peine capitale, une première fois en Californie, le 18 juin 1992. Il est ensuite extradé en Virginie où il écope à son tour de la peine de mort le 5 novembre 2010. Violeur et serial killer, il assassine neuf personnes entre 1988 et le 6 septembre 1990, jour de son arrestation. La date de son exécution est fixée au 1er octobre 2015, à 21 heures, au Greensville Correctional Center, dans le sud de la Virginie. À 15 heures, un recours est déposé et son exécution est temporairement suspendue dans l'attente d'une décision judiciaire. Prieto reçoit la visite de sa mère, d'un frère et d'une sœur qui sont venus de Californie, ainsi que du révérend Richard Mooney, l'aumônier de la prison. A 18 heures, le juge fédéral estime que les avocats du détenu n'ont pas réussi à démontrer que le pentobarbital peut engendrer de la douleur. L'exécution est maintenue. Des proches de quatre des victimes assassinées par Prieto en Virginie s'installent dans la salle où il reçoit l'injection létale. Aucune famille des cinq victimes de Californie n'a fait le déplacement. Quatre membres des médias sont autorisés à y assister et, comme un panneau l'indique au-dessus de la vitre, qui donne sur le chariot-brancard, où s'allonge le condamné : « Les médias doivent s'asseoir au dernier rang. » La pièce où les témoins s'installent comporte quatre rangées de sièges sur des gradins ; elle fait cinq mètres de large. Prieto est dans une cellule attenante. Il mange un dernier repas composé de produits de la cuisine de l'établissement, et il n'est pas autorisé à commander autre chose à l'extérieur. Il a souhaité ne pas communiquer ce menu aux journalistes. Les trois-mille détenus de l'établissement sont tous enfermés et ils ne sortent pas en promenade le jour où se déroule une exécution. La chaise électrique n'est pas très loin, mais Alfredo Prieto a sélectionné l'injection létale comme méthode pour mourir, comme c'est son droit en Virginie.

À 20 h 52, Prieto fait son apparition, menotté et enchaîné aux pieds. Il est habillé en bleu, avec des sandales aux pieds nus. On distingue ses tatouages d'allégeance à un gang autour du cou. Les gardiens le soulèvent pour l'allonger sur le brancard. On lui retire ses liens. Deux courroies de cuir sont fixées autour de sa poitrine, deux sur ses jambes, une pour chaque cheville et chacune de ses mains. Trois minutes plus tard, le rideau se ferme. L'opération qui consiste à insérer les canules intraveineuses par du personnel paramédical est cachée aux yeux des spectateurs. L'attente est longue. Treize minutes avant que le rideau ne s'ouvre à nouveau. Il a peut-être été difficile de localiser des veines car Prieto a un lourd passé de toxicomane. Un officiel tend un micro devant son visage et lui demande s'il souhaite dire quelques mots : « Je voudrais remercier mes avocats, mes supporters et tous les membres de ma famille. Qu'on en finisse le plus vite possible. » Le fait qu'il parle est exceptionnel car le tueur en série n'a jamais répondu à une seule question des enquêteurs de Californie et de Virginie, pas plus que lors de ses différents procès. Les seuls mots qu'il a prononcés ont été : « J'ai pris beaucoup de drogues, et d'alcool aussi. » Il n'a jamais éprouvé le moindre remords pour ses actes.

21 h 09. Prieto reste impassible et son visage ne montre aucune émotion lorsque le flot de pentobarbital coule dans ses veines. Seule, sa poitrine se soulève.

21 h 12. Un gardien se tient près de la tête du condamné, deux autres à sa droite et trois officiels à sa gauche. On distingue un téléphone rouge directement relié au bureau du gouverneur de Virginie, mais il reste silencieux, tout comme toutes les personnes présentes.

21 h 13. Un gardien s'approche des pieds de Prieto, lui retire ses sandales pour lui en pincer la chair. Ce

protocole sert à savoir si l'injection de pentobarbital a produit son effet de perte de connaissance.

21 h 15. Le condamné ne semble plus respirer.

21 h 17. Eddie Pearson, le directeur de la prison de Greenville, fait son apparition pour annoncer le décès de Prieto.

21 h 18. Le rideau se referme. Les témoins quittent la salle.

Justice est faite.

Marie-Madeleine Dreux d'Aubray, marquise de Brinvilliers, est jugée le 16 juillet 1676 dans la célèbre affaire des poisons. À partir de 1666, elle empoisonne son père, puis, six ans plus tard, son frère et ses deux sœurs. Auparavant, elle teste l'efficacité de ses poisons sur une domestique et des malades de l'Hôtel-Dieu. L'abbé Pirot, professeur en Sorbonne, est chargé de préparer la marquise de Brinvilliers à la mort. Il parvient à la convaincre de reconnaître publiquement ses crimes. Jusqu'au bout, il semble lui faire entrevoir une grâce, puisqu'elle s'écrit en montant sur l'échafaud : « C'est donc pour de bon ? » Le lendemain de sa condamnation, le bourreau décapite à l'épée sa tête bandée en place de Grève et il la jette dans un brasier devant la foule. Les cendres sont ensuite dispersées dans la Seine.

La « Brinvilliers germanique » Anna Margaretha Zwanziger empoisonne ses employeurs, avant de les « guérir » afin de gagner leurs faveurs. Elle tue au moins trois d'entre eux en 1808 et 1809. Arrêtée le 16 octobre 1809, elle est décapitée au sabre à Nuremberg, le 17 septembre 1811. « L'arsenic a toujours été mon ami le plus fidèle. J'en aurais tué plus, si j'en avais eu la possibilité. » Sur l'échafaud, Zwanziger reconnaît : « Il vaut peut-être mieux pour la communauté que je meure, car il me serait impossible d'arrêter ma pratique d'empoisonnement des gens. »

Reconnue comme la première femme serial killer aux États-Unis, Lavinia Fisher est née en 1793. Elle gère avec son mari John un hôtel à Charleston, en Caroline du Sud, le Six Mile Wayfarer House. Au fil des ans, plusieurs dizaines de voyageurs disparaissent après avoir fréquenté l'établissement. En 1820, le shérif local décide d'avoir le cœur net et ordonne une fouille des lieux. Les policiers découvrent un labyrinthe de tunnels et de passages secrets. Dans l'une des chambres, une trappe est aménagée sous le lit, qui permet de faire basculer le voyageur endormi dans une cave. Des objets personnels de dizaines de disparus sont mis à jour, ainsi que plus d'une centaine de restes humains. John et Lavinia Fisher sont condamnés à la peine capitale. Le 18 février 1820, une foule de deux-mille personnes s'est assemblée au petit matin pour assister à cette double pendaison. Lorsque le bourreau lui passe la corde au cou, Lavinia Fisher s'écrie : « Si vous avez un message à transmettre au Diable, n'hésitez pas à me le dire, je le verrai bientôt. » Sur ces mots, elle saute d'elle-même pour se suicider par pendaison.

La « Terreur de la Nouvelle-Angleterre » Samuel Green commet des actes de cruauté envers les animaux dès son plus jeune âge. Ses parents pensent qu'il est possédé par un démon et il démarre sa carrière de tueur en série en 1817, à l'âge de vingt-et-un ans. En l'espace de quatre ans, il assassine plusieurs dizaines de victimes à l'aide d'un marteau, d'une barre de fer ou d'une arme à feu. On le considère comme le premier serial killer américain. Le 25 avril 1822, sur le point d'être pendu à Boston, dans le Massachusetts, il déclare au prêtre qui se tient à ses côtés qu'il n'a rien à dire à la foule amassée à ses pieds : « Ils ne connaîtront pas mon destin, car j'ai consigné par écrit ma confession détaillée. » « Désirez-vous vous repentir, mon fils ? » Green le regarde longuement, avant de lui sourire : « Si vous le souhaitez... » Cette « confession détaillée » n'est jamais retrouvée.

Surnommé le « Roi des Thugs », Buhram Jemedar, est le chef d'une secte d'étrangleurs qui sévit à Oudh, en Inde. Lui et ses membres sont actifs sur neuf-cent-trente-et-un assassinats entre 1790 et 1840. Au pied de la potence, Jemedar déclare : « J'ai peut-être étranglé de mes mains cent-vingt-cinq hommes, et il se peut que j'en ai tué cent-cinquante de plus. »

Soupçonnée d'avoir empoisonné trente-six personnes pendant une période de dix-huit ans, la domestique Hélène Jégado est guillotinée à Rennes, le 26 février 1852, à l'âge de quarante-neuf ans. C'est surtout les familles de ses employeurs qu'elle assassine avec de l'arsenic. Le matin de son exécution, elle se confesse et prononce ses dernières paroles devant l'abbé Tiercelin et cinq autres personnes présentes : « Sur le point de paraître devant Dieu et voulant, autant qu'il est en moi, expier mes fautes et mériter la commisération publique, je déclare me reconnaître coupable des empoisonnements relatés dans mon acte d'accusation. Cependant, je n'ai point donné la mort, ni à ma sœur Anna, ni à deux autres des sept autres victimes du presbytère de Guern. C'est une méchante femme qui est coupable de ces trois crimes. Je l'ai fait connaître à monsieur l'abbé Tiercelin et je l'autorise à faire, de cette révélation, l'usage qu'il jugera convenable. C'est cette femme qui m'a donné le poison dont je me suis servie au début de ma carrière criminelle ; c'est d'elle que j'ai reçu des encouragements au crime et des leçons pour les commettre en sécurité. Je n'ai point fait provision d'arsenic dans aucun presbytère. J'en ai acheté à Vannes, quand j'ai habité Auray ; à Rennes, j'en ai acheté deux fois dans une pharmacie que j'ai indiquée à monsieur l'abbé Tiercelin. La justice n'a pas connu tous mes forfaits. J'ai porté le deuil et la désolation dans un grand nombre de familles. Naguère, deux jeunes enfants ont été mes victimes ; des mères ont perdu des filles qui étaient l'appui de leur vieillesse. Mes crimes sont grands et nombreux. J'en demande, à Dieu, pardon et miséricorde. Je demande aussi pardon aux familles qui me doivent leurs chagrins. Je supplie avec larmes les parents de tous ceux que j'ai immolés, non pas de me plaindre, mais de cesser de me maudire. Je remercie toutes les personnes qui ont prié pour moi ; j'offre volontiers à Dieu le sacrifice de ma vie pour l'expiation de mes crimes. J'ai été bien coupable ; j'espère que Dieu me fera la grâce de mourir pénitente. »

Le 14 juin 1856, trente-mille personnes se rassemblent pour assister à l'exécution du « prince des Empoisonneurs » William Palmer, à la prison de Stafford, au Royaume-Uni. Il est condamné à la peine capitale pour le seul assassinat de son ami John Cook, en 1855. Celui que Charles Dickens qualifie de « pire gredin jugé à Old Bailey » est suspecté d'au moins six autres assassinats à la strychnine, dont ceux de quatre de ses enfants, de son frère et de sa belle-mère. Pour assouvir sa passion du jeu et les dettes considérables qu'elle engendre, il monte des escroqueries à l'assurance et il n'hésite pas à voler sa propre mère. En montant sur la potence, le condamné touche du pied la trappe qui doit s'ouvrir et il s'adresse au bourreau George Smith : « Vous êtes sûr que c'est sans danger ? »

Entre 1855 et 1861, Martin Dumollard se fait une célébrité locale comme le « tueur de bonnes ». Il agresse et viole plusieurs dizaines de jeunes filles qu'il attire dans les forêts des environs de Lyon sous le prétexte d'une embauche. Il est reconnu coupable de trois meurtres, mais on retrouve chez lui quantité de vêtements de femmes gardés avec un soin fétichiste, au vu et au su de son épouse, pour le moins complice passive.

Le 8 mars 1862, Dumollard est emmené à la mairie de son village, à Montluel, devant une foule considérable : « Que me veulent ces gens ? Ce qu'ils sont venus voir sera vite vu. » Le magistrat cantonal lui laisse entrevoir la possibilité d'un sursis, voire d'une commutation de peine, s'il fait des révélations. Et Dumollard de rétorquer : « Oh, non ! J'aime mieux autrement. Au bagne, je crèverais de faim. » Il aperçoit alors le greffier du tribunal et lui exprime ses dernières volontés : « Ah ! Mon cher monsieur Guillot, comme vous arrivez à propos ! Savez-vous que madame Berthet, de Dagneux, me redoit encore vingt-sept francs moins un sou pour des travaux de vigne que j'ai faits chez elle ? Vous allez vous occuper de ce petit compte, n'est-ce pas ? Car j'entends bien être réglé. » Il est 6 h 45, Martin Dumollard refuse la voiture qu'on lui offre pour franchir à pied les cent-cinquante mètres qui le séparent de la guillotine. Il s'agenouille pour prier sur la première marche de l'échafaud, avant que le bourreau ne lui tape sur l'épaule pour l'avertir que le moment est venu.

Levi Boone Helm, surnommé « The Kentucky Cannibal », est le chef d'un gang de hors-la-loi qui pratique le cannibalisme en Californie, dans le Missouri, le Kentucky et le Montana. Il assassine au moins onze personnes, mais le nombre exact de ses victimes est beaucoup plus élevé. Il est exécuté par pendaison, le 14 janvier 1864, à l'âge de trente-cinq ans, avec quatre autres membres de son groupe, devant une foule de six-mille personnes rassemblées à Virginia City, dans le Montana. Lorsqu'il voit son ami Gallager en train d'être pendu, Helm s'exclame : « Vas-y, rue, mon pote. C'est mon tour après. Je te rejoins en Enfer d'ici une minute ! » Quand le bourreau lui passe à son tour la corde au cou, il hurle :

« Chaque homme pour ses principes ! Hourrah pour Jeff Davis ! [Le président des États-Unis] Allez, on se défoule ! » Et il saute de lui-même pour se pendre.

Quant à Jean-Charles Avinain, il dépèce plusieurs marchands de fourrage en 1867, à Paris après avoir été condamné au bagne de Guyane en 1848, où il passe dix-huit années. Pendant son procès, il est choqué qu'on l'affuble du terme de « dépeceur », mais reconnaît qu'il « désarticulait » ses victimes. Le 27 novembre 1867, on le réveille à 6 h 30 pour qu'il se prépare à son exécution. Il est d'une humeur massacrante : « C'était inévitable, les hommes m'ont déjà fait tant de mal ! » Au greffe, il avale deux verres de vin, avant de s'exclamer : « C'est injuste ! On gracie les menteurs, et moi qui dis la vérité, on va me couper le cou ! Voilà ce qu'ont fait de moi la justice et la police ! Je suis un homme, je mourrai en homme ! » Pendant que les aides du bourreau lui échancrent la chemise et lui coupent les cheveux, Avinain les houspille : « Allons, dépêchez-vous, lâches que vous êtes. Qu'on en finisse ! » À sa sortie de prison, il s'écrie : « Adieu, enfants de la Patrie ! » Devant la foule assemblée : « Trop de monde. » Puis, au pied de l'échafaud, c'est « Le Boucher de Clichy-la-Garenne » qui invente cette formule célèbre du « Messieurs, n'avouez jamais ! N'avouez jamais ! »

Thomas Carr a vingt-deux ans lorsqu'il souhaite épouser Louiza Fox qui, elle, n'a que treize ans. Les parents de l'adolescente acceptent le principe de ce mariage, avant de revenir sur leur décision. Furieux, Carr attend sa fiancée devant chez elle, dans le comté de Belmont, dans l'Ohio, le 21 janvier 1869. Il s'approche d'elle, l'embrasse, puis lui tranche la gorge, avant de la poignarder avec sauvagerie à quatorze reprises. Lors de son procès, il ricane et ne montre aucun remords. Quand on le condamne à la peine capitale, il s'exclame : « Cela m'est égal si l'on doit me pendre demain. » Le 24 mars 1870, Thomas Carr avoue l'assassinat de quatorze autres personnes et cinq tentatives de meurtre. Ces aveux font l'objet d'une publication posthume, *The Confession of Tom Carr*. Le matin de son exécution, il demande à voir la potence qu'il escalade pour y effectuer divers exercices de gymnastique. A 13 heures, c'est l'heure de la pendaison : « Si je suis ici, à cette heure, c'est à cause des méfaits de l'alcool. Que ma mort serve donc de leçon à ceux qui s'adonnent à de telles libations. Shérif, je tiens à vous féliciter pour la construction de cette structure. Ce gibet a été édifié avec du goût et du style. » À 13 h 11, la trappe s'ouvre sous ses pieds.

Le 30 octobre 1871, le garçon de ferme Sylvain-Louis Poirier tue, à coups de hache, madame Riolet et sa voisine, madame Lecomte, dans le Loir-et-Cher. Le 8 janvier 1874, c'est madame Brézard, la propriétaire d'une auberge de Brou, qui est assassinée à coups de bûche. Le 25 mai 1874, Poirier récidive à coups de marteau sur Rose Travers, quatorze ans, la fille de ses voisins à la Bazoche-Gouët. Il blesse aussi grièvement son frère Désiré qui reste handicapé à vie. Le 27 août 1874, à

Chartres, il est 4 h 30 du matin lorsqu'on vient chercher le condamné pour l'informer du rejet de sa grâce : « Vous auriez pu me le dire hier ! C'est donc fini ! Ah, mes pauvres enfants ! Que vont-ils devenir ? » Il boit une tasse de thé avec du cognac. Il demande à ce qu'on donne à sa femme une mèche de ses cheveux et une médaille, ce qui est accepté. Au pied de l'échafaud, Sylvain-Louis Poirier se met à genoux devant l'aumônier : « Mon fils, demandez pardon à Dieu ! » « Oui, j'ai grand besoin qu'il me pardonne, lui si bon, si innocent et moi, si grand coupable. » Il récite des prières et, lorsqu'on l'installe sur la bascule, il s'écrie : « Mes enfants ! Mes enfants ! » Il est 5 h 30, en ce lundi 27 août 1874.

Le 23 janvier 1890, Jean Dauga, est réveillé à 6 h 55 par le directeur de la prison de Nancy, monsieur Bard, qui lui annonce que son recours en grâce a été rejeté : « Voici le moment de vous repentir. » « Je n'ai point à me repentir. La justice m'assassine. Je suis innocent, mes enfants pourront le dire. » Dans une lettre adressée à son épouse qu'il demande à garder sur lui pour son exécution, il réitère ses propos : « Ma chère Marie. Dis à nos enfants que si leur père est mort sur l'échafaud, il y est mort innocent. » Il s'avance, sans un mot, vers la guillotine où le bourreau Deibler officie. Le couperet s'abat à 7 h 21.

Thomas Neill Cream est né à Glasgow en 1850, il émigre au Canada avec ses parents, étant encore tout enfant, et, à l'âge de vingt-deux ans, il entre à l'université McGill à Montréal où, quatre années plus tard, il obtient le diplôme de docteur en médecine. Fiancé à une jeune fille, il pratique un avortement sur elle, et est finalement contraint par le père, pistolet en main, d'en faire « une honnête femme », en l'épousant. Après le décès de sa femme, il s'installe à Londres, dans le quartier de Lambeth pour suivre les conférences de l'hôpital Saint-Thomas, et passer des examens pour obtenir des brevets supérieurs. Puis il retourne au Canada, passe ensuite aux États-Unis, où il s'établit à Chicago pour exercer son métier d'avorteur. Après avoir acquis une certaine notoriété, il est condamné aux travaux forcés à perpétuité pour avoir tué un homme appelé Scott, dont la jeune femme était devenue sa maîtresse.

Après avoir passé dix ans en prison, on le remet en liberté pour cause de santé, en 1891, et il revient en Angleterre sous le nom de Dr Neill. Il vit de ses rentes après avoir hérité de son père. Le soir, il aborde des jeunes femmes de « mauvaise vie » et il leur propose, sous une raison ou une autre, d'avaler des pilules de strychnine, avant de les quitter.

Condamné à la peine capitale lors d'un procès à sensation, il passe les dernières semaines qui lui restent à vivre dans une cellule de la prison de Newgate. Le 15 novembre 1892, à neuf heures du matin, il est pendu dans l'enceinte de la prison. Lorsque Thomas Neill Cream se trouve sur la trappe, sur le point d'être basculé dans le vide, le bourreau James Billington l'entend déclarer : « I am Jack the... » Puis la trappe s'ouvre, l'empêchant de prononcer la suite, qui aurait pu être « Je suis Jack l'Éventreur » ? Mais Cream est emprisonné à Joliet, dans l'Illinois, au moment où l'assassin de Whitechapel commet ses crimes.

Frances Lydia Alice Knorr, née le 10 novembre 1868, à Londres, émigre en Australie, où elle se marie pour s'installer à Melbourne. Son mari, Randolph Knorr, est incarcéré pour avoir vendu des meubles qu'il a loués. Enceinte et sans le sou, Frances crée une « ferme à bébés » où elle s'occupe d'enfants illégitimes ou abandonnés. Elle se charge ensuite de les faire adopter. Quand elle ne parvient pas à les « placer », elle étrangle les bébés et en enterre au moins deux dans son jardin. Lorsqu'elle s'installe à Sydney, le nouveau propriétaire de son logement met à jour les cadavres en bêchant la terre. Arrêtée alors qu'elle est sur le point d'accoucher, elle déclare à l'inspecteur Keating : « Je sais pourquoi vous êtes là. » Une fois condamnée à la peine de mort, Thomas Jones, le bourreau chargé de la pendre, se suicide deux jours avant l'exécution, car sa femme a menacé de le quitter s'il pend Frances Knorr. Le 15 janvier 1894, elle écrit une dernière lettre : « À quelques heures de mon décès, j'exprime ma profonde volonté que ce témoignage soit rendu public, dans l'espoir que ma déchéance serve, non seulement d'avertissement aux autres, mais de prévention à ceux qui se livrent, peut-être, aux mêmes activités que moi. Je veux aussi affirmer qu'en ce qui concerne les cas n° 1 & 2 des bébés, j'avoue être coupable. » A 10 heures, elle est pendue et sa mort est instantanée. Ses ultimes paroles sont : « Oui, le Seigneur est avec moi ! Je ne crains pas ce que les hommes vont me faire, car je suis en paix, une paix parfaite ! »

« L'ogresse de Reading » est suspectée d'avoir tué plusieurs centaines de nouveau-nés illégitimes. À l'époque victorienne, les naissances hors mariage sont une honte pour les femmes et leurs familles. Ces enfants sont confiés à des « fermes à bébés » dont les propriétaires sont supposés les donner pour être adoptés, mais un certain nombre d'entre eux utilisent des moyens plus expéditifs pour se débarrasser d'eux. Amela Dyer se contente de les laisser mourir de faim pour les enterrer sur sa propriété. Arrêtée en 1896, elle est pendue à la prison de Newgate le 10 juin de la même année. Au pied de la potence, elle se montre laconique : « Je n'ai rien à dire. » Certains « ripperologues » l'accusent même d'être Jack l'Éventreur, sans qu'aucune preuve matérielle ne la relie aux crimes de Whitechapel.

Surnommé « L'Éventreur français », « Le Jack l'Éventreur du sud-est » ou « Le Tueur de bergers », Joseph Vacher est né le 16 novembre 1869 à Beaufort, dans l'Isère au sein d'une famille de paysans « parfaitement honorables ». Il a quinze frères et sœurs. Enfant, Vacher mutile les animaux et frappe ses frères et sœurs, même plus âgés (il fait déjà preuve d'une force surprenante). Il a des crises de fureur durant lesquelles il brise tout ce qui est à sa portée. Pendant son service militaire, il tente de se suicider à plusieurs reprises. Il tombe amoureux de Louise Barrand qui lui préfère un autre soldat. Il essaie de la tuer de trois coups de feu, mais la rate. Dans la foulée, il veut se suicider et se tire trois autres balles dans la tête. Il en garde des séquelles (physiques et psychologiques) et reste paralysé du côté droit de son visage. Vacher est interné à l'asile de Dôle le 16 juin 1893. Son médecin traitant conclut le 12 septembre 1893 : « Le sieur Vacher Joseph est atteint d'aliénation mentale, caractérisée par le délire des persécutions ». Le 1er avril 1894, il est jugé guéri et relâché malgré des maux de tête perpétuels.

Il commence alors une vie d'errance et de vagabondages dans toute la France. Le 19 mai 1894, il commet son premier meurtre avoué, celui d'Eugénie Delomme, vingt-et-un ans, étranglée, mutilée et violée à Beaurepaire, dans l'Isère. Mais il a très certainement déjà commencé son existence de tueur en série en 1884 avec le meurtre d'un jeune garçon de dix ans. Il commet environ une trentaine d'assassinats avec, presque toujours des mutilations et des actes de nécrophilie. « À chaque fois, je suis pris d'une espèce de fièvre, d'un tremblement nerveux, je ne veux pas tuer, ni violer, mais il faut que je le fasse. » Arrêté grâce à la ténacité du juge Émile Fourquet, le procès de Joseph Vacher s'ouvre le 26 octobre 1898 à Bourg-en-Bresse. Vacher entre dans le palais de justice avec une pancarte sur laquelle on lit « J'ai deux balles dans la tête » et en chantant : « Gloire à Jésus ! Gloire à Jeanne d'Arc ! » Vacher est reconnu coupable de meurtres avec préméditation, sans aucune circonstance atténuante, à l'unanimité des douze jurés. Joseph Vacher est guillotiné le 31 décembre 1898. Il n'a été jugé que pour un unique assassinat, et pas pour les autres crimes qui lui sont reprochés, et qui n'ont donc jamais été officiellement « résolus ». Dans le fourgon qui l'emmène vers l'échafaud, il refuse d'embrasser le crucifix : « Vous croyez, en me faisant mourir, expier les crimes de la France ? La France est coupable, tout est injustice ! On gracie Mazoyer qui s'avoue coupable et on me fait mourir, moi qui suis innocent ! » Avant de mourir, Joseph Vacher répond au prêtre qui lui demande de confesser ses péchés : « J'embrasserai Jésus-Christ tout à l'heure. Vous croyez expier les fautes de la France en me faisant mourir. Cela ne suffira pas, vous commettrez un crime de plus. Je suis la grande victime de cette fin de siècle. »

Surnommé le « Barbe-Bleue de Chicago », Johann Otto Hoch est un polygame qui aurait épousé cinquante-cinq femmes entre 1892 et 1904, sous différents pseudonymes. Peu après le mariage, les épouses disparaissent : Hoch les empoisonne à l'arsenic, puis les enterre. Dénoncé en 1905, il est condamné à la peine de mort pour le seul assassinat de Marie Walcker, le 23 juin 1905. Pendant son procès, il chantonne, siffle et se tourne les pouces. L'inspecteur Shippy estime le nombre de ses mariages à environ quarante-quatre et ses victimes se chiffrent entre quinze et cinquante. Pour sa dernière nuit, il reste éveillé en permanence et il engloutit de nombreux repas très copieux.

De temps en temps, il se tourne, sourire aux lèvres, vers les gardiens postés devant la cellule : « Regardez-moi bien, les garçons. Examinez ce pauvre vieux Johann. Je ne ressemble pas à un monstre, n'est-ce pas ? » Pour séduire les femmes Johann Otto Hoch a établi six règles d'or :

Neuf femmes sur dix peuvent être conquises par la flatterie.

Ne laissez jamais une femme connaître ses points faibles.

Il faut toujours qu'elle pense que c'est vous la personne anxieuse.

Elles aiment entendre des choses plaisantes à leur propos.

Lorsque vous faites l'amour, soyez ardent et sincère.

L'homme moyen peut tromper la femme, si elle pense dès le départ que c'est elle qui dirige.

Il est pendu le 23 février 1906 et, lorsqu'on lui passe la corde au cou, il affirme : « Je suis innocent. J'en ai fini de ce monde. J'en ai fini de vous tous. » Au moment où la trappe s'ouvre sous ses pieds, un journaliste local lui pose la question : « Oui, monsieur Hoch, mais la question demeure : qu'avez-vous fait de toutes ces personnes ? » Cette demande reste à tout jamais sans réponse.

Pendu le 25 juin 1915, dans la cour de la prison de Jefferson County Jail, à Birmingham, dans l'Alabama, Sydney Jones tue par balles onze hommes noirs et deux blancs, un shérif du Nebraska et un employé de la ligne de chemin de fer Mobile & Ohio. Il écrit une confession pour avouer l'ensemble de ses crimes commis entre 1900 et 1914, dans sa cellule le matin de son exécution. Sur la potence, Jones admet un unique regret : « Je suis désolé d'avoir raté Richard Moore, le 12 septembre 1912. Un de plus aurait fait un chiffre pair. »

Henri Désiré Landru, « Le Barbe-Bleue de Gambais » est condamné à la peine capitale par la cour de Versailles le 30 novembre 1921. Il a cinquante-et-un ans et il est accusé d'avoir assassiné onze femmes pour les dépouiller entre février 1915 et janvier 1919, après les avoir contactées par le biais de petites annonces matrimoniales pour lesquelles il utilise quatre-vingt-dix pseudonymes différents. Le 25 février 1922, il est 5 h 25 du matin lorsqu'on vient le réveiller pour lui annoncer que son recours en grâce est rejeté. Le bourreau Anatole Deibler note dans son carnet : « 6 h 10. Temps clair. » Landru demande à pouvoir se laver les pieds, demande qui est rejetée par crainte d'un éventuel suicide. Quand on lui offre une dernière cigarette et du rhum, il refuse : « Ce n'est pas bon pour la santé. » Au pied de l'échafaud, son avocat Me Moro Giafferi lui demande s'il reconnaît avoir assassiné toutes ces femmes, Landru réplique : « Cela, Maître, c'est mon petit bagage... »

Surnommé « Le Loup de Moscou », le marchand de chevaux Vasili Komaroff assassine trente-trois hommes entre 1921 et 1923. La police découvre vingt-et-un cadavres à son domicile, empilés dans une étable. Les autres corps ont été placés dans des sacs, pour être jetés dans les flots. « Tuer quelqu'un est très facile. Un coup de marteau à la tête ou par strangulation, » affirme-t-il aux policiers. En ces temps troubles en Russie, le vol est le mobile de ces meurtres qui ne lui rapporte que quelques roubles au total. Incarcéré, dans l'attente de son procès, Komaroff demande à être condamné à la peine capitale, le plus vite possible : « J'ai cinquante-deux ans. J'ai eu une bonne existence et je n'ai plus envie de vivre plus longtemps. » Le 18 juin 1923, à Moscou, il fait face avec courage à un peloton d'exécution. Il lance, avec une certaine ironie : « Eh bien, c'est à mon tour à présent de finir dans un sac. »

À Waco, au Texas, le 7 mai 1922, William Driskell, un officier de police est assassiné à coups de hache dans son garage. On lui vole sa montre, une bague et son pistolet. Le 25 mai, Harvey Bolton, vingt-et-un ans, se trouve en lisière de forêt avec sa petite amie lorsqu'un homme noir surgit des fourrés et l'abat de trois balles. Il viole ensuite sa compagne. Le lendemain, elle désigne Jesse Thomas comme son agresseur et il est abattu sur-le-champ par son père. Le corps est emporté dans le centre-ville de Waco où la foule le brûle.

Malheureusement, la victime a commis une erreur fatale, car d'après elle « tous les Noirs se ressemblent, surtout la nuit. ». Le 20 novembre, Grady Skipworth, dix-neuf ans, est garé à Lover's Leap, dans Cameron Park, en compagnie de Naomi Boucher, sa petite amie. Encore une fois, un individu surgit par derrière et abat Skipworth avec un fusil de chasse. Il traîne le cadavre pour le jeter dans un ravin. Il se précipite ensuite sur Naomi qui se débat, avant de tomber en contrebas. Par chance, un arbre enraye sa chute. Elle n'a que des blessures superficielles. Là encore, elle désigne un suspect qui est acquitté lors de son procès par un jury composé uniquement de Blancs.

Le 10 janvier 1923, le mystérieux tireur tente à nouveau de tuer un conducteur à Cameron Park, mais ce dernier réussit à faire fuir l'assaillant qui perd une casquette à carreaux que la police récupère. Dix jours plus tard, il frappe à nouveau, à quelques kilomètres de Waco, lorsqu'il abat W.E. Holt et son amie, Ethel Denecamp, qui est battue à mort. Leur véhicule abandonné est retrouvé le lendemain, en centre-ville de Waco. Un appel à témoins permet l'identification du propriétaire de la casquette, Roy Mitchell, un Afro-américain de trente ans, originaire de Louisiane.

Il est arrêté le 30 janvier. La police fouille son domicile et y découvre l'arme de William Driskell, ainsi que d'autres objets appartenant à ses victimes. Au bout de trois jours en cellule, Roy Mitchell avoue les cinq meurtres, avant de se rétracter lors de son procès en mars 1923, où il est condamné à la peine capitale. Par la suite, on l'accuse et on le condamne à la peine capitale pour un crime supplémentaire, celui de Loula Barker. Un échafaud est édifié derrière la prison de Waco, sur 6th Street, près du palais de justice. Le 30 juillet 1923, huit-mille personnes se rassemblent pour une pendaison festive. Les ultimes mots de Roy Mitchell sont : « Je suis désolé. Adieu, tout le monde. » C'est la dernière exécution publique du Texas qui, peu après, choisit la chaise électrique.

Entre 1918 et 1924, Fritz Haarmann, que l'on surnomme « Le Boucher de Hanovre », et que les médias qualifient de vampire, de meurtrier de masse ou encore de loup-garou, est condamné à vingt-quatre reprises à la peine capitale. Lors d'interrogatoires, il avoue quarante-cinq assassinats. À un psychiatre, il raconte avoir tué en moyenne deux victimes par semaine durant une période de seize mois. Si l'on fait ce calcul macabre, on arrive au chiffre astronomique de cent vingt-huit personnes, mais qui, au vu du nombre de disparitions d'adolescents et d'hommes à cette époque à Hanovre (près de six-cents), ne paraît pas impossible. Une bonne partie de ces meurtres sont perpétrés avec Hans Grans, un jeune complice et amant.

Fritz Haarmann est décapité le 15 avril 1925, à six heures du matin, dans la cour de la prison de Hanovre. On ne le prévient que le soir précédent. Il prie en compagnie d'un pasteur. Il demande à fumer d'excellents cigares et qu'on lui serve du café brésilien. Aucun membre de la presse n'est autorisé à assister à la décapitation, et il y a très peu de témoins. Ses ultimes paroles sont : « Je suis coupable, messieurs, et, même si c'est difficile, je veux mourir comme un homme. Je me repens, mais je ne crains pas la mort. » Des sections de son cerveau sont prélevées à des fins d'analyse. On y découvre des traces de méningite. Sa tête est préservée dans du formol à l'université médicale de Göttingen, jusqu'au 23 janvier 2014, où elle est finalement incinérée.

George Jefferson Hassell est un déserteur et un pédophile qui massacre deux familles en 1916 et le 5 décembre 1926, à Whittier, en Californie, et à Farwell, au Texas. Parmi ses victimes, il y a huit enfants. Il est exécuté sur la chaise électrique de Huntsville, le 2 février 1928, après cette ultime déclaration : « Je voudrais annoncer au monde que je suis prêt à rencontrer mon Seigneur. Je me suis confessé auprès de Dieu et des hommes. Eux ne me comprennent pas, mais Dieu, si. »

Le 10 juillet 1927, un policier en patrouille à Battery Park, un espace vert situé à la pointe sud de Manhattan, découvre un paquet emballé avec du papier d'épicerie qui contient une jambe coupée. Le lendemain, un adolescent repère un autre emballage déposé devant une église de Brooklyn. Cette fois-ci, c'est un torse de femme. Les découvertes macabres se multiplient un peu partout dans le même quartier, mais toujours pas de têtes, mais on sait qu'il s'agit de deux femmes. Les papiers d'emballages proviennent tous de deux chaînes d'épiceries, A & P ou Bohack's, dont les points de vente se comptent par dizaines. La tâche paraît insurmontable aux enquêteurs, jusqu'à ce qu'un certain Alfred Bennett vienne signaler la disparition de son épouse Selma. Elle est vue pour la dernière fois alors qu'elle part rendre visite à Sarah Elizabeth Brownell, soixante-seize ans, propriétaire d'une pension de famille à Prospect Place, dans Brooklyn.

L'inspecteur Arthur Carey se rend à cette adresse. Un homme de trente-huit ans, Ludwig Halvorsen Lee, lui ouvre la porte. Cet émigré norvégien habite là depuis deux ans. Carey identifie sur-le-champ l'odeur de chair putréfiée qui émane des lieux. « Je crois que vous allez m'accompagner au commissariat. » Une fouille des lieux met à jour la tête de Selma Bennett et d'autres restes humains. Lee avoue les assassinats. Sarah Brownell a trente-huit ans de plus que Lee, et pourtant, elle multiplie les avances à son égard. De guerre lasse, il finit par accepter de l'épouser. Mais il change d'avis et la tue pour empocher ses économies qui s'élèvent à plus de quatre mille dollars. Il est en train de découper le corps lorsque Selma Bennett le surprend, et il la supprime à son tour. Le procès est bref et Ludwig Halvorsen Lee est exécuté sur la chaise électrique de Sing Sing, le 2 août 1928. Très digne, impeccable, puisqu'il se fait coiffer et raser peu de temps auparavant, il déclare de manière ironique : « Vous savez, c'était un sacré boulot de courir partout pour déposer mes paquets. »

Les « Wineville Chicken Coop Murders » est une affaire oubliée de kidnappings et de meurtres d'enfants qui se sont déroulés en 1928 à Los Angeles et dans le comté de Riverside, en Californie. Elle a été remise en lumière en 2008 par Clint Eastwood dans son film *Changeling* (*L'Échange*). En 1926, le fermier Gordon Stewart Northcott quitte le Saskatchewan

(Canada) pour s'installer en Californie. Il emmène avec lui son neveu de treize ans, Sanford Clark, qu'il bat et dont il abuse sexuellement. En septembre 1928, informée de la situation, la police de Los Angeles se rend sur le ranch Northcott, à Wineville. Sanford Clark leur indique que son oncle a enlevé, violé et assassiné quatre jeunes garçons avec l'aide de sa mère, Sarah Louise Northcott. Les Northcott, en fuite, sont arrêtés à Vernon, en Colombie Britannique (Canada). Après la découverte macabre des restes enterrés sur le ranch, Sanford Clark retourne s'installer à Saskatoon, où il meurt le 20 juin 1991. Sarah Louise Northcott purge douze années d'emprisonnement, avant d'être libérée ; elle décède en 1944.

Le 13 février 1929, Gordon Northcott est condamné à la peine de mort et il est pendu dans l'enceinte de la prison de San Quentin, le 2 octobre 1930. L'exécution est rendue difficile par l'attitude du condamné qui se met à pleurer et à hurler le matin. Ses mains tremblent lorsqu'on l'attache. « Je vais souffrir ? » « Personne ne s'est jamais plaint », lui rétorque le gardien-chef. « Je ne veux pas voir la potence. Mettez-moi un bandeau. » On doit le traîner jusqu'à la salle d'exécution : « Je vous en supplie, ne me faites pas marcher si vite. » Les gardiens le soulèvent pour grimper les treize marches. Quelques secondes avant l'ouverture de la trappe fatidique, Gordon Northcott s'époumone : « Une prière... je vous en prie, dites une prière pour moi. » Le 1er novembre 1930, la ville de Wineville devient Mira Loma et supprime toutes les références géographiques rattachées à ces meurtres. On estime le nombre total des victimes de Gordon Northcott à environ une vingtaine de jeunes garçons.

Peter Kürten, « Le Vampire de Düsseldorf » est déclaré coupable de neuf assassinats et de sept autres tentatives de meurtres. Il est condamné à la peine capitale le 23 avril 1931. Peter Kürten décide de ne pas exercer son droit à faire appel, mais il adresse une pétition pour un pardon, car le ministre de la Justice en place est alors un farouche opposant à la peine capitale. Jusqu'à la fin juin, il pense que sa demande va être couronnée de succès. Il écrit très souvent à sa femme et se montre très heureux qu'elle ait pu toucher quatre mille marks de récompense pour sa dénonciation.

Le 1er juillet, il apprend que sa demande de pardon est rejetée et qu'il sera exécuté le lendemain, à 6 heures du matin. Dans la nuit, il écrit treize lettres aux familles de ses victimes pour leur demander pardon et de prier pour lui, comme lui le fera une fois monté au ciel. Cela ne lui coupe pas son légendaire appétit, car il exige une double ration pour son ultime repas. Il est accompagné jusqu'à l'échafaud par son confesseur. Peter Kürten est guillotiné le 2 juillet 1931. Il se montre plutôt prolixe pour ses dernières déclarations : « Ce qu'un homme devient n'a rien à voir avec lui. Il est forgé par ses parents et ceci s'applique aussi dans mon cas. On ne choisit pas d'être un criminel juste pour le plaisir de faire le mal, il y a toujours un certain quelque chose d'autre qui s'en mêle et pour lequel cet individu n'est pas responsable.

« Si on devait me relâcher aujourd'hui, je ne pourrais absolument pas garantir que je ne recommencerais pas immédiatement mes attaques. Je n'ai absolument aucun remords. Après tout, j'étais là pour accomplir ma mission. Je n'ai du regret que pour les victimes innocentes. Je n'aurais pas pu agir différemment.

« Dites-moi : pendant que ma tête sera coupée, est-ce que je pourrais encore entendre, ne serait-ce qu'un instant, le son de mon propre sang en train de gicler du moignon de mon cou ? Ce serait la jouissance ultime pour mettre fin à tous les autres plaisirs. »

Francis « Two Gun » Crowley commet toute une série de meurtres pendant une période de trois mois. Il est exécuté sur la chaise électrique de Sing Sing en 1932 : « Vous êtes tous des fils de putes ! Embrassez Maman de ma part. »

Harry Powers, né Herman Drenth en 1892, est un tueur en série de deux femmes et de trois enfants, qui est pendu le 18 mars 1932, à Moundsville, en Virginie. Sous différentes identités, il contacte des femmes par le biais de petites annonces avant de les épouser, de les dépouiller et de les tuer. Des dizaines de femmes disparaissent sans laisser de traces après avoir répondu au texte de Harry Powers qui paraît dans l'*American Friendship Society* de Detroit, à partir de 1931 : « Riche veuf possédant 150.000 $. Avec des revenus mensuels entre 400 et 2.000 $. Ingénieur dans le civil, je vis dans une magnifique maison en briques de dix pièces, meublée avec tout ce qu'une bonne épouse peut souhaiter. Celle qui sera ma femme aura son propre véhicule, ainsi que beaucoup d'argent à dépenser. Elle n'aura rien d'autre à faire qu'à profiter de l'existence. »

Dans sa ferme de Clarksville, il a construit une chambre souterraine en béton. Il explique qu'il est excité sexuellement de les voir et entendre hurler la nuit : « C'est mille fois mieux que n'importe quel bordel que j'ai pu visiter. » Lorsque ces femmes viennent accompagnées de leurs enfants, il assassine ceux-ci en premier, à coups de marteau. Dans la « salle d'opération », telle qu'il la surnomme, il y a une ouverture qui lui permet de gazer ses victimes. Parfois, il les étrangle, les pend, les laisse mourir de faim ou les bat à mort. Peu avant son exécution, Drenth déclare : « Vous m'avez eu pour cinq, je ne vois pas pourquoi je vous en donnerai cinquante autres. » Il grimpe sur l'échafaud, un sourire moqueur aux lèvres, destiné aux quarante témoins assemblés pour l'occasion. Lorsqu'on lui demande s'il a une dernière déclaration à faire, il répond : « Non ». Drenth/Powers met onze minutes à décéder. Son cas inspire le magnifique roman de Davis Grubb et le non moins admirable film de Charles Laughton *La Nuit du chasseur*.

« Ce n'est rien de tuer quelqu'un. Le plus difficile, c'est de faire disparaître le cadavre », explique un commissaire de police au moment de l'affaire du « Trio infernal » d'Aix-en-Provence. Né Georges-Alexandre Sarrejani, le 23 septembre 1878, à Trieste, et plus connu sous le nom de Georges Sarret, il innove en détruisant de manière méthodique et scientifique les cadavres. Des crimes parfaits, ou plutôt presque parfaits, puisqu'il est jugé en octobre 1933 par la Cour d'Aix-en-Provence.

À l'adolescence, Sarret s'installe en France où, après de brillantes études de droit, il devient un avocat d'affaires réputé du barreau de Marseille. Marié, père de famille, Georges Sarret a toute l'apparence du bourgeois respectable, mais l'avocat mène une existence dissolue faite de fêtes, de maîtresses et d'alcool. Ayant séduit deux sœurs allemandes, Philomène et Catherine Schmidt, il les installe au début des années 1920 dans la villa L'Ermitage qu'il loue près d'Aix-en-Provence. Mais bientôt cette double vie et les frais qui s'en suivent obligent Sarret à se lancer dans des escroqueries à l'assurance-vie. Escroc habile, il fait participer ses maîtresses à son plan ingénieux. Elles épousent des hommes âgés à la santé fragile puis il utilise les services d'un complice en parfaite santé, un ex-abbé défroqué Chambon-Duverger, qui sous le pseudonyme de Deltheil passe une visite médicale pour souscrire une assurance-vie au nom de l'époux grabataire. Ensuite il suffit d'attendre le décès du mari, voire de précipiter sa mort avec du gaz ou du poison. Et le tour est joué.

Cent-mille francs tombent dans l'escarcelle des deux hommes et des deux femmes. Mais la convoitise de Chambon-Duverger est insatiable, il exige les cent-mille francs pour prix de son silence. Georges

Sarret est obligé de lui verser cette somme, mais l'ex-abbé continue son chantage. Le 20 août 1925, Sarret le tue d'un coup de fusil dans la villa de l'Ermitage. Le même jour, il part chercher à Marseille la compagne de la victime, Noémie Ballandreaux, sous le prétexte d'une invitation. Retour à la villa. Coup de pistolet. Seconde victime. Georges Sarret est débarrassé du maître-chanteur qui lui prend son argent et de la femme qui aurait demandé ce qu'était devenu son amant. En plus, il récupère son argent. Maintenant, il doit effacer les traces de son double assassinat.

Sarret retourne à Marseille où il achète quatre bonbonnes d'acide sulfurique de vingt-cinq litres chacune. Durant deux jours, il laisse les cadavres dans la salle à manger. Apparemment, il escompte qu'un début de décomposition permettra de faciliter l'action du corrosif. Il prépare la baignoire qu'il place dans la salle à manger. Il en retire le tuyau d'évacuation. Pour empêcher la fuite du liquide, Sarret a placé au fond une plaque de verre qu'il a scellée à la chaux. L'acide sulfurique, en effet, n'attaque pas le verre. Ensuite, il a mis les deux cadavres à la fois dans la baignoire, celui de Chambon en dessous. Les deux corps sont restés tout habillés. Sarret a pris seulement la précaution de retirer à Chambon-Duverger sa montre en or, qu'il s'est gardée. Il verse le liquide lentement avec précaution. En effet, une goutte échappée peut causer une terrible brûlure. Une bonbonne à demi versée sur les cadavres superposés commence l'œuvre. Sarret interrompt sa lugubre besogne.

Quelques heures plus tard, il verse la fin du contenu de la deuxième bonbonne et entame la troisième. Ses deux complices, Catherine et Philomène Schmidt l'assistent. Les yeux de l'homme ont été attaqués d'abord. Ils ont en quelque sorte fondu. La peau du visage s'est noircie. Sarret suit les progrès de cette lente décomposition. Elle dure trois jours.

Sarret commet encore deux assassinats par empoisonnement, mais la dernière escroquerie tourne mal avec l'arrestation d'une des sœurs. Lors du procès d'octobre 1933, Sarret tente en vain de faire endosser aux deux sœurs la responsabilité des assassinats de Chambon et de Noémie Ballandraux. Catherine et Philomène sont condamnées à dix années d'emprisonnement et, au bout de quatre heures de délibération, Georges Sarret est condamné à la peine de mort. Le 10 avril 1934, à 5 heures du matin, le procureur de la République pénètre dans sa cellule pour lui annoncer le rejet de son pourvoi, l'accusé se contente d'un laconique : « Je suis la victime d'une injustice. » Il refuse le verre de rhum, mais il émet un souhait : « Merci, je ne demande qu'une chose, c'est qu'on en finisse au plus vite. » Lors de la toilette, Sarret proteste : « Ne serrez pas si fort, je ne m'échapperai pas. » Ce sera la dernière exécution à se dérouler dans la ville de Marseille.

L'affaire est adaptée au cinéma sous le titre de *Le Trio infernal* par le réalisateur Francis Girod avec Michel Piccoli, Romy Schneider et Andrea Ferréol.

Exécuté le 26 juin 1934, Ali Asghar, est un serial killer iranien condamné à la peine capitale pour trente-trois meurtres commis en Irak et en Iran. Il justifie ainsi ses crimes : « J'ai réfléchi et calculé que chaque prostituée engendre la syphilis pour trois-cent hommes. Si rien n'est fait pour stopper cette épidémie, la génération future va disparaître. Je suis content de devenir un martyr national. Je voulais absolument éliminer le plus de prostituées et de proxénètes possible à Shiraz. »

Surnommé « The School-Girl Strangler », Arnold Karl Sodeman est âgé de trente-six ans le jour de sa pendaison, le 1er juin 1936, dans la prison de Pentridge, à Melbourne, en Australie. Il naît dans une famille aux lourds antécédents psychiatriques : sa mère souffre d'amnésie, tandis que son père et son grand-père décèdent dans des asiles. Adolescent, le jeune Arnold commet beaucoup de vols qui lui valent de nombreuses peines derrière les barreaux. Marié et père de famille, il paraît s'assagir jusqu'en 1930, malgré des périodes alcoolisées et plusieurs dépressions. Le 9 novembre 1930, Sodeman kidnappe Mena Griffiths, douze ans, avant de l'étrangler à Ormond. On découvre son corps bâillonné et ligoté deux jours plus tard. Hazel Wilson, seize ans, connaît le même sort à Ormond, le 10 janvier 1931. Les deux adolescentes ont été attachées avec des lambeaux de leurs vêtements. Le 1er janvier 1935, Ethel Belshaw, douze ans, disparaît alors qu'elle s'achète une glace dans la ville balnéaire d'Inverloch. Le 1er décembre de la même année, Sodeman étrangle sa quatrième victime, June Rushmer, six ans, à Leongatha. Des témoins la voient en compagnie d'un homme à bicyclette. À l'époque, le tueur est employé comme terrassier. Le lendemain de la découverte du corps de June Rushmer, un collègue de travail plaisante en indiquant qu'il a vu Arnold Sodeman en vélo près de la scène de crime. Mais Sodeman le prend très mal, et se met dans une crise de fureur telle que les autres ouvriers préviennent la police. Dès qu'il est questionné, Sodeman avoue les quatre meurtres devant des enquêteurs très sceptiques quant à sa culpabilité. Mais il insiste en donnant des détails que seul l'assassin peut connaître.

En février 1936, il est condamné à la peine de mort contre l'avis de plusieurs médecins qui affirment qu'il est irresponsable à cause de problèmes mentaux aggravés par l'alcool qu'il a bu lors de chacun de ses meurtres. Arnold Sodeman refuse de faire appel de peur de tuer à nouveau, si jamais il est libéré. Peu de temps avant son exécution, il déclare au directeur de la prison : « Je suis content que ça se termine. » Sur la potence, on lui demande s'il a quelque chose à déclarer. Sa réponse est courte : « Non, monsieur. »

Née en 1906 en Bavière, Anna Hahn est la plus jeune d'une fratrie de douze enfants. Adolescente, elle donne naissance à Oskar, un fils illégitime. Scandalisés, ses parents l'envoient à Cincinnati en 1929, où réside une forte communauté germanique. Elle épouse Philip Hahn en 1930. À partir de 1933, elle débute sa carrière criminelle en empoisonnant Ernst Kohler. Anna Hahn tue pour hériter de ses victimes, hommes et femmes, qui sont en règle générale des personnes âgées, afin de subvenir à sa passion du jeu.

Surnommée la « Blonde Borgia » et « Arsenic Anna », Anna Hahn est condamnée, en novembre 1937, à la peine de mort pour cinq assassinats. Elle est la première femme exécutée sur la chaise électrique de l'État de l'Ohio, le 7 décembre 1938.

La nuit qui précède son exécution, elle invite tous les journalistes qui ont suivi son procès à une soirée dans sa cellule, où elle offre du punch et des gâteaux qu'elle a confectionnés. Le lendemain, 7 décembre, Anna Hahn perd ses nerfs. Une fois qu'on lui découpe le pantalon de son pyjama (afin de fixer les électrodes), elle s'effondre en larmes. « Oh Dieu ! Oh Dieu ! Je ne peux pas y aller ! Je n'irai pas ! » En chemin, elle perd connaissance et on doit lui faire reprendre ses sens avec une capsule d'ammoniaque. Pendant qu'on lui fixe les courroies, elle s'écrie : « Ne me faites pas ça. Oh, non, non, non, non. Monsieur le directeur Woodard, ne les laissez pas faire. » Des larmes commencent à couler sur le visage du directeur. « Je suis désolé, mais on ne peut rien y faire. » Anna se met à hurler : « Non, je vous en supplie. Oh, mon garçon. Pensez à mon fiston. N'y-a-t-il personne qui puisse venir m'aider ? Il n'y a donc personne ? Quelqu'un ? Quelqu'un ? Personne pour venir à mon secours ? » Anna s'adresse alors au père John Sullivan, l'aumônier de la prison : « Rapprochez-vous, mon père. » Il tente de lui prendre la main pendant qu'ils récitent une prière. « Mais faites attention, mon père, vous pourriez aussi être tué. » À cet instant, l'exécuteur enclenche le passage du courant. Anna Marie Hahn décède à 20 h 13.

Jusqu'au bout, elle aura clamé son innocence, mais peu de temps après son décès, les enquêteurs et les lecteurs du *Cincinnati Enquirer* découvrent quatre lettres, une confession de vingt pages, écrite de sa main. L'avocat d'Anna Hahn les a vendues au journal afin que la somme versée serve à l'éducation d'Oskar, le fils de la condamnée. « Dieu là-haut me dira ce qui m'a poussée à de tels actes. J'aime pourtant les gens. Je ne devais pas avoir toute ma tête pour faire ça. [...] J'accepte la pleine responsabilité de mes actes. Mon seul regret est que je ne possède pas le pouvoir de défaire tout ce mal que j'ai pu infliger. »

James W. Hall, né en 1921, est un chauffeur de taxi à Enola, dans l'Arkansas. Il assassine cinq personnes entre 1944 et 1945, dont quatre durant une période de deux mois qu'il abat lorsqu'il est pris en auto-stop. Il bat aussi à mort sa seconde épouse. « Elle dépensait tout l'argent du ménage. J'en ai eu assez. Je l'ai emmené près du golf de Riverside, où il y a un ravin près de la rivière. Je l'ai battue à coups de poing, en la frappant à la tête une vingtaine de fois au moins. » Lorsqu'un policier lui montre le crâne, Hall l'identifie tout de suite : « C'est la dent qui me faisait mal quand je l'embrassais. » Le même enquêteur lui demande s'il a commis d'autres crimes et Hall lui dit que non, avant d'ajouter, « Eh bien, si. Une négresse à Salina, au Kansas, quand j'avais dix-sept ans. C'était il y a sept ans. » La vie de famille avec onze enfants est difficile. « Mon enfance a baigné dans la violence. Mon père était très strict. Quelque chose a dû se casser dans ma tête, il y a bien longtemps. » Lorsqu'il est déclaré coupable à son procès, en mai 1945, il déclare : « Je sais que je ne vais pas échapper à la chaise électrique, mais ça m'est égal. Je préfère ça à la perpétuité. » Le 4 janvier 1946, James Waybern Hall est escorté tout sourire jusqu'à la salle d'exécution de l'Arkansas. Il plaisante avec les gardiens. « Les gars, je n'ai pas peur. Pas de problème. Je vais tout à fait le supporter. »

Le 25 mai 1946, il est 4 h 35 du matin lorsque le procureur Dupin vient réveiller le docteur Marcel Petiot dans sa cellule de la Santé : « Petiot, votre recours en grâce a été rejeté, ainsi que votre pourvoi en cassation ? Ayez du courage

– Tu m'emmerdes.

– Avez-vous une dernière déclaration à faire ?

– Je viens de la faire. Tu m'emmerdes. »

Au greffe, il refuse de boire un verre de rhum, mais accepte une cigarette. Un juge s'approche de lui pour demander s'il désire faire des révélations et Petiot réplique : « Je suis un voyageur qui emporte ses bagages. Et maintenant, si on y allait ? » Quand on échancre son col de chemise, il ajoute : « Dommage de la part de l'administration de gâcher une si jolie chemise ! » Une fois ligoté, on l'installe sur la bascule de la guillotine et Marcel Petiot s'exclame : « Messieurs, je voudrais que vous détourniez le regard. »

Surnommé « The Tacoma Axe Killer » pour un double meurtre commis en 1947 dans l'État de Washington, Jake Bird est exécuté par pendaison le 15 juillet 1949, à l'âge de quarante-huit ans. Cet homme de race noire passe trente-et-une années derrière les barreaux dans l'Utah, l'Iowa et le Michigan. Il est soupçonné de quarante-six meurtres de femmes blanches, pour la plupart.

Le jour de sa condamnation, Jake Bird maudit tous ceux qui l'ont « puni » : « Vous allez mourir avant moi. » Si l'on en croit la presse de l'époque, six personnes dont le juge, deux policiers, le greffier, un gardien de prison et l'un des avocats de l'accusé décèdent en l'espace de dix-huit mois.

Meurtrier anglais au bain d'acide, John George Haigh est responsable de la mort d'au moins neuf victimes dans les années 1940. Comme Landru, il mêle l'appât du gain et le plaisir, même s'il préfère boire le sang de ses victimes. Il est exécuté le 6 août 1949. Ses derniers mots sont écrits dans un courrier adressé à sa fiancée Barbara : « Il est difficile de dire adieu dans de telles circonstances, mais tu comprendras que tu seras toujours présente dans mes pensées. Tu sais que je suis fier de notre association : elle a toujours été honorable. Je me souviendrai toujours de ta grande gentillesse et dévotion à mon égard. Maintenant, je dois te quitter. »

Yoshio Kodaira est un soldat japonais qui s'engage dans la marine royale à l'âge de dix-huit ans. Il tue six ennemis en 1928 et viole de nombreuses femmes chinoises. Il enfonce, par exemple, son sabre dans le ventre d'une femme enceinte. De retour au pays en 1932, il se marie, mais son épouse le quitte car il la trompe. Pour se venger, il agresse et tue à la barre de fer son beau-père et blesse six autres membres de la famille, le 2 juillet 1932. Condamné, il sort de prison en 1940.

Entre le 25 mai 1945 et le 6 août 1946, Kodaira assassine dix femmes et il en viole trente autres à Tokyo et à Tochigi. Après le cinquième assassinat, il commet aussi des actes de nécrophilie. Il est condamné à mort, le 16 novembre 1948. Exécuté par pendaison, le 5 octobre 1949, Yoshio Kodaira déclare : « J'ai vraiment de la chance de mourir par un jour aussi calme et paisible. » David Peace s'inspire de son cas pour son roman de 2007, *Tokyo année zéro*.

Le 24 mars 1953, un locataire du 10 Rillington Place sonde les murs de sa cuisine dans le but d'y accrocher des étagères lorsqu'il a la surprise d'y découvrir un endroit qui sonne le creux. En défaisant le papier peint, il trouve un placard dont il manque l'un des coins. À la lueur d'une lampe torche, une vision d'horreur s'offre à lui. Le cadavre d'une femme nue est maintenu en position assise par un drap fixé entre le mur et son soutien-gorge. Quand la police arrive sur les lieux, des fouilles dans ce placard permettent de mettre à jour deux autres corps de femmes enveloppés dans des draps et entourés de fil électrique. Les autopsies révèlent que chacune des victimes a respiré du monoxyde de carbone, avant d'être étranglée. Du sperme est présent dans le vagin de chaque femme. Dans une autre pièce de l'appartement, le plancher en bois paraît mal consolidé. Une fois retiré, les policiers trouvent un quatrième corps, lui aussi enveloppé dans un drap. C'est celui d'Ethel Christie, cinquante-quatre ans, l'épouse du locataire précédent, John Reginald Christie, qui a vécu seize ans en ces lieux. Une blague à tabac métallique contient des touffes de poils pubiens appartenant à quatre femmes différentes des corps découverts au 10 Rillington Place.

Dans l'arrière-cour, un fémur humain qui sert à tenir en place un grillage annonce la découverte de nouvelles horreurs, deux cadavres supplémentaires de femmes. Ces six corps de femmes du 10 Rillington Place rappellent tout de suite aux enquêteurs une autre trouvaille macabre, à la même adresse, trois ans plus tôt. Le 2 décembre 1949, Beryl Evans, dix-neuf ans, et sa fille de quatorze mois Geraldine ont été étranglées dans la buanderie attenante à l'appartement. À l'époque, le suspect numéro un avait été John Christie avant que l'époux de la défunte, Timothy John Evans, ne passe aux aveux. Ce chauffeur routier de vingt-quatre ans qui souffre de déficiences mentales se rétracte par la suite. Il affirme que Christie a tué sa femme en pratiquant un avortement clandestin. Et que ce même Christie lui a proposé de trouvé des parents adoptifs pour sa fille Geraldine. Confus et incohérent, Timothy Evans est condamné à la peine de mort et meurt pendu 9 mars 1950.

John Reginald Christie, qui a loué son appartement quatre jours avant la découverte des six cadavres, est l'objet d'une chasse à l'homme massive dans tout le Royaume-Uni. Son portrait s'étale à la Une de tous les journaux. Le 31 mars 1953, il est reconnu par un agent de police près du pont de Putney. Dès son arrivée au commissariat, Christie avoue quatre assassinats, dont celui de son épouse. Selon ses déclarations, il aurait trouvé Ethel en proie à des convulsions après qu'elle a avalé des barbituriques et, pris de pitié, il aurait abrégé ses souffrances en l'étranglant avec un bas nylon. Dans sa première confession, il affirme que les trois cadavres du placard sont des prostituées qu'il a été obligé d'étrangler en légitime défense lorsqu'elles se sont montrées violentes à son égard.

Les aveux de celui que la presse surnomme « L'Étrangleur de Rillington Place », ainsi que le travail minutieux d'un brillant médecin légiste, le docteur Francis Camps, permettent d'établir une chronologie des crimes. Pendant que son épouse Ethel rend visite à des membres de sa famille le 1er septembre 1943, Christie étrangle Ruth Marguerite Fuerst, une réfugiée autrichienne de vingt-et-un ans, à l'aide d'une corde. Au préalable, ils ont eu des relations sexuelles. Le 7 octobre 1944, Muriel Amelia Eady, une collègue de travail de Christie, âgée de trente-deux ans, disparaît sans laisser de traces. Ethel est à nouveau absente lorsque Christie convainc Eady qu'il peut soigner sa bronchite. Dans un rituel macabre qu'il va reproduire à trois autres reprises, Christie fait boire de l'alcool à Muriel Eady et l'installe sur son fauteuil où il lui fait respirer du monoxyde de carbone grâce à un tube de verre fixé à une bonbonne de gaz. Une fois qu'elle a perdu connaissance ou qu'elle est décédée, Christie la viole. Le fait de se débarrasser de sa femme Ethel le 14 décembre 1952 lui facilite la tâche pour les victimes suivantes. Les trois dernières victimes sont des prostituées âgées d'une vingtaine d'années qu'il assassine entre janvier et mars 1953.

Le 22 juin 1953, John Christie est jugé pour le seul meurtre de son épouse devant la Cour criminelle de Londres. Il plaide la folie, mais cette hypothèse est rejetée par plusieurs psychiatres renommés. Leurs témoignages révèlent le portrait saisissant d'un psychopathe sexuel. Né en 1898 dans une famille stricte où le mot amour est banni, Christie est un adolescent faible et hypocondriaque dont les tares sexuelles lui valent des surnoms tels que « Reggie sans bite » et « Christie la panne ». Plusieurs experts indiquent que le tueur a très certainement gazé et étranglé ses victimes pour les violer après la mort. Au sortir de l'adolescence, ses parents le jettent à la rue après qu'il se soit fait prendre à voler. Christie s'engage dans l'armée où il est blessé et gazé en mars 1918. Rapatrié, il reste près de quatre ans sans parler souffrant d'aphonie fonctionnelle, un trouble psychologique fréquent chez les hystériques. En 1920, il épouse Ethel et travaille à la poste avant d'être condamné à sept mois de prison pour des vols. Le couple s'installe au 10 Rillington Place en 1938 où tous les meurtres seront commis. Après la pendaison de John Reginald Christie le 15 juillet 1953, la rue change de nom et l'immeuble du 10 Rillington Place est rasé. Une enquête officielle menée en 1953 ne conclut pas à l'innocence de Timothy John Evans, pendu en 1950, pour les meurtres de son épouse Beryl et de sa fille Geraldine. Sur l'échafaud, Evans s'exclame : « C'est Christie qui l'a fait ! » Mais tous les experts s'accordent à considérer que c'est John Christie qui les a tuées. En 1971, le réalisateur Richard Fleischer porte l'affaire Christie à l'écran avec son chef d'œuvre *L'Étrangleur de Rillington Place* où l'acteur Richard Attenborough interprète le rôle du serial killer.

L'un des plus terrifiants tueurs du XXe siècle avait le mot « Malchance » gravé sur les doigts de sa main gauche. Il en était fier et sa courte existence en fut la preuve vivante. Lorsqu'il est exécuté dans la chambre à gaz de la prison de San Quentin en Californie le 12 décembre 1951, William Cook a tué cinq personnes dont trois enfants. Cet auto-stoppeur n'exprime jamais le moindre remords pour ses actes.

Né en 1929 près de Joplin dans le Missouri, le jeune Billy Cook est élevé à la dure avec sept frères et sœurs. Son père mineur de fond ne sait ni lire ni écrire et, après la mort de son épouse, il élève la famille dans un puits de mine abandonné. Un soir alors qu'il sort ivre comme à son habitude d'un bar, le père monte à bord d'un train de marchandises pour ne plus jamais revenir. Les autorités découvrent les enfants affamés qui survivent comme des rats dans une grotte.

Tous les enfants sont placés dans des familles d'accueil sauf le petit Billy. Son apparence physique est sinistre car il souffre d'une maladie congénitale qui l'oblige à garder en permanence son œil droit ouvert. Ce « mauvais œil » l'empêche d'être adopté. Les services sociaux sont forcés de payer quelqu'un pour le prendre. Une femme accepte, mais Billy n'y trouve qu'indifférence. Deux Noël de suite, sa mère adoptive lui offre une bicyclette mais, à chaque fois, ce cadeau est repris par les magasins car elle n'a pas réglé les mensualités.

À l'adolescence, Cook quitte l'école et reste dehors presque toutes les nuits. Il passe son temps à voler et à se bagarrer. Arrêté, il déclare au juge préférer une maison de correction à sa famille d'adoption. Son souhait est exaucé. Libéré quelques mois plus tard, il a dix-huit ans quand il dérobe onze dollars à un chauffeur de taxi, avant de voler une voiture. William Cook est cette fois-ci condamné à cinq ans d'emprisonnement dans une maison de correction où son comportement agressif lui vaut d'être transféré dans une prison pour adultes au pénitencier d'État du Missouri. Ses accents de fureur sont fréquents et il est craint par les autres détenus. Un compagnon de cellule a le malheur de faire une remarque humoristique sur son œil droit ce qui lui vaut d'être quasiment battu à mort à coups de batte de base-ball.

En 1950, Cook sort de prison. Il a vingt-deux ans et il retourne brièvement dans sa ville natale de Joplin où il rencontre son père. Étrange réunion entre un fils rempli de haine qui n'a jamais connu l'amour et un père alcoolique qui l'a abandonné. Le jeune homme lui annonce qu'il va partir sur les routes le flingue à la main. Son père l'aperçoit une dernière fois dans la rue en train de hurler des imprécations.

William Cook fait du stop à travers le sud-ouest des États-Unis avant d'arriver dans la petite ville de Blythe en Californie avec, pour seul compagnon, un pistolet de calibre 32 qu'il s'est procuré à El Paso, au Texas. C'est à Blythe qu'il trouve l'unique emploi de sa courte existence comme plongeur d'un restaurant. Mais le vagabondage reprend vite le dessus et il prend la route pour le Texas.

La nuit du 30 décembre 1950, Cook est devant une station-service de Lubbock dans le Texas lorsqu'un véhicule s'approche pour faire le plein. Il s'enquiert de la destination du chauffeur :

« Où allez-vous ?

– Tulsa, répond le conducteur.

– Je vais à Joplin. »

L'homme hésite. Il y a quelque chose de bizarre dans cet œil qui ne se ferme jamais mais il se sent fatigué et il craint de s'endormir au volant. Pendant des kilomètres, le conducteur parle sans jamais obtenir la moindre réponse de Cook dont le visage est fermé. Soudain, il sent le canon d'un pistolet s'enfoncer dans ses côtes. Il stoppe le véhicule. Cook s'empare de son portefeuille et lui ordonne de grimper dans le coffre. L'otage craint pour sa vie, il se sert du démonte-pneu pour briser la serrure du coffre. Lorsque le véhicule ralentit pour bifurquer sur une route secondaire, il ouvre rapidement le coffre et saute. Cook a entendu du bruit. Il stoppe la voiture. Une silhouette court dans l'obscurité. « T'as intérêt à t'arrêter, mec ! » hurle Cook. « Je vais te flinguer ! » Il hésite un long moment et il renonce à son projet. Pourquoi gâcher de précieuses munitions. Il se remet au volant et démarre dans la nuit.

Sur la Route 66, entre Claremore et Tulsa, en Oklahoma, William Cook tombe en panne d'essence. Quelques minutes plus tard, il voit une Chevrolet s'arrêter à côté de lui. À la veille du Nouvel An, Carl Mosser se sent d'humeur généreuse. Il est accompagné de sa femme Thelma et de leurs trois enfants, Ronald, sept ans, Gary, cinq ans, et Pamela, trois ans, ainsi que du chien de la famille. Il ne se doute pas qu'il va vivre trois jours d'enfer.

Cook dégaine son pistolet et s'installe sur le siège avant, à côté de l'épouse de Mosser. D'un geste, il indique à Carl de démarrer. « Qu'est-ce que vous nous voulez ? » Cook reste silencieux près d'une heure avant de se contenter d'un laconique : « Conduisez ». Le père de famille s'exécute. La voiture zigzague à travers tout le sud-ouest de Tulsa jusqu'à Wichita Falls au Texas. Les enfants ont faim et l'essence va bientôt manquer. Dans une station-service de Wichita Falls, Carl Mosser et Cook vont faire des provisions. C'est à cet instant que l'otage décide d'attaquer son kidnappeur. Un employé âgé est présent. Mosser crie pour qu'il l'aide. Effrayé, le vieillard sort un pistolet du tiroir-caisse. « Il était dans ma voiture toute la journée ! Il a un flingue et dit qu'il va tous nous tuer ! » « Fichez le camp de ma boutique ! » s'écrie l'employé. Les deux hommes se battent et s'effondrent contre une vitrine du magasin qui se brise. Cook ordonne à

Mosser de reprendre le volant et de démarrer. Le vieillard saute dans une camionnette pour les suivre. Cook tire plusieurs balles dans sa direction. Le poursuivant s'arrête en bord de route. Enragé, William Cook ordonne à Mosser de le conduire jusqu'à Carlsbad, au Nouveau-Mexique. Puis c'est El Paso, Houston et Winthrop dans l'Arkansas. Il veut retourner dans sa ville natale de Joplin dans le Missouri. Thelma, hystérique, pleure sans arrêt et les enfants hurlent à n'en plus finir. Cook est à bout de nerfs. Il bâillonne tous les passagers, sauf le père.

Un véhicule de police les dépasse lentement. Cook se rend compte des risques encourus, cela fait près de trois jours qu'ils voyagent ainsi. Il ordonne à Carl Mosser de stopper la Chevrolet avant de vider son arme sur tous les membres de la famille Mosser. Même le chien n'échappe pas à sa rage meurtrière. Il traverse Joplin avec les cadavres à bord pour s'en débarrasser dans un puits de mine abandonné, un endroit qu'il a fréquenté durant son enfance.

William Cook tombe en panne dans le Comté d'Osage, en Oklahoma où il parvient à désarmer le shérif adjoint Warren Smith qu'il laisse attaché en bord de route. Il s'enfuit à bord du véhicule de police mais, pour éviter de se faire repérer, Cook sait qu'il doit vite l'abandonner. Il arrête un automobiliste, Robert H. Dewey, qu'il blesse d'une balle avant de l'achever d'un tir à bout portant dans le crâne. Il balance le corps dans un fossé.

Les autorités l'ont maintenant identifié. Près d'un millier de policiers sont à ses trousses, mais Cook a déjà franchi la frontière avec le Mexique. Le 15 janvier 1951, l'inspecteur Francisco Morales reconnaît la voiture de Cook et l'arrête après s'être emparé de son arme. La police mexicaine le confie aux bons soins du FBI. Les cadavres de la famille Mosser ont été retrouvés, mais le Département de la Justice préfère le faire juger en Californie pour l'assassinat de Robert Dewey. Lors de son procès, William Cook desserre à peine les lèvres. « Je hais tout le monde et tout le monde me hait », se contente-t-il de dire. Il ne montre aucune émotion lorsque la Cour le condamne à la peine de mort et c'est sans un mot qu'il pénètre le 12 décembre 1952 dans la cage vitrée de la chambre à gaz de la prison de San Quentin. Même s'il ne parle pas, William Cook délivre un ultime message aux témoins de son exécution. Il tend ses deux mains sur lesquelles on peut lire sur chaque doigt : « H-A-R-D » « L-U-C-K »

L'histoire de William Cook et de son odyssée meurtrière inspirent le seul film noir de l'histoire du cinéma américain jamais réalisé par une femme, l'actrice Ida Lupino, qui signe un chef d'œuvre avec *The Hitch-Hiker* (*Le Voyage de la peur*) filmé moins d'un an après l'exécution du tueur en série.

Criminel endurci, Peter Thomas Anthony Manuel, né le 15 mars 1927, tue au moins huit personnes à Glasgow entre 1956 et 1958. Lors de son procès, où il se défend lui-même, il est incapable d'avancer une quelconque explication pour ses assassinats et avoue ne ressentir aucun remords. Dans l'attente de son exécution, il avoue dix-huit meurtres. Condamné à mort, il est pendu le 11 juillet 1958 à la prison de Barlinnie, à Glasgow, en Écosse. Il se contente d'un laconique : « Montez le son de la radio et je m'en irai tranquillement. »

Né en 1924, Stephen A. Nash est un cas très méconnu de serial killer homosexuel qui poignarde à mort onze hommes et des garçons en Californie en 1955 et 1956, principalement autour de Long Beach et de Santa Monica. Très maigre et édenté, il a déjà purgé six ans de prison à San Quentin pour des braquages. Identifié par une victime survivante, Nash avoue cinq crimes, sans éprouver le moindre remords : « Lui, c'était un gosse. Il avait toute la vie devant lui... du sexe et du bon temps, tout, quoi ! Et pourquoi, alors que moi, je n'ai jamais rien eu de tout ça ? Je lui ai tout pris. » En souriant, il ajoute, « En plus, je n'avais encore jamais tué un enfant. Je voulais savoir ce que ça faisait. » Par la suite, il est jugé pour d'autres assassinats.

Quand Nash est emmené dans un fourgon pour son ultime voyage vers le couloir de la mort de San Quentin, il prend le temps de plaisanter avec les reporters : « Hé, les mecs. Regardez-moi ! Je suis le roi des tueurs ! J'irai à la mort comme un roi doit le faire. Je n'ai rien à perdre car je n'ai jamais rien eu. La vie ou la mort, c'est pareil pour moi. » Un journaliste lui demande s'il veut un enterrement chrétien,

Nash ricane comme une hyène. « Qui, moi ! » Le 21 août 1959, il pénètre dans la chambre à gaz où il décède comme il est entré dans l'existence, sans le moindre ami. Calme, un sourire figé aux lèvres, il regarde à travers les fenêtres de la petite chambre verte, à la recherche d'un visage connu. Il reconnaît le juge d'instruction J. Miller Leavy du Comté de Los Angeles à qui il adresse un lent clin d'œil appuyé. Le regard toujours fixé sur l'homme qui l'a envoyé à la mort, Stephen Nash s'exprime pour la dernière fois : « Malheureusement, je n'ai jamais eu l'opportunité de vivre comme un homme. J'espère au moins mourir comme un homme. » À 10 h 03, les capsules de cyanure tombent dans l'acide sulfurique. Neuf minutes trente plus tard, le détenu est déclaré mort.

Adolescent rebelle, très marqué par la lecture de *comics*, Charles Starkweather et sa complice, Caril Ann Fugate, tuent onze personnes entre décembre 1957 et février 1958. Starkweather termine sur la chaise électrique, alors que Fugate est graciée en 1976. Leur histoire inspire le film de Terence Malick, *Badlands*, en 1973. Le 24 juin 1959, quelques heures avant de terminer sur la chaise électrique, Charles Starkweather, âgé de dix-neuf ans, répond à la demande du Lions Club local qui lui propose de faire don de ses yeux à une banque d'organes. « Non, rien à foutre. Personne n'a jamais rien fait pour moi. Alors pourquoi je devrais faire quoi que ce soit pour quelqu'un d'autre ? »

Un cas exemplaire de sadique sexuel, Harvey Glatman est obsédé dès son plus jeune âge par les cordes et le bondage. À dix ans, il se pend de nombreuses fois à des poutres du grenier pour des séances d'auto-érotisme. Plusieurs fois interné dans des hôpitaux psychiatriques, il passe des annonces dans des journaux de Los Angeles où il prétend être un photographe de magazines de faits divers, à la recherche de modèles. Il viole, ligote et étrangle trois jeunes femmes, tout en les photographiant sous tous les angles. Une quatrième victime potentielle, pourtant blessée à la jambe d'une balle tirée par Glatman, parvient à s'emparer de l'arme et à faire arrêter le tueur. À l'image d'un Gary Gilmore ou d'un Westley Allan Dodd, Harvey Glatman demande à être exécuté. Son vœu est doublement exaucé, puisque, amateur de bondage, il est attaché dans la chambre à gaz de la prison de San Quentin, le 18 août 1959. L'exécution démarre à 10 heures et il est déclaré mort à 10 h 13. Au moment où il pénètre dans la salle, Glatman reste muet, mais peu de temps auparavant, il affirme : « C'est mieux ainsi… C'est comme ça qu'il faut que ça se termine. » Quant à ses meurtres, il explique à un enquêteur :

« La raison pour laquelle j'ai tué ces filles, c'est parce qu'elles m'ont demandé de le faire. C'est vrai, elles me l'ont dit. Toutes.

– Elles vous l'ont demandé ?

– Bien sûr. Elles ont dit qu'elles préféraient être mortes que vivre avec moi. »

Donald Kinman est accusé du viol et du meurtre par strangulation d'au moins deux femmes, Ferne Wessel, quarante-trois ans, en 1958, et de Mary Louise Tardy, vingt-huit ans, en 1959. Le 2 décembre 1959, il se rend à la police pour avouer le seul crime de Tardy. « Je ne sais pas ce qui m'est arrivé, mais c'était comme si je devais le faire. Ma conscience commençait à me troubler. » Donald Kinman est inculpé pour les deux assassinats, grâce à ses empreintes digitales qui sont retrouvées sur les lieux des crimes. Il est exécuté l'année suivante dans la prison de San Quentin : « Je crois que je méritais la chambre à gaz, n'est-ce pas ? Je l'accepte. »

Joseph « Mad Dog » Taborsky possède la particularité d'avoir été condamné deux fois à la peine capitale pour des crimes différents, la première fois pour le meurtre de Louis Wolfson en 1950. Joseph et son frère Albert braquent ce caviste de West Hartford qu'ils abattent de sang-froid. Dans une procédure de plaider coupable, Albert témoigne contre son frère pour avoir la vie sauve et écoper d'une réclusion criminelle à perpétuité. Incarcéré, Albert est diagnostiqué comme souffrant de maladie mentale et interné en psychiatrie. Il est déclaré irresponsable et son témoignage est annulé. Joseph Taborsky est libéré au bout de trois ans, en octobre 1955. Interrogé par les médias, il affirme : « À partir de maintenant, je serai sage comme une image. Même pas une contravention. »

Taborsky s'associe avec Arthur « Meatball » Culombe, un ex-détenu avec qui il commet une série de braquages, les « Mad Dog Killings » qui laissent six personnes sur le carreau entre le 6 décembre 1956 et le 26 janvier 1957, dans le Connecticut. Arrêté, Culombe dénonce son complice en échange d'une réclusion criminelle à perpétuité. Taborsky écope de la peine capitale le 27 juin 1957. Le 17 mai 1960, Joseph Taborsky fait don de ses yeux, avant de manger un dernier repas composé d'un banana split et d'un soda à la cerise. Lorsqu'il arpente le couloir de la mort, il dit adieu à tous les autres condamnés à la peine capitale de la prison de Wethersfield. L'un d'eux, Ben Reid, vingt ans, s'effondre en larmes lors de leurs adieux. Taborksky lui dit qu'il reviendra « sous la forme d'une grande mouche noire ». Quelques instants après le décès du condamné sur la chaise électrique, Reid devient fou et doit être interné dans un hôpital psychiatrique. Au moment où Mad Dog décède, il prétend avoir vu une grosse mouche noire sur le mur de sa cellule.

Seul détenu à avoir été exécuté en 1966 aux États-Unis, James Donald French, qui est né en 1936, fait de l'auto-stop au Texas en 1958 quand il tue un automobiliste près de Stroud, dans l'Oklahoma. Condamné à la réclusion criminelle à perpétuité et souhaitant mourir, le prisonnier craint de se suicider. Il étrangle son codétenu, Eddie Lee Shelton, le 17 octobre 1961, ce qui lui vaut une condamnation à la peine capitale. Lors d'interrogatoires, French laisse entendre qu'il a peut-être commis d'autres crimes. Lorsqu'il s'assoit sur la chaise électrique de l'Oklahoma, le 10 août 1966, il se permet un jeu de mots : « Voilà qui ferait une bonne Une pour les journaux ? *French fries.* » (*French fries* signifie en anglais « frites » et *frie* signifie frire).

Ion Rimaru, le « Vampire de Bucarest », terrorise la capitale roumaine en 1970-71. Il tue quatre femmes et en viole dix autres, toujours après minuit et lorsque la météo est extrême, tempêtes de pluie ou de neige, et par temps de brouillard. Il se sert d'une hachette, d'un marteau, d'une barre de fer ou d'un couteau. Il mord les victimes au cou pour boire leur sang et il déchiquète les seins et le vagin pour les manger. Rimaru commet aussi des actes de nécrophilie. Il est arrêté le 27 mai 1971. Il reste muet lors des interrogatoires et pendant son procès. Le 23 octobre 1971, les gardes chargés de son exécution doivent le traîner de force pour l'attacher au poteau d'exécution dans la cour de la prison de Jilava. Il tente de les mordre et de s'enfuir. Quand on lui demande s'il souhaite prononcer une dernière déclaration, il répond par la négative. Au moment où les soldats se préparent à le fusiller, Ion Rimaru hurle : « Appelez mon père, pour qu'il puisse voir ce qui m'arrive ! Faites-le venir ! C'est lui, le seul coupable ! Je veux vivre ! » Il se débat tellement que les balles ne touchent pas d'organes vitaux. Un officier l'achève d'une balle dans la tête.

Né à Milwaukee en 1954, James Michael Shoffner est un Afro-américain qui change son nom pour devenir Michiah Shobek quand il émigre, à l'âge de vingt-deux ans, à Nassau, aux Bahamas. Le 5 décembre 1973, il tue à coups de couteau Irwin Bornstein, quarante-quatre ans, un comptable new-yorkais en vacances, crime pour lequel il écope de la peine capitale, le 18 octobre 1976. Pendant son procès, Shobek avoue deux autres assassinats, ceux de Paul Howell, cinquante ans, et de Katie Smith, dix-sept ans, commis en l'espace de deux mois. Il est le premier Américain à être exécuté à Nassau depuis 1961. Shobek est pendu le 19 octobre 1976 et il affirme : « Je suis innocent. C'est Dieu qui m'a ordonné de détruire ces anges de Lucifer. »

Kampatimar Shankarya, né en 1952, écope de la peine capitale pour soixante-dix meurtres commis à l'aide d'un marteau dans la province du Rajasthan en 1977-78. Lors de son procès, il admet que ses assassinats lui procurent « un grand plaisir ». Le 16 mai 1979, jour de sa pendaison, il reconnaît : « J'ai tué en vain. Personne ne doit suivre mes traces. »

John Eldon Smith est électrocuté par l'État de Géorgie, le 15 décembre 1983, pour avoir assassiné une femme et noyé ses trois enfants : « Eh bien, le Seigneur va encore en récupérer un autre. »

Première femme à mourir par injection létale, le 2 novembre 1984 en Caroline du Nord, Velma Barfield est une tueuse en série accusée d'au moins cinq assassinats par empoisonnement.

Elle refuse son dernier repas et opte pour du Coca-Cola et des Cheez Doodles. « Je tiens à vous dire que je suis désolé de tout le mal que j'ai pu faire. Je sais que beaucoup de monde a souffert à cause de mes actions, notamment toutes les familles. Je veux remercier tous ceux qui m'ont soutenue ces six dernières années. Je remercie ma famille d'être restée à mes côtés, ainsi que mes avocats. Merci à tout le personnel de la prison pour leur gentillesse durant ces six années. Cette salle est ma porte d'entrée pour le paradis. »

Ancien scout, étudiant brillant et missionnaire pour les Mormons, Arthur Gary Bishop viole et assassine cinq jeunes garçons sur une période de cinq ans. Une fois condamné, il renvoie ses avocats et renonce à toutes les procédures d'appels auxquelles il a droit. Exécuté dans l'Utah, le 10 juin 1988, il déclare : « Tout allait bien pour moi jusqu'à ces cinq dernières minutes. À présent, je suis en crise de panique. »

En février 1976, Jeffrey Joseph Daugherty, vingt-et-un ans, quitte le Michigan en voiture avec sa petite amie Bonnie Jean Heath, quarante-et-un ans, et un oncle. Leur périple dure trois semaines, jusqu'en Floride. Pendant ce temps, il commet des braquages et tue cinq femmes pour le plaisir, ainsi qu'un jeune homme, en Pennsylvanie, Alabama, Virginie et Floride. L'assassinat de Lavonne Sailer et de Betty Campbell lui valent la peine de mort en Floride, alors qu'il écope de trois réclusions criminelles à perpétuité pour les autres meurtres. Des doutes persistent quant au rôle joué par Bonnie Heath qui aurait tiré sur plusieurs des victimes, mais elle accepte de témoigner à charge contre Daugherty, en échange de l'immunité.

Après l'épuisement de tous ses recours, il est exécuté sur la chaise électrique de Florida State Prison, le 7 novembre 1988, à l'âge de trente-trois ans. « Certains d'entre vous voient cela comme une exécution. Pour moi, c'est la liberté. J'ai été en prison depuis treize ans. Et maintenant, je vais être enfin libre. Je vais tout donner à Dieu. Aux 294 condamnés à mort de cette prison, j'ai un message : « N'abandonnez jamais le combat. » J'espère de tout cœur être le dernier agneau sacrificiel d'un système injuste. Cette exécution ne va rien stopper. C'est maintenant mon heure, et je rentre à la maison. » Il est déclaré mort à 17 h 16.

Ted Bundy, le plus célèbre des serial killers, est exécuté le 24 janvier 1989, en Floride, pour trois meurtres commis dans cet État ; il est suspecté de trente-et-un autres crimes à travers les États-Unis et d'une série de vingt-huit assassinats au Canada connus sous le nom de « Highway Murders ». La nuit précédant son exécution, Ted Bundy avoue de nombreux meurtres dans une interview, espérant ainsi, mais en vain, surseoir au châtiment. Il passe son ultime nuit à prier et à pleurer. Lorsqu'on l'emmène vers sa dernière destination, le serial killer arrogant lors de son procès a laissé place à un homme terrorisé et tremblant, son visage est couleur de cendres lorsque les gardiens l'attachent sur la chaise électrique. Le superintendant Tom Barton demande à Bundy s'il souhaite s'exprimer. Il hésite quelques instants et il s'exprime d'une voix chevrotante : « Jim et Fred, je veux que vous transmettiez mon amour à ma famille et à mes amis. » Jim Coleman, son avocat, et Fred Lawrence, le religieux méthodiste avec qui il a prié toute la nuit, hochent la tête. Barton fait signe à l'exécuteur anonyme qui déclenche une décharge de deux-mille volts pendant une minute. De la fumée s'échappe de sa jambe droite. Ted Bundy est déclaré mort à 7 h 16. Un journaliste présent fait signe des bras en quittant l'aile Q de la Florida State Prison. Aussitôt, près de cinq-cents personnes rassemblées de l'autre côté de la route se mettent à chanter, à taper sur des poêles et à crier : « Crame, Bundy, crame ! »

Surnommé « Pee Wee » à cause de sa petite taille, Donald Gaskins est un natif de Caroline du Sud qui commence sa carrière de serial killer à trente-six ans, en 1973. Lorsqu'il est arrêté en 1976, les autorités estiment qu'il a tué un minimum de dix personnes des deux sexes. Enfermé en prison à perpétuité, Donald Gaskins récidive en faisant exploser une radio piégée d'un voisin de cellule, Rudolph Tyner, qui est tué sur le coup. Il est condamné à mort pour ce crime et exécuté, le 6 septembre 1991 : « Je laisse mes avocats parler pour moi. Je suis prêt à partir. » Durant son incarcération, il écrit son autobiographie, *Final Truth – The Autobiography of a Serial Killer*, qui est publiée après son décès.

James Allen « Red Dog » est exécuté pour cinq assassinats en 1993 : « Je rentre à la maison, bébé. »

Condamné pour cinquante-deux assassinats alors qu'il en a avoué cinquante-six, Andrei Chikatilo, « L'Ogre de Rostov », est exécuté d'une balle derrière l'oreille droite, le 14 février 1994. Il agresse aussi sexuellement des mineurs et commet des actes de cannibalisme. Au début de sa carrière criminelle, il retire les yeux de ses victimes car il croit que l'image du meurtrier s'est imprimée sur leur rétine. Juste avant son exécution, il s'adresse au tireur qui va l'abattre : « Faites attention de ne pas abîmer mon cerveau ! Les Japonais veulent l'acheter ! »

Issu d'une famille pauvre, Gowri Shankar s'installe à Madras où il devient conducteur de pousse-pousse, puis taximan à moto. À l'époque, la région est frappée par une interdiction de vente d'alcool. Avec son frère, Gowri met en place un trafic d'importation illégale d'alcools. Son gang grandit en nombre et il crée un bordel en pleine campagne. Bientôt, il alimente en fillettes des notables et des gens des médias. Pendant une période de six mois en 1988, « Auto » Shankar, son frère et des complices, kidnappent six adolescentes qu'ils assassinent à Thiruvanmiyur, dans la province de Chennai. Ils tuent aussi trois membres d'un groupe rival pour des dettes non réglées. Peu avant son exécution, Gowri « Auto » Shankar fait une ultime déclaration : « C'est le cinéma qui m'a poussé à commettre ces crimes, surtout les films violents et d'horreur qui m'ont appris comment me débarrasser des corps. Et ce sont des hommes politiques qui m'ont donné l'ordre de tuer ces fillettes, après les avoir violées. Elles ne leur servaient plus à rien. Je ne suis pas le seul coupable. Voilà ce que j'avais à dire. » Il est pendu à la prison de Salem (Inde), le 27 avril 1995. Aucune investigation n'est menée pour tenter de retrouver les « commanditaires » de Shankar, ni même pour vérifier la véracité de ses dires. En 2005, un film retrace son cas et son succès engendre un remake hindi.

En compagnie de son épouse Verna et de son frère Harold, Roger Dale Stafford abat neuf personnes entre le 22 juin et le 16 juillet 1978, dont six dans un *steakhouse* de l'Oklahoma. Ces meurtres leur rapportent mille-huit-cents dollars. Il est exécuté par injection létale le 2 juillet 1995, après avoir séjourné dix-sept années dans le couloir de la mort, où il se marie pour la troisième fois avec Mickey en 1988. Jusqu'au dernier moment, Stafford est persuadé qu'il va échapper à la peine capitale : « Je suis trop beau pour mourir. » Il est déclaré mort huit minutes après le début de l'injection létale. Ses ultimes paroles sont adressées aux témoins et à son épouse : « Dites bien au monde entier que vous assistez au meurtre d'un innocent. Je n'ai rien à perdre à dire un mensonge. Quelqu'un, quelque part, d'une façon ou d'une autre, je vous en supplie, disculpez moi... Mickey, je t'aime. Mickey, retrouve-moi aux portes du Paradis... » Deux jours après le décès du condamné, le juge à son procès reçoit un courrier de Roger Stafford qui contient un bon de réduction de cinq dollars pour un *steakhouse*. Au dos, le tueur a écrit : « Hé, tu as réussi ton coup. Je suis meurtre (!) et tu as aidé à le faire ! Je suis innocent et tu le sais aussi bien que moi ! »

Une cour banale, un jour de 1989. Environ dix mètres sur vingt. Des mouettes survolent les lieux. Une dalle de béton, avec une douche découverte d'un côté, des haltères de l'autre. Une table métallique est fixée au sol. Quatre hommes jouent aux cartes. Une partie de bridge. Autour d'eux, d'autres sont allongés à même le sol, plongés dans des jeux de toutes sortes. On parie de l'argent. Pour le bridge, c'est dix pences le point. Les joueurs échangent à peine quelques mots, si ce n'est pour se moquer du moins intelligent d'entre eux qui finit souvent par perdre patience et par jeter ses cartes violemment sur table en s'exclamant : « Ras le bol ! J'en ai marre ! Tout ça, c'est de l'histoire ancienne. » Trois des hommes sont moustachus. On se croirait presque dans un remake de la fameuse partie de cartes de Marcel Pagnol. Parfois, l'un d'eux lève la tête vers le mur d'enceinte où des gardiens armés de mitraillette font le guet.

Nous sommes dans un lieu mythique. La prison de San Quentin. La cour n° 4. C'est là que sont parqués les solitaires, ceux qui ne peuvent pas s'intégrer dans le milieu carcéral, les violents et les violeurs d'enfants qui risquent leur existence s'ils ne sont pas isolés des autres. Les quatre joueurs sont en sursis. Ils sont tous condamnés à mort pour des crimes abominables et les exécutions capitales qui ont été suspendues en Californie depuis vingt-deux ans vont reprendre en 1991. La porte verte de la salle d'exécution va bientôt s'ouvrir à nouveau...

Un ex-routier, William Bonin, est le plus colérique des quatre joueurs. Il a été surnommé le « Freeway Killer » (le « Tueur des autoroutes ») par la presse pour les quatorze assassinats d'adolescents qu'il a commis entre 1979 et 1980 le long des autoroutes de

Los Angeles avec, quelquefois, l'aide d'un complice. Bonin a été exécuté par injection létale en février 1996. Autre tueur homosexuel, Randy Kraft a écumé les mêmes routes que Bonin, si bien que les enquêteurs ont longtemps cru avoir affaire au même serial killer, même s'il a probablement tué pour la première fois en 1971, avant d'être arrêté douze ans plus tard. Jugé pour trente-sept crimes, Kraft est retrouvé en possession d'une liste codée comportant soixante-et-un prénoms de victimes. Spécialiste en informatique et d'une extrême intelligence, Randy Kraft est à l'opposé des clichés habituels du serial killer : il reconnaît avoir vécu une enfance sans histoire, n'avoir jamais subi de sévices et il n'a jamais effectué le moindre séjour en prison avant son arrestation pour meurtre. Kraft est le plus doué des bridgeurs et il déteste Bonin qui le lui rend bien. Ce dernier a pour partenaire Lawrence Bittaker qui prenait des jeunes auto-stoppeuses dans son van (surnom de son engin : le « Murder Mack »), avec son complice Roy Norris, un détraqué sexuel complet. Les deux hommes s'étaient juré de tuer une adolescente représentant chaque tranche d'âge entre treize et dix-huit ans. Pour revivre ces instants de torture et de mise à mort, Bittaker et Norris enregistrent les cris des victimes. Ces bandes insoutenables, j'ai eu l'occasion de les écouter lors d'une visite à l'Académie du FBI, à Quantico. Je crois que ces hurlements me hanteront jusqu'à la fin de mes jours.

Le partenaire de Randy Kraft est le « Sunset Slayer » (« Le Boucher de Sunset ») Douglas Clark qui, à l'âge de trente-deux ans, rencontre une infirmière divorcée avec deux enfants, Carol Bundy, de cinq ans son aînée, à qui il fait partager ses fantasmes sexuels pervers. En juin 1980, Carol décide de l'aider à kidnapper des prostituées sur Sunset Boulevard et les deux amants assouvissent leurs désirs nécrophiles. Certaines des six victimes sont abattues pendant qu'elles font une fellation, d'autres sont décapitées. Ils sont tous deux condamnés lors de procès séparés et Douglas Clark, qui se défend lui-même, s'est rendu célèbre en écrivant un article intitulé « Attraction fatale » pour le *Times*. Carol Bundy est morte d'une crise cardiaque le 9 décembre 2003, dans la prison de Central California Women's Facility, à Chowchilla. Elle était âgée de soixante-et-un ans et purgeait une condamnation à cinquante-deux années de prison. Bundy, qui était diabétique, alternait depuis cinq mois les séjours en hôpital et en cellule, et elle connaissait de graves problèmes cardiaques et respiratoires.

Lorsque William Bonin apprend l'exécution de son « collègue » mais néanmoins concurrent John Wayne Gacy, car ils « vendent » tous les deux leurs dessins et peintures, tous les prisonniers de San Quentin se souviennent de son explosion de joie. Surnommé le « Freeway Killer », William Bonin est exécuté le 23 février 1996 par l'État de Californie : « J'estime que la peine de mort n'est pas la réponse aux questions qui nous occupent. Je pense qu'elle envoie un message erroné aux jeunes de notre pays. Les jeunes agissent par mimétisme en regardant comment les autres agissent – et non pas parce qu'on leur dit de faire telle ou telle chose. Et je suggère que si une personne a l'idée de commettre un acte criminel, avant de passer à l'acte, elle devrait se rendre dans un endroit calme pour y réfléchir sérieusement. »

Il est 15 h 30, le 31 mai 1985 lorsque l'adolescente Shari Faye Smith disparaît devant la maison de ses parents située dans la proche banlieue de Columbia, en Caroline du Sud. À peine quelques minutes plus tard, son père, Robert Smith, rentre du travail et découvre la voiture de Shari, moteur en marche, portière ouverte, son sac à main posé sur la banquette. Très inquiet, il prévient sur-le-champ le bureau du shérif Jim Metts qui met en place des fouilles auxquelles participent plus d'un millier de volontaires. Sans le moindre résultat. La famille et les enquêteurs ne pensent pas à une fugue, car il n'y a eu aucune dispute entre Shari et ses parents. Le lendemain, une voix d'homme étrangement déformée téléphone à la mère de Shari : « J'ai kidnappé votre fille. Pour vous prouver que ce n'est pas une blague, Shari porte un maillot de bain jaune et noir sous son short et sa chemise. » Son corps est retrouvé quelque temps plus tard grâce à un appel du tueur qui récidive en enlevant Debra Helmick, âgée de neuf ans.

Lors de son procès, Larry Gene Bell est condamné à mort pour les deux kidnappings et meurtres de Shari Faye Smith et Debra Helmick. La police et les agents du FBI sont persuadés qu'il a commis d'autres assassinats. On le soupçonne notamment pour la disparition de Sandee Elaine Cornett, mais Larry Gene Bell a toujours refusé d'en parler. Son cas inspire un ouvrage de Hilda Smith, *The Rose of Shari*, ainsi qu'un téléfilm, *Nightmare in Columbia County* (1991) de Roger Young, avec William Devane dans le rôle du shérif Jim Metts et Butch Slade dans celui de Larry Gene Bell, qui est tourné dans la région de Charlotte en Caroline du Nord. Le 4 octobre 1996, Larry Bell est exécuté sur la chaise électrique de l'État de Caroline du Sud, sans avoir exprimé le moindre remords pour ses actes : « Je ne peux pas avoir de regrets, je suis Jésus-Christ. Le silence est d'or. »

Le 27 janvier 1981, à Rockford, dans l'Illinois, William Fredd, cinquante-quatre ans, et Albert Pearson, vingt ans, sont abattus par Raymond Lee Stewart pendant un cambriolage. Pour les enquêteurs, la vengeance est aussi un mobile car Fredd a témoigné contre Stewart pour un hold-up commis en 1970. Le lendemain, toujours à Rockford, un pompiste de vingt ans, Kevin Kaiser, est tué lors d'un braquage qui rapporte 72 $ à son auteur. Le 29 janvier, un autre pompiste est descendu, dans la même région. Le 2 février 1981, Richard Boeck, vingt et un ans, et Donald Raines, vingt-six ans, tombent sous les balles de Stewart dans un magasin de hi-fi à Beloit, dans le Wisconsin. Pour le premier braquage, une femme qui vient de quitter l'épicerie décrit un véhicule marron aux plaques d'immatriculation jaunes qui se gare devant le magasin. Pour le meurtre de Kevin Kaiser, un témoin indique qu'il a aperçu un homme noir vêtu d'une veste de cuir. Au moment des crimes, Stewart loue, sous une fausse identité, une chambre dans un motel de Rockford. Lors de son arrestation le 21 février 1982, les policiers découvrent deux revolvers de calibre 38, un Smith & Wesson et un R & G dont les expertises balistiques prouvent qu'ils ont servi aux différents homicides. Des taches de sang et de poudre sont trouvées sur les manches de la veste de cuir de Stewart qui est condamné à mort en 1982, avant d'être exécuté le 18 septembre 1996 à Joliet, dans l'Illinois. Le tueur est âgé de quarante-quatre ans et il est déclaré mort à 12 h 30 au Stateville Correctional Center. Son ultime déclaration est la suivante : « Hello, tout le monde. Que vous soyez tous en paix avec ma mise à mort. Que les familles de mes victimes puissent retrouver la sérénité. »

À Fort Worth, dans le Texas, en 1985 et 1986, Ricky Lee Green, âgé de vingt-cinq ans et borgne de son état, assassine trois femmes et un homme qui sont horriblement mutilés sexuellement. L'enquête piétine jusqu'en 1989, où son épouse Sharon le dénonce car il lui raconte qu'il va tuer à nouveau. À l'époque, cela fait quatre ans qu'elle est au courant de ses méfaits. Elle écope de dix ans de probation, mais elle échappe à une peine de prison grâce à son témoignage. Durant son enfance, le petit Ricky Lee est victime de terribles abus. Son père l'enferme dans un placard avec son frère et grogne de l'autre côté de la porte, lorsqu'il a deux ans. Il tente de le noyer à plusieurs reprises et le sodomise de manière régulière jusqu'à l'adolescence.

À six ans, Ricky doit courir le plus vite possible pendant que son père est assis sur le perron de la maison familiale avec un fusil à plombs. Il compte jusqu'à dix, avant de tirer. Ceci est répété de nombreuses fois et, à chaque fois, le père touche sa cible avec, pour seul commentaire : « Il faut que tu apprennes à courir plus vite. »

L'inspecteur Danny LaRue qui recueille les aveux du serial killer est persuadé qu'il est responsable de huit autres assassinats dans le nord du Texas. Il est frappé par l'absence de remords de Green lorsqu'il lui demande pourquoi il tue : « Ils le méritaient tous. C'était le rebut de la société. » Lors de son procès, Ricky Lee Green est condamné à mort le 5 octobre 1990. Le 9 octobre 1997, il reçoit l'injection létale à la prison de Huntsville, au Texas. Le personnel a beaucoup de difficultés à trouver une veine, à cause du passé de toxicomane du détenu. Finalement, on lui fixe une seule canule. Comme beaucoup d'autres condamnés à mort, Green a « trouvé » la foi derrière les barreaux, comme il le confirme avec son ultime déclaration : « Je veux remercier le Seigneur de m'avoir donné la possibilité de le connaître. Il m'a montré beaucoup de choses et il m'a transformé ces deux derniers mois. Je suis en prison depuis huit ans et demi, dont sept dans le couloir de la mort, et j'ai été un prisonnier modèle. J'estime que je ne représente plus une menace pour la société. J'ai le sentiment que mon châtiment est achevé, ce qui n'est pas le cas de mes amis qui en subissent les conséquences à leur tour.

Je veux remercier le Seigneur pour tout ce qu'il a fait pour moi. » Green se tourne ensuite vers les proches de ses quatre victimes qui assistent à l'exécution : « Je suis sincèrement désolé, mais, pour moi, c'est un autre meurtre qui ne résoudra rien. » Il est déclaré mort à 18 h 31, sept minutes après le début de l'injection létale.

Exécuté le 9 décembre 1997, à Huntsville, au Texas, Michael Lee Lockhart s'adresse tout d'abord par écrit à son bourreau : « Exécuteur, toi qui te cache derrière la porte des ténèbres, je suis prêt. Vas-y et pousse le piston du poison pour m'assassiner au nom de la justice. Je te pardonne, je t'aime. » Une fois dans la salle d'exécution, ses ultimes paroles sont : « Beaucoup de gens voient ce qui se passe ici comme quelque chose de mal, mais je veux que vous sachiez que j'y ai trouvé de l'amour et de la compassion. Les personnes qui travaillent ici, je les remercie pour leur gentillesse à mon égard, j'apprécie énormément tout ce qui a été fait pour moi. C'est tout, directeur. Je suis prêt. »

Douglas McArthur Buchanan ne s'est jamais remis du décès de sa mère d'un cancer alors qu'il n'a que dix ans. Il ne supporte pas que son père se remarie peu de temps après, et il déteste sa belle-mère et ses deux demi-frères. Le 15 septembre 1987, il a dix-neuf ans, quand il se rend au domicile de son père, dans le Comté d'Amherst, en Virginie. Une dispute violente éclate et il tue son paternel et son épouse. Puis, il attend tranquillement le retour de ses demi-frères, qui rentrent de l'école, avant de les abattre à leur tour. Il est arrêté dix-sept jours plus tard, au Nouveau-Mexique. Aux enquêteurs, il affirme : « Ils ne m'ont jamais traité comme un fils, j'étais de la merde à leurs yeux. Je veux dire, ils s'en foutaient… Ils ne m'adressaient jamais la parole pendant que je vivais là-bas. » Le 18 mars 1998, Douglas McArthur Buchanan pénètre d'un pas assuré dans la salle d'exécution pour y subir l'injection létale. Lorsqu'on lui demande s'il souhaite s'exprimer, il adresse un large sourire aux témoins : « Qu'on démarre le voyage. Je suis prêt à partir. »

Né le 21 mai 1951, Douglas Edward Gretzler et son complice Willie Luther Steelman tuent neuf personnes par arme à feu en Arizona et en Californie, afin de les voler, durant une période de deux mois, à partir d'octobre 1973. Tous deux condamnés à la peine capitale en Arizona, Steelman décède de mort naturelle dans le couloir de la mort en 1987. Pendant son incarcération, Gretzler avoue avoir assassiné dix-sept personnes lors de ses activités criminelles. Pour son dernier repas, il commande six œufs au plat avec quatre tranches de bacon, deux tranches de toast beurrées, une tasse de « vrai » café et deux Cocas avec des glaçons. Attaché sur le chariot de la salle d'exécution de la prison de Florence, dans l'Arizona, le 3 juin 1998, quelques instants avant le début du processus d'injection létale, il déclare : « Du plus profond de mon âme, je suis sincèrement désolé et, cela depuis des années, d'avoir assassiné Patricia et Michael Sandberg. Bien que je sois exécuté pour ce crime, je demande pardon pour toutes les dix-sept victimes et leurs familles. »

Genaro Camacho Junior est un trafiquant qui importe la marijuana du Mexique pour la vendre au Texas. Il est condamné à la peine capitale pour le seul assassinat de David Wilburn, le 20 mai 1988, à Pleasant Grove, mais il tue au moins cinq autres personnes. Il est impitoyable et d'une cruauté sans nom pour éliminer des rivaux ou les personnes qui ne lui règlent pas ses livraisons. Ainsi, Pamela Miller, une danseuse topless de vingt-trois ans, est battue à mort à Dallas, puis il lui écrase la tête en roulant dessus à deux reprises. Il la démembre avant de balancer les restes dans un défibreur d'arbres.

Le 26 août 1998, jour de son exécution, Camacho mange un steak avec une pomme de terre au four, de la salade et une glace à la fraise. L'injection létale est retardée de deux heures car le personnel paramédical ne parvient pas à localiser des veines, à cause de son passé de toxicomane. Ses dernières paroles sont : « Je suis prêt à mourir, nous avons fait toutes les préparations nécessaires. Je n'y peux plus grand-chose. C'est un nouveau départ. Je vous aime tous. Nous avons eu un bon service religieux et je serai à vos côtés. Je vous attendrai au Ciel. Okay. *Adios*. Voilà, c'est tout ce que j'ai à dire. »

Criminel endurci dès l'adolescence, Kenneth McDuff assassine trois personnes à Fort Worth, Texas, en 1966. Condamné à mort, sa peine est commuée en perpétuité en 1972. Relâché au bout de vingt-trois ans, il recommence à torturer et tuer au moins dix nouvelles victimes, trois jours après être sorti de prison en 1991. Il meurt par injection létale le 17 novembre 1998, à l'âge de cinquante-deux ans, dans la prison de Huntsville, au Texas. Ses dernières paroles sont : « Je suis prêt à être libéré. Libérez-moi. »

Sean Sellers a seize ans en 1986, lorsque ce fervent amateur de satanisme et du jeu Donjons et Dragons tue le propriétaire d'un magasin à Oklahoma City. À son meilleur ami, présent au moment du meurtre, il déclare : « Je voulais juste savoir ce que ça faisait de tuer quelqu'un. » Puis, six mois plus tard, vêtu d'habits rituels, il abat froidement ses parents. Encore mineur au moment des faits, il est condamné à mort et exécuté plus de dix ans après, le 5 février 1999, après s'être (comme tant d'autres tueurs soi-disant repentis !) converti au christianisme. Le 14 février 1995, il se marie derrière les barreaux avec l'une de ses correspondantes, mais l'union est annulée deux ans plus tard. Sean Sellers s'adresse aux membres de sa famille et, notamment, à ses demi-frères et sœurs : « À tous ceux qui me haïssent en ce moment et qui attendent de me voir mourir, sachez que lorsque vous vous réveillerez demain matin, vous n'aurez pas changé. » Il ne mentionne pas sa mère, pas plus qu'il n'évoque le moindre remords pour ses actes. Il enchaîne avec les paroles d'une chanson chrétienne : « Libère mon âme afin que je puisse te glorifier. Libère mon âme afin que je puisse te vénérer. » Sean Sellers est déclaré mort le matin du 5 février 1999, à 00 h 17.

Cambrioleur âgé de vingt-cinq ans, lors de son arrestation à Dallas pour l'assassinat de Janice Louise

Ingram, en mai 1980, Danny Lee Barber avoue trois autres meurtres de femmes commis dans la même ville entre 1978 et 1980. Il est déclaré mort le 11 février 1999, à 18 h 26, six minutes après le début de l'injection létale dans la prison de Huntsville. Son ultime déclaration s'adresse aux membres de la famille Ingram, ainsi qu'aux amis qu'il a invités pour assister à son exécution : « Hello, madame Ingram, je suis content de vous voir. J'ai dit que j'allais parler, mais je ne m'en sens pas capable. J'ai entendu qu'une de vos nièces a eu des mots très durs. Je n'ai rien à voir avec tous ces recours et le délai pour mon châtiment. J'ai passé les vingt dernières années à me demander ce qui arrivait. J'éprouve beaucoup de regrets pour ce que j'ai fait, mais je suis maintenant une personne différente. Si vous aviez eu la possibilité de me connaître pendant toutes ces années, vous auriez pu vous en rendre compte. Il y a des personnes ici présentes qui le savent. À présent, j'aimerai m'adresser à mes amis. Eh bien, ça fait plaisir de vous voir ici, les gars. Prenez soin de Mary Lynn pour moi. Comme je l'ai dit, j'ai déjà téléphoné à ma mère. Elle est au courant. Adieu. »

Robert Excell White reçoit l'injection létale dans la prison de Huntsville, au Texas, le 30 mars 1999, après avoir été condamné pour trois assassinats. Les médias le surnomment « Excell the Executioner ». Ses dernières paroles sont : « Gardien, renvoie-moi à mon Créateur. »

Condamné à la peine capitale pour trois meurtres de femmes, commis durant des cambriolages, sur une période de dix mois à Dallas, en 1986 et 1987, Charles Anthony Boyd est un Afro-américain de vingt-sept ans, au moment de son arrestation, le 15 avril 1987. Ces trois assassinats sont tous perpétrés dans la salle de bains des trois victimes qui sont étranglées ou poignardées, ce qui vaut le nom de « Bathroom Slayings » à cette série. Il est suspecté car il habite en face de Mary Milligan, la dernière victime, et il tente de revendre les bijoux de la jeune femme de vingt-et-un ans à un mont-de-piété. Son passé criminel avec des agressions sexuelles et des viols, lui fait passer plus de la moitié de son existence derrière les barreaux. Doté d'un Q.I. faible (67), Boyd vient tout juste de sortir de prison, en novembre 1985, quand il assassine Tippawan Naksuwan, trente-sept ans. Il est condamné à la peine capitale pour le seul crime de Mary Milligan. Il est exécuté par injection létale le 5 août 1999. Il est déclaré mort à 18 h 16, neuf minutes après le début du processus. Au début, il refuse de déclarer quoi que ce soit, mais lorsque ses veines commencent à se remplir, Charles Anthony Boyd tressaille, il a un hoquet et il s'écrie : « Je veux que tout le monde sache que je n'ai pas fait ce crime. Je voulais attendre un sursis de trente jours pour un test ADN, et que vous connaissiez le coupable. »

Né en 1953, le tueur en série David Martin Long est peu connu. Après sa condamnation pour trois meurtres de femmes au Texas qu'il qualifie « d'expérience satanique », il avoue spontanément deux autres assassinats en Californie et au Texas, trois et huit ans auparavant. « En 1978, je suis à un mariage à San Bernadino. Je me fais virer car je fume de la dope. J'étais ivre et je me rends au Clyde Bar où je consomme encore. Je crève deux pneus à mon retour parce que je suis complètement bourré. Je vais jusqu'à la station-service Union 76 où l'employé me fait payer une fortune pour changer les pneus. Je prends le démonte-pneu dans le coffre, et je le suis jusqu'à la caisse où je lui défonce la tronche. Pour m'assurer qu'il est bien mort, je lui enfonce un manche à balai jusqu'au fond de la gorge. Une voiture se pointe alors à l'une des pompes. Je fais semblant d'être l'employé de service et je le sers. Ensuite, je me barre. Je n'ai rien volé sur place. Je l'ai tué car j'étais furieux qu'il me fasse payer si cher. » Le second meurtre de David Martin Long se déroule le 20 décembre 1983, à Bay City, au Texas : « Il est 21 heures et je rends visite à mon patron, Bob Rogers, dans sa caravane. Il n'était pas venu bosser ce matin et j'étais passé plus tôt dans la journée pour prendre de ses nouvelles. Il m'a envoyé lui chercher une bouteille de whisky. Quand il a ouvert son portefeuille, j'ai vu plusieurs billets de cent dollars. À cette époque, je me shootais à l'héroïne et je prenais aussi du Preludin. En plus, je ne pouvais pas le piffrer. Il m'avait viré avant de me réengager, tout ça parce que j'avais utilisé un camion de la société pour un rencard avec une copine. Bref, je le vois affalé sur sa chaise, complètement bourré. Au bout de cinq minutes, je tente, sans succès, d'allumer un incendie sous la caravane. Je retourne à l'intérieur et je verse du whisky un peu partout. Je mets le feu aux tentures avec mon Bic. Je lui pique tous les billets de cent et je laisse un biffeton de vingt, pour que ça n'ait pas l'air d'un vol. Tout brûlait, je me suis cassé pour aller me prendre un shoot à cent dollars. Je l'ai tué parce que je détestais ce fils de pute. »

Le 19 septembre 1986, Long, qui est un routard, est pris en stop par Donna Sue Jester, trente-huit ans. Elle lui propose de rester à son domicile de Lancaster, dans le Texas, en échange de menus travaux. Elle lui offre de manière régulière des cigarettes et du vin. Donna vit en compagnie de deux autres femmes, sa cousine aveugle, Dalpha Lorene Jester, soixante-quatre ans, et Laura Lee Owens, vingt ans, qu'elle a recueillie. Le domicile est sale, rempli de déjections canines. Long ne tarde pas à entretenir des relations sexuelles avec Laura. Paranoïaque, il commence à croire que Donna a enterré les corps de plusieurs auto-stoppeurs dans son jardin. Sensible à certaines odeurs, le criminel explique à un psychiatre que « cela lui rappelle la mort de sa mère quand il avait dix ans » et qu'il « devient agité et perd tout contrôle ».

Le 27 septembre 1986, Long effectue des travaux de réparation lorsque Donna et Laura rentrent de leur travail et partent s'enfermer dans la chambre de Dalpha. Il est persuadé qu'elles sont en train de comploter contre lui et il s'empare d'une hachette. Lorsque Laura revient dans le salon pour regarder la télévision, il lui demande d'aller avec lui dans le jardin. Il la frappe violemment par derrière, avant de se diriger vers la chambre à coucher afin d'y assassiner les deux autres femmes. Toutes trois sont frappées à d'innombrables reprises. Long nettoie l'arme et prend la route avec la voiture de Donna. Arrêté lors d'un contrôle routier, le 24 octobre 1986, il ne tarde pas à avouer les assassinats : « Je suis un salopard sans cœur, je les ai tuées parce qu'elles menaçaient ma relation avec Laura Lee. J'ai assassiné Dalpha Jester car elle connaissait mon nom et, de toute façon, elle était déjà à moitié morte. Quand je l'ai fait, j'ai eu une sorte d'expérience spirituelle. C'était satanique. »

David Martin Long connaît des problèmes avec la justice depuis l'âge de douze ans. Négligé et frappé par son père, il est aussi violé par un autre membre de la famille. Lors de plusieurs examens, il déclare avoir des épisodes psychotiques et être possédé par un démon. Le 10 février 1987, il est condamné à la peine capitale par les jurés du comté de Dallas. Le 6 décembre 1999, deux jours avant son exécution, le condamné tente de se suicider par une overdose médicamenteuse. Il est encore à moitié comateux lorsque le gouverneur George W. Bush décide de le transférer par avion pour recevoir l'injection létale. Juste avant de pénétrer dans la salle de la prison de Huntsville, on lui fait avaler un produit détox qu'il vomit à son arrivée. Quelques minutes avant son décès, il affirme : « Je suis en plein milieu d'un combat entre Dieu et Satan, et j'en ai marre. » Puis, il ajoute : « Ah, je suis désolé pour ce spectacle... j'ai tout essayé pour vous faire comprendre à quel point je suis désolé. Je, je ne me suis jamais senti bien après ce qui est arrivé. J'ai envoyé un courrier à quelqu'un, je ne sais plus qui, une lettre pour tout raconter et dire ce que je ressens. Bon, je veux juste vous dire que je suis désolé. Je vous demande pardon. J'ai été élevé par la California Youth Authority. Je ne sais plus quand tout ça a démarré, ce qui s'est passé. Mais, vraiment, tout ça a commencé en Californie. J'étais dans leurs maisons de redressement et prisons, et ils créent des monstres là-bas. Voilà, je n'ai rien d'autre à ajouter. Merci d'être là, Jack. »

Darrel Keith Rich est condamné à la peine capitale pour un quadruple meurtre. Le 15 mars 2000, il entre dans la chambre à gaz de la prison de San Quentin pour se contenter d'un très sobre : « Peace. »

À trente-six ans, Edward Castro assassine trois hommes âgés en 1986. Austin Carter Scott, cinquante-six ans, est invité à boire des bières chez lui, à Ocala, lorsque celui-ci commence à l'étrangler, avant de brandir un couteau planqué dans une chaussette : « Je me souviens l'avoir regardé droit dans les yeux. Il était violacé. Hé, mec, t'es foutu. T'as pigé ? » Castro le poignarde une dizaine de fois, avant d'être arrêté par les policiers alors qu'il se promène dans la rue couvert de sang. Il avoue le meurtre de George Larry Hill, rencontré dans un bar de Saint Petersburg, en Floride, le 4 janvier 1987. On le suspecte d'autres homicides avant son exécution le 7 décembre 2000, alors que le condamné a volontairement renoncé à toutes ses procédures d'appel. Il mange un T-Bone steak et accepte un sédatif, du Valium. A 18 h 01, il fait une ultime déclaration : « Dites à ma mère que je l'aime, et je profite de cette opportunité pour demander pardon aux familles des victimes. Merci à tout le monde qui m'a exprimé de l'amour. Voilà, c'est tout. » A 18 h 02, le chlorure de potassium commence à couler dans ses veines. A 18 h 15, le médecin de Florida State Prison le déclare décédé.

Fan de Charles Manson, Henry Lee Lucas et Ted Bundy, Jason Eric Massey, qui est né en 1973, rêve de suivre les traces de ses idoles. À l'école, il fantasme à l'idée de dévorer la chair de ses camarades de classe et de jouir dans le cou décapité d'une jeune femme. Dans les bois, il possède un cimetière privé de crânes et de mâchoires d'animaux. Un soir de l'été 1993, il commence son existence de serial killer à Waxahachie, dans le Texas, par le meurtre de Christina Benjamin, treize ans : la tête et les mains ont été emportées, le corps est éviscéré et violé *post mortem*, puis vient le tour de James King, quatorze ans. Tous ses forfaits sont consignés en détail dans plusieurs journaux intimes, *The Thoughts of Jason Massey* et *Slayer's Book of Death*, où il affirme son ambition de devenir « le plus grand tueur en série de tous les temps ». Il écrit qu'il a massacré quarante-et-un chats, trente-deux chiens, sept vaches et il ajoute : « Mon but est sept-cents personnes en vingt ans. »

Le 3 avril 2001, dans la prison de Huntsville, il mange trois cuisses de poulet frit, de la courgette frite, de la purée de pommes de terre, du cou bouilli, des pois sucrés, des épinards, trois épis de maïs, des brocolis au fromage, de la crème glacée et du thé. « Je veux que vous sachiez que Christina n'a pas autant souffert que vous vous l'imaginez. Je ne vous connais pas tous et c'est bien dommage car j'aimerais vous demander pardon individuellement. Je veux que vous sachiez que je suis bien coupable de ces crimes. Je suis désolé pour ce que j'ai fait. Je sais aussi que vous voulez connaître l'endroit où j'ai déposé le reste de son corps. Je les ai mis dans la Trinity River. Aux membres de ma famille, je regrette profondément le mal que j'ai pu vous causer. Dieu a changé mon existence. Cette nuit, je vais danser sur des rues pavées d'or. Que ceux qui n'ont jamais pêché me jette la première pierre. » Il est déclaré mort à 18 h 20, huit minutes après le début de l'injection létale.

Responsable de l'attentat meurtrier de l'immeuble du FBI, à Oklahoma City, Timothy McVeigh ne fait aucune déclaration, mais tend une note manuscrite aux officiels qui président à son exécution par injection létale, le 11 juin 2001. Elle se termine par ces mots : « Je suis le maître de mon destin, le capitaine de mon âme. »

Alton Coleman est un Afro-américain, né le 6 novembre 1955, d'une mère prostituée. Il est condamné pour le kidnapping et le viol d'une femme âgée à Waukegan. Une fois en prison, il agresse sexuellement de nombreux prisonniers, au point qu'un psychiatre affirme que Coleman est « prêt à avoir des rapports sexuels avec n'importe quel objet, femme, animal, homme ou enfant ».

Une fois libéré, il commet plusieurs viols, avant de s'enticher de Debra Denise Brown, âgée de vingt-et-un ans, qui va devenir sa complice active dans une série de huit meurtres, dont plusieurs enfants, sept viols, trois kidnappings, quatorze braquages et d'innombrables agressions violentes dans l'Indiana, l'Illinois et l'Ohio, entre le 29 mai et le 20 juillet 1984, date de leur arrestation, à Evanston, dans l'Illinois.

Le jeudi soir qui précède son exécution, Alton Coleman commande un dîner gargantuesque qui lui est servi à 16 heures et qu'il continue d'avaler tout au long de la soirée : filet mignon, champignons sautés, brocolis au fromage, une salade de laitue, des frites, du pain au maïs, des poitrines de poulet frites, des biscuits en sauce, des *onion rings*, un gâteau avec de la crème Chantilly, une glace et du Cherry Coke. Il passe une nuit troublée, « peut-être à cause d'une indigestion ou de nervosité », indique Reginald Wilkinson, le directeur du Ohio Department of Corrections. Réveillé vers 5 h 15 du matin, Coleman refuse de se raser ou de prendre une douche. Deux sœurs et un frère, qui devaient lui rendre visite ce matin-là, ne se présentent pas à la prison. Ce 26 avril 2002, Alton Coleman, âgé de quarante-quatre ans, se contente de répéter en boucle la phrase suivante pendant qu'on l'attache dans la salle d'exécution de la prison de Lucasville, dans l'Ohio : « Le Seigneur est mon berger. » Il est déclaré mort à 10 h 13.

En décembre 1989, Aileen Wuornos, née le 29 février 1956, une prostituée lesbienne à la dérive, qui fréquente les bars de Hell's Angels, tel que le The Last Resort, à Daytona Beach, commence une odyssée meurtrière de onze mois qui s'achève par la mort de dix hommes d'âge mûr. Elle prétend faire de l'autostop, se laisse draguer et abat ses amants et clients d'occasion, en laissant, à chaque fois, un préservatif sur le cadavre. Le père d'Aileen, Leo Dale Pittman, est un pédophile et un psychopathe qui est étranglé en prison en 1969. Encore enfant, elle est violée et battue par son grand-père. À l'âge de onze ans, elle a des relations sexuelles avec son frère et des camarades de classe en échange de cigarettes, de nourriture et de drogue. Elle est enceinte à quatorze ans à la suite d'un viol commis par un ami de son grand-père. Ce dernier la met à la porte du domicile familial l'année suivante.

Le 31 janvier 1992, elle est condamnée à six reprises à la peine de mort par l'État de Floride. Pendant son procès, elle déclare : « J'ai détesté les êtres humains depuis très longtemps. » Pour son dernier repas, le 9 octobre 2002, où elle ne doit pas dépasser un budget de vingt dollars, Wuornos demande un KFC. Ses ultimes paroles sont : « Oui, je voudrais juste vous dire que je vais voyager sur un roc, et je reviendrai, comme dans *Independance Day* avec Jésus. Le 6 juin, comme le film. Vaisseau amiral, à la Star Trek et tout le bastringue, je vais revenir, je vais revenir. » A 9 h 47, elle est déclarée morte à la Florida State Prison. Un téléfilm est tourné sur son cas, *Overkill : The Aileen Wuornos Story* (1992). Le réalisateur Nick Bromfield a tourné avec elle deux documentaires controversés,

Aileen Wuornos : The Selling of a Serial Killer (1994) et *Aileen : Life and Death of a Serial Killer* (2003) et Charlize Theron remporte un Oscar de la meilleure actrice pour le film *Monster* en 2003.

William Wesley Chappell, né le 26 septembre 1936, est condamné en 1987 pour avoir molesté une fillette âgée de trois ans en 1984. Dans l'attente de son procès, il décide d'éliminer les trois témoins à charge en mai 1988. Il est condamné à la peine capitale le 23 janvier 1990. Il est exécuté par injection létale dans la prison de Huntsville le 20 novembre 2002. Il n'a aucune commande spéciale pour son dernier repas qui est similaire à celui de tous les autres détenus. Il est déclaré mort à 18 h 17, sept minutes après le début de l'injection mortelle. À soixante-six ans, c'est le détenu le plus âgé à avoir été exécuté au Texas. Son ultime déclaration est la suivante : « Ma demande est que vous alliez tous à l'église, car vous êtes tous en train de m'assassiner. Priez pour vos âmes, car vous en aurez sacrément besoin. Je ne suis pas coupable. Ce n'est pas dans ma nature. Jane, tu sais fort bien que je n'ai jamais abusé de ta satanée fille. Je sais que tu penses que je suis coupable, et que tu penses que ce qui se passe aujourd'hui est formidable. Mais laisse-moi te dire une chose, il y a eu deux tests ADN qui m'ont exonérés. J'ai demandé un troisième test, mais il n'a jamais été fait. Tu m'assassines, et je suis sincèrement désolé pour toi. Je ne vois pas quoi dire d'autre. Je vous en prie, allez à l'église et dites... »

Pédophile, Earl Bramblett est obsédé par Winter, la fille aînée de onze ans de ses amis, les Hodges. Ils sont massacrés le 29 août 1994, trois sont abattus et une seconde fille, Anah, trois ans, est étranglée. L'assassin a mis le feu à la maison. Arrêté le 30 juillet 1996, car un poil pubien qui lui appartient est retrouvé sur le cadavre de Winter, onze ans. Une perquisition à son domicile met à jour des enregistrements audio et vidéo qui montrent l'étendue de son obsession pour Winter. Condamné à la peine capitale, Earl Bramblett possède le choix entre deux méthodes d'exécution. Il opte pour la chaise électrique alors que la très grande majorité des condamnés choisissent l'injection létale. Ses derniers mots sont : « Je n'ai pas tué la famille Hodges. Je n'ai jamais assassiné quiconque. J'affronte ma mort la conscience claire. J'ai eu une existence merveilleuse grâce à mes deux magnifiques garçons. » Il est déclaré décédé le 9 avril 2003, à 21 h 09 à la prison de Greenville Correctional Center.

Ancien ministre du culte en Pennsylvanie, Paul Hill est un fervent militant de la cause anti-avortement en Floride. Il a quarante ans, le 29 juillet 1994, lorsqu'il abat au fusil à canon scié le docteur John Bayard Britton, soixante-neuf ans, et son garde du corps, James Barrett, soixante-quatorze ans, devant sa clinique de Pensacola. Il blesse aussi grièvement l'épouse du médecin. Il est arrêté le jour même et, le 6 décembre 1994, il est condamné à la peine capitale. Il renonce à toutes les possibilités d'appel et exige d'être exécuté le plus vite possible afin de devenir « un martyr » pour la cause qu'il défend. On le soupçonne d'avoir également participé à d'autres actions violentes à l'encontre de cliniques où l'on pratique l'avortement. Le 3 septembre 2003, on lui sert un dernier repas dans l'après-midi qui est composé d'un steak accompagné de brocolis, d'une pomme de terre au four, d'une salade, d'un sorbet à l'orange avec du thé glacé et sucré. À 18 heures, il est attaché au chariot de la salle d'injection létale de Florida State Prison, à Starke. Il prononce ces quelques mots : « La dernière chose que je veux dire : Si vous pensez que l'avortement est une force létale, il faut s'y opposer par la force et par tous les moyens à votre disposition. Que Dieu vous vienne en aide pour protéger l'enfant à naître, comme vous, vous aimeriez que l'on vous protège. »

Huang Yong est un tueur et violeur en série homosexuel chinois qui sévit entre 2001 et 2003 dans la région de Beijing. Il assassine au moins dix-sept adolescents qu'il étrangle avec une cordelette. Âgé de vingt-neuf ans au moment de sa mort, Yong garde les ceintures de ses victimes en souvenir de ses actes. Lors de son procès, il affirme qu'il n'a pas tué de femmes car cela n'aurait pas fait de lui « un héros » et que les personnes âgées sont trop méfiantes. Le 26 décembre 2003, encadré par deux officiers, Huang Yong s'avance en souriant vers l'homme qui va lui tirer une balle dans la tête. Menotté, il porte une veste jaune de détenu avec le numéro 99. Ses derniers mots sont : « J'ai toujours rêvé d'être un assassin depuis que j'étais petit, mais je n'ai jamais eu la possibilité d'en devenir un jusqu'à présent. »

Yang Xinhai, né le 29 juillet 1968, est un serial killer chinois, accusé de soixante-sept assassinats d'individus de tous âges et des deux sexes. Il massacre parfois des familles entières à coups de marteau, de hache et de pelle dans les provinces de Shandong, Hebel, Anhui et Henan. Surnommé le « Monster Killer », il est arrêté le 3 novembre 2003. Il commet aussi vingt-trois viols entre 1999 et 2003. En 1988, 1991 et 1996, il est condamné pour des vols et une tentative de viol, avant d'être libéré en 1996. Il est fusillé le 14 février 2004, à l'âge de trente-cinq ans. Il était atteint du Sida. Ses ultimes paroles sont : « Lorsque je tue des gens, j'éprouvais du désir. Cela me donnait encore plus l'envie de tuer. Je m'en fous de savoir s'ils méritent de vivre ou non. Ce n'est pas mon problème... Je n'ai aucun désir de faire partie de la société. La société, ce n'est pas mon problème. »

Né le 27 décembre 1963, Dennis Bagwell est en libération conditionnelle pour une tentative de meurtre et diverses agressions lorsqu'il massacre cinq personnes de sa famille en septembre 1995, à Stockdale, au Texas, dont sa mère et sa demi-sœur, ainsi que deux enfants. Il viole aussi une adolescente de quatorze ans. Il en étrangle deux, se sert d'un marteau et d'une barre d'haltères pour les autres. Bagwell, qui possède un tatouage « Mom » sur le bras, est venu emprunter de l'argent à sa mère qui lui refuse le prêt. Pour son dernier repas, Bagwell demande un steak avec de la sauce

A1, trois poitrines de poulet et trois cuisses de poulet frites, des travers de porc, des oignons frits, cinq-cent grammes de bacon frit, une douzaine d'œufs brouillés, des tomates coupées en tranches, des frites, une salade, deux hamburgers garnis, une tarte aux pêches, du ketchup, du café au lait, le tout arrosé avec du thé glacé. Deux semaines avant ce quintuple meurtre, il assassine George Barry, soixante-trois ans, en le piétinant à mort. Dennis Wayne Bagwell est exécuté par injection létale dans la prison de Huntsville, le 17 février 2005. Il est déclaré mort à 18h19. Il déclare : « Dieu m'a mis sur cette planète pour tuer des gens, mais je suis innocent de ces crimes. Si on m'avait offert la perpète, je n'aurais pas accepté. Je ne veux pas me traîner dans ces couloirs comme un vieux con de quatre-vingt ou quatre-vingt-dix balais pour quelque chose que je n'ai pas fait. Je suis prêt à partir. J'en ai marre de vivre comme un animal entre quatre murs. Je vous aime tous. Bon, maintenant dépêchez-vous, on y va. »

Âgé de trente-neuf ans, Angel Maturino Resendez (ou Resendiz) est un émigré illégal d'origine mexicaine qui sème la mort au hasard des trains qui sillonnent le Texas, le Kentucky et l'Illinois, entre le 29 août 1997, date de son premier crime, et le 15 juin 1999, où il tue sa neuvième victime. Totalement imprévisible et désorganisé, il change d'armes et de type de victimes. Même s'il viole parfois, son but principal est d'acquérir de l'argent, de la drogue ou de l'alcool, voire simplement un toit pour la nuit. Presque tous les corps sont recouverts d'un drap, une fois le forfait accompli. Marié et père de famille, Resendez possède un casier judiciaire très fourni depuis l'âge de dix-neuf ans. Il se rend volontairement aux autorités du Texas alors qu'il vit à Ciudad Juarez où plusieurs centaines de femmes ont été assassinées. Le FBI et la police mexicaine soupçonnent fortement « Le Tueur des trains » d'être l'auteur de plusieurs dizaines d'autres assassinats pendant la quinzaine d'années qui a précédé sa folie meurtrière. Il est condamné à mort en 1999 et exécuté par injection létale à Huntsville, au Texas, le 27 juin 2006 : « Je veux que vous cherchiez au fond de votre cœur la force de me pardonner. Vous n'avez pas besoin de le faire. Je sais que j'ai laissé le Diable guider ma vie. Je vous demande juste de me pardonner, ainsi qu'à Dieu pour m'être laissé tromper par le Diable. Je remercie Dieu d'avoir été patient avec moi. Je ne mérite pas d'avoir infligé de la douleur. Vous ne le méritez pas. Mon châtiment est juste. »

Le 20 août 1990, la jolie cité universitaire de Gainesville en Floride était considérée comme l'une des vingt villes les plus agréables à vivre aux États-Unis. Mais, à la fin de la semaine suivante, tous les médias font leur une sur l'atmosphère de terreur qui y règne à cause des meurtres de celui que l'on surnomme « L'Éventreur de Gainesville ». En l'espace de deux semaines à peine, cinq étudiantes sont violées, mutilées et assassinées, ce qui entraîne le départ de plusieurs milliers de personnes qui quittent le campus.

Il est 16 heures, le 26 août 1990 lorsque l'officier de police Ray Barber se rend aux Williamsburg Village

Apartments où des parents anxieux sont sans nouvelles de leur fille de dix-sept ans, Christina Powell. Circonstance aggravante, sa colocataire du même âge, Sonja Larson, ne répond pas non plus aux appels de ses proches. Quand il ouvre la porte, Barber est assailli par une odeur trop familière, il sait que la mort l'attend dans ce duplex. Mais rien ne l'a préparé à la vision d'horreur de ces deux jeunes femmes dénudées, mutilées sexuellement, et positionnées de manière grotesque par l'assassin afin de créer un choc maximal. L'une est allongée sur un lit, les bras au-dessus de la tête, l'autre se trouve au bas de l'escalier du duplex.

Plus d'une vingtaine de policiers du Gainesville Police Department et du bureau du shérif d'Alachua sont bientôt sur place. Parmi eux, Gail Barber, policière comme son mari Ray qui a trouvé les corps. Mais Gail doit bientôt quitter les lieux car elle est de permanence au bureau du shérif du Comté d'Alachua. Il est minuit passé et l'employée des archives Christa Leigh Hoyt, dix-huit ans, n'est pas à son poste. Son absence est inhabituelle et elle ne répond pas au téléphone. Gail Barber qui connaît bien sa collègue décide de se rendre à son domicile pour en avoir le cœur net. Pas de réponse lorsqu'elle frappe à la porte et pourtant le véhicule de Christa est garé devant l'immeuble. Par une fenêtre de l'appartement, Gail Barber aperçoit ce qui semble être un corps nu assis sur le coin du lit. Sa lampe torche révèle que celui-ci est penché en avant, avec une flaque de sang entre les pieds chaussés. Le cadavre de cette femme n'a pas de tête. Celle-ci a été posée sur le rayonnage d'une bibliothèque de la chambre à coucher. Les seins de Christa Hoyt ont été tranchés et placés sur le lit, près de son cadavre décapité. Il est alors une heure du matin en ce lundi 27 août 1990.

Dès le début, les enquêteurs font le lien entre ces trois meurtres. À chaque fois, le meurtrier s'est servi d'un couteau à longue lame, de sparadrap pour ligoter les victimes qui ont été mutilées et le rituel macabre est identique, avec une volonté systématique de choquer les témoins. L'assassin est aussi parti en emportant des trophées, à la fois des sous-vêtements et des parties du corps de ses trois victimes. Les corps ont été lavés avec du savon liquide.

Dès le lendemain, le mardi 27 août 1990, la panique atteint son comble avec la découverte d'un nouveau double meurtre. Cette fois-ci, il s'agit d'un couple de vingt-trois ans, Manuel Taboada et Tracy Inez Paules qui sont tombés sous les coups de l'Éventreur de Gainesville. Autre différence, l'assassin n'a pas commis de mutilations sexuelles, peut-être a-t-il eu peur que la lutte acharnée avec l'athlétique Manuel Taboada, 1 m 90 pour cent kilos, attire l'attention des voisins de cet immeuble des Gatorwood Apartments. L'enquête de voisinage permet tout de suite d'identifier un ex-locataire connu pour des actes de violence et d'exhibitionnisme. Edward Humphrey possède aussi un couteau qu'il dégaine facilement quand il se bagarre. Bien qu'identifié comme le suspect n° 1 par les médias et la police, les enquêteurs sont incapables de trouver une preuve matérielle qui le lie aux cinq crimes. Incarcéré pour avoir frappé sa grand-mère, Humphrey est condamné en octobre 1990 à vingt-deux mois d'enfermement dans un hôpital psychiatrique. Il est libéré le 18 septembre 1991, mais reste toujours suspecté par les autorités jusqu'à la condamnation du véritable assassin en 1994.

Pendant que les policiers se focalisent sur Edward Humphrey, un SDF, Danny Harold Rolling, attire l'attention d'une patrouille qui l'a vu en train de se procurer de la drogue. Rolling s'enfuit à travers les bois qui bordent Gainesville, mais deux inspecteurs découvrent son campement de fortune près d'Archer Road, non loin de l'immeuble où Christa Hoyt a été tuée. Sous la tente, ils repèrent des objets qui permettront de lier Rolling aux cinq meurtres, mais les policiers n'y prêtent aucune attention car ils se focalisent sur un sac rempli de billets de banque, le butin d'un braquage commis le jour précédent à la First Union National Bank. Quelques heures plus tard, Danny Rolling s'enfuit à bord d'une voiture volée en direction de Tampa où il commet plusieurs cambriolages, tout en laissant de nombreux indices, tels que des empreintes digitales et des cheveux. Son errance se poursuit à Ocala où il tente le braquage à main armée d'un supermarché le 8 septembre 1990. Mais celui-ci échoue et Rolling est arrêté.

Pendant qu'il est sous les verrous, la police de Shreveport, en Louisiane, contacte celle de Gainesville. Des enquêteurs ont noté les similitudes qui existent entre les assassinats de Gainesville et un triple homicide perpétué à Shreveport en novembre 1989. Un mandat d'arrêt pour Danny Harold Rolling a été émis en mai 1990 pour une tentative de meurtre sur son père. L'absence de communication entre services de police est frappante car le tueur de Shreveport a nettoyé l'une des victimes – une femme – avec du savon liquide et l'a placée dans une posture grotesque, à l'image de ce qui s'est passé à Gainesville. Le mode opératoire du tueur de Shreveport et son rituel sont identiques à ceux de l'Éventreur de Gainesville selon un rapport du FBI.

Début 1991, les enquêteurs examinent les possessions découvertes sous la tente de Danny Rolling. Son tournevis est la copie conforme de celui qui a servi pour fracturer les appartements de Gainesville, un poil pubien appartient à Christa Hoyt, son ADN est retrouvé sur les trois scènes de crime et une cassette audio contient un message qui fait froid dans le dos : « C'est Danny Harold Rolling sous les étoiles cette nuit. Je vous abandonne car j'ai du boulot à faire. » Le passé du tueur présumé émerge dans la presse. Enfant, il est victime d'abus répétés de la part de son père tandis que sa mère laisse faire ; adolescent, il quitte l'école très tôt pour des problèmes de violence. Il est renvoyé de l'armée de l'air à cause de l'alcool et de la drogue. Pendant qu'il est marié, il est arrêté pour des faits d'exhibitionnisme. Rolling passe huit ans derrière les barreaux pour différents braquages avant de quitter la Louisiane pour la Floride après sa tentative de parricide.

En septembre 1991, il est condamné à la perpétuité pour ses braquages à main armée et les nombreux cambriolages commis en Floride. Dans l'attente de son procès pour les meurtres de Gainesville, Danny Rolling effectue plusieurs tentatives de suicide. Transféré à la Florida State Prison, il passe son temps à peindre et à écrire, et il entame une correspondance enflammée avec Sondra London, l'ex-petite amie du serial killer Gerard Schaefer, éditrice de textes de nombreux autres tueurs en série. Lors d'une audience devant le tribunal, Rolling se met à chanter pour proclamer son amour à Sondra London. Rolling et London écrivent ensemble *The Making of a Serial Killer*, l'autobiographie du tueur qui est illustrée par ses propres dessins. Le 31 janvier 1993, Danny Rolling reconnaît être l'auteur des meurtres de Gainesville et de Shreveport, mais il l'avoue indirectement par l'entremise de son codétenu Bobby Lewis. Son envie de tuer est née de son incarcération au milieu des années 80. Le tueur en série rend son père responsable de sa carrière criminelle et il affirme que c'est son double maléfique qu'il appelle « Gemini » qui a commis les meurtres. Or « Gemini » est le nom du serial killer fictif de *L'Exorciste III* que Rolling a vu pendant la semaine des assassinats de Gainesville.

Bien qu'ayant plaidé coupable à l'ouverture de son procès, Danny Rolling est condamné à la peine de mort le 20 avril 1994. Après plusieurs appels, il est exécuté par injection létale 25 octobre 2006. Il mange avec beaucoup d'appétit un homard, des crevettes sautées avec une pomme de terre au four, un cheesecake à la fraise, arrosé de thé sucré. Face aux familles des victimes qui assistent à son exécution, Danny Rolling n'exprime aucun remords. Il avoue simplement par écrit le triple meurtre de la famille Grissom à Shreveport : « Afin de partir le cœur léger, je vous adresse ce courrier formel qui concerne les meurtres de Julie, Tom & Sean Grissom, dans ma ville natale de Shreveport, en Louisiane. Hal Carter, l'ancien fiancé de Julie Grissom est INNOCENT à 100 % – TOTALEMENT PUR. Moi, et moi seul, je suis coupable. C'est ma main qui a éteint ces précieuses lumières dans ce monde obscur. Étant un enfant de Shreveport, je ne peux qu'offrir cette confession d'un profond remords quant à la perte de ces âmes extraordinaires. J'ai pleuré un océan de larmes dans des flots de regrets éternels. Danny Rolling »

Tandis que le processus d'exécution démarre, Danny Rolling se met à chanter en boucle *Nul n'est plus grand que toi Seigneur* jusqu'à ce que mort s'ensuive. Il décède à 18 h 13, treize minutes après le début de l'injection létale.

Depuis son décès, les peintures et dessins de l'Éventreur de Gainesville se vendent pour des milliers de dollars sur Internet. Un roman écrit en prison, *Sicarius*, a été publié en tirage limité en 2002. En 2007, un film *The Gainesville Ripper* a été tourné sur les crimes de Danny Rolling. Comble de l'horreur, la première de ce film s'est déroulée à Gainesville au grand dam des familles de victimes.

Ahmad Suradji, également connu sous les identités de « Datuk Maringgi » et « Nasib Kelewang », est un sorcier et un tueur en série indonésien, responsable de la mort de quarante-deux femmes qu'il étrangle avec une cordelette, après les avoir à moitié enterrées dans le sol entre 1986 et 1997. Ses victimes ont entre onze et trente ans. Elles lui rendent visite afin qu'il les guérisse ou les rendent plus belles. Une fois décédées, il les enterre dans une plantation de cannes à sucre avec leurs têtes pointées vers sa maison, de sorte que ses pouvoirs magiques s'accroissent. Pour la même raison, il boit leur salive. Suradji explique que son père lui est apparu dans un rêve pour lui ordonner d'assassiner soixante-dix femmes. Il est fusillé par un peloton d'exécution, le 10 juillet 2008. Invité à prononcer une ultime déclaration, il dit : « Je regrette de ne pas en avoir eu soixante-dix. »

Âgé de vingt-cinq ans, Terry Lee Hankins commet cinq assassinats en 2000 et 2001 dans le Comté de Tarrant, au Texas. Pour son ultime repas, le 2 juin 2009, il mange du poulet frit, des côtes de porc, des cheeseburgers, accompagnés de frites et de gombos. Pour finir, plusieurs brownies. Il est déclaré mort à 18h19, onze minutes après le début de l'injection létale dans la prison de Huntsville au Texas. « On m'a toujours dit que j'étais un bon à rien, et je crois bien que j'ai fini par le croire. Pour me résumer, j'ai été coupable de meurtres, d'inceste, de crimes haineux, d'escroqueries, de vols, de jalousie et d'envie envers mes proches. Oui, je suis désolé pour tout ce que j'ai fait et de la douleur et des souffrances que mes crimes ont causés. Jésus est notre Seigneur. Qu'il soit béni. »

Le 10 octobre 1993, Rogelio Cannady, qui purge deux peines de réclusion à perpétuité pour deux meurtres et un viol commis en 1990, bat à mort son compagnon de cellule dans la prison de McConnell Unit, à Beeville, au Texas. Il est exécuté par injection létale dans la prison de Huntsville, le 19 mai 2010. Pour son dernier repas, il mange avec appétit sept *enchiladas* au bœuf et au fromage, un *pico de gallo*, deux cheeseburgers, des frites et deux morceaux de poulet frit. Attaché au chariot, Cannady déclare : « J'étais en train de penser comment nous avons grandi. Grandis ensemble sous un même toit. Il faut que nous nous aimions les uns les autres, comme autrefois. Cela va aller pour moi. Prenez bien soin de vous… Que Dieu ait pitié de mon âme. » Sur ces paroles, l'injection démarre. Cannady se met à rire et lève la tête : « Je pensais que ce serait bien plus dur que ça. Je suis prêt à partir. Je commence à m'endormir. Je le sens. C'est en train d'agir… »

Le 17 février 2011, l'État de l'Ohio exécute le tueur en série Frank Spisak qui est condamné à la peine de mort, le 10 août 1983. Ses voisins de Cleveland le connaissent sous le surnom de « Frankie Ann Spisak », un travesti qui rêve de changer de sexe. Mais ils ignorent son autre personnalité : un jour, Spisak décide de ne plus porter de robes ni de maquillage. Il se transforme en Adolf Hitler, avec la même coiffure et moustache que le dictateur. En février 1982, Spisak lance sa première mission « rechercher et détruire » pour « nettoyer la ville ». Dans les toilettes d'un bâtiment de l'université d'État de Cleveland, il abat le révérend noir Horace Rickerson. Quatre mois plus tard, il tire sur un autre Noir, John Hardaway, cinquante-cinq ans, mais celui-ci en réchappe. Durant le mois d'août, Spisak frappe à trois reprises : Timothy Sheehan, cinquante ans, que le tueur pense être juif, Brian Warford, un Noir de dix-sept ans, puis une troisième victime qui est blessée. En septembre, Frank Spisak est arrêté pour avoir tiré par la fenêtre de son appartement. Il est relâché, mais un appel anonyme conseille à la police d'effectuer des vérifications sur son arme et de la comparer aux meurtres non élucidés de Cleveland. Pendant son procès, Frank Spisak plaide l'irresponsabilité et affirme que la « guerre » qu'il a menée provient d'un ordre direct de Dieu, son « supérieur immédiat ». Il ajoute que les juifs sont responsables de sa vie de travesti parce qu'ils ont « pris le contrôle de mon cerveau pendant que je ne faisais pas attention ». À l'énoncé du verdict, Spisak prononce un « Heil Hitler ! » tonitruant.

Pour son dernier repas, il mange des spaghettis à la sauce tomate, une salade, un gâteau au chocolat et du café. Avant de recevoir l'injection létale, Frank Spisak récite en allemand les sept premiers versets du vingt-et-unième chapitre du livre des Révélations de la Bible : « Et j'ai vu un nouveau ciel et une nouvelle terre ; car l'ancien ciel et l'ancienne terre avaient disparu, et la mer n'est plus. J'ai vu aussi la ville sainte, la Nouvelle Jérusalem, qui descendait du ciel, d'auprès de Dieu, et préparée comme une épouse parée pour son mari. Alors j'ai entendu une voix forte venant du trône dire : « Voyez ! La tente de Dieu est avec les humains, et il résidera avec eux, et ils seront ses peuples. Et Dieu lui-même sera avec eux. Et il essuiera toute larme de leurs yeux, et la mort ne sera plus ; ni deuil, ni cri, ni douleur ne seront plus. Les choses anciennes ont disparu. » Et Celui qui était assis sur le trône a dit : « Voyez ! Je suis en train de faire toutes choses nouvelles. » Et il dit : « Écris, parce que ces paroles sont fidèles et vraies. » Et il m'a dit : « Elles sont accomplies ! Je suis l'Alpha et l'Oméga, le commencement et la fin. À quiconque a soif, je donnerai de la source de l'eau de la vie gratuitement. Quiconque vaincra héritera de ces choses, et je serai son Dieu et il sera mon fils. » À la fin de sa récitation, Spizak crie un tonitruant « Heil Herr ! »

Oba Chandler, âgé de trente-deux ans, viole et assassine trois femmes en juin 1989 dans le Comté de Pinellas, en Floride. Il les noie en jetant les victimes attachées avec des blocs de béton par-dessus le bord d'un bateau. Il est arrêté trois ans plus tard et condamné à la peine capitale le 4 novembre 1994. Pendant les dix-sept années passées dans le couloir de la mort, il ne reçoit aucune visite. Le 15 novembre 2011, il mange deux sandwiches au salami avec de la moutarde. Il commande aussi un autre sandwiche au beurre de cacahouètes et à la gelée de raisin, mais n'en mange que la moitié, le tout arrosé d'un café. Il est déclaré mort à 16 h 25 à la Florida State Prison, après avoir prononcé ces derniers mots : « Vous pouvez embrasser mon beau petit cul rose ! »

Au début des années 1980, les deux cousins, David Gore et Fred Waterfield, âgés de trente ans, incarnent l'image type du *redneck*, avec leur taille et poids imposants et un amour immodéré pour les armes à feu. Leur autre passion les pousse à traquer des femmes pour assouvir leurs fantasmes pervers. Deux tentatives échouent et Fred Waterfield offre à son cousin mille dollars par femme obtenue. Du coup, la nuit tombée, ils « arrêtent » leurs victimes grâce à une fausse plaque de police (Kenneth Bianchi agit de même à Los Angeles). Entre février 1981 et juillet 1983, les deux cousins violent et assassinent six femmes.

Le 12 avril 2012, David Alan Gore est exécuté par injection létale à la Florida State Prison, à Starke. Il est déclaré mort à 18 h 19. Son dernier repas est composé de poulet frit accompagné par des frites et d'une glace à la noix de pécan. Ses ultimes paroles sont destinées aux proches de Lynn Elliott, dix-sept ans, qu'il a assassinée à Vero Beach, en Floride : « Je voudrais dire à monsieur et madame Elliott que je suis sincèrement désolé d'avoir participé à la mort de votre fille. J'aurais tant voulu que mon châtiment puisse la ramener à la vie. Je ne suis plus le même homme qu'il y a vingt-huit ans. Lorsque j'ai accepté Jésus-Christ comme mon Sauveur, je suis devenu une Nouvelle Créature du Christ et je sais que Dieu m'a réellement pardonné tous mes péchés. Je suis capable de faire face aujourd'hui car je sais que le Christ vit en moi. L'apôtre Paul a déclaré « car mourir est vaincre ». Aussi, je n'ai pas peur en ce jour, et j'attends avec impatience de vivre toute mon Éternité en compagnie du Christ. Monsieur et madame Elliott, j'ai prié pour vous, afin que vous trouviez enfin la paix que seul le Christ peut vous accorder. Enfin, je tiens juste à ajouter que j'ai énormément de remords, et je prie pour que votre famille puisse me pardonner. Que Dieu vous bénisse tous. »

Le 25 avril 2001, Jan Michael Brawner se rend au domicile de son ex-femme Barbara qui a la garde de leur fille Paige, âgée de trois ans. Avec un fusil 22 Long Rifle, il abat son ex-épouse, les parents de celle-ci, ainsi que sa fille. Il vole trois-cent dollars, des bons de réduction et l'anneau de mariage de son ancienne belle-mère. En rentrant chez lui, il propose à sa petite amie de l'épouser et lui offre la bague en question. Pour son dernier repas, il commande une pizza « DiGiorno Italian Style » au poulet et au parmesan, une autre aux trois viandes, une salade avec de la laitue, des pickles, des olives noires, des tomates, du fromage de Cheddar, une petite bouteille de Tabasco, du thé glacé et de la glace au beurre de cacahouètes de la marque Breyer's Blast Reese's Cup. Ses ultimes paroles sont : « Je mérite de mourir pour ce que j'ai fait. Ce jour-là, j'étais prêt à tuer. Je demande pardon à la famille, même si mes paroles ne peuvent pas défaire mes actes. J'espère que ceci vous apportera un peu de paix. Merci. » Le 12 juin 2012, Jan Michael

Brawner, trente-quatre ans, est exécuté par injection létale au Mississipi State Penitentiary, à Parchman. Il est déclaré mort à 18 h 18.

À Miami, en 1986, neuf trafiquants de drogue sont assassinés en série, ce qui, à l'époque, n'est pas anormal dans cette métropole où la cocaïne règne en maître. Lorsque le meurtrier est enfin arrêté, tout le monde est stupéfait d'apprendre que Manuel Pardo Junior, plus connu sous l'identité de Manny Pardo est un ex-inspecteur du Miami Police Department. Lors de son procès, Pardo revendique le meurtre de ces trafiquants, six hommes et trois femmes, qu'il qualifie de croisade : « Quelqu'un devait les tuer, dit-il, ce sont des parasites, pas des êtres humains. » Lors de ses crimes, il prend un cliché Polaroïd de sa victime et il collecte toutes les douilles. De retour chez lui, Pardo se livre à un étrange rituel : il brûle ensuite la photo, ainsi que les douilles afin que l'âme du mort aille en enfer et qu'elle ne revienne pas le hanter. Grand admirateur du film *Le Parrain*, Pardo est un bon père de famille qui n'éprouve aucun regret. « J'ai rendu service à l'humanité. Je pouvais les truffer de vingt balles dans le corps et cela ne m'a jamais empêché de dormir comme un bébé. »

Policier à Miami, bon père de famille, serial killer de « méchants », une fois la nuit tombée, cela ressemble beaucoup à la série *Dexter*. La fiction imite d'autant mieux la réalité que la troisième saison de *Dexter* nous propose le personnage d'un procureur qui se nomme Miguel Prado. La fiction s'est inspirée du fait divers.

Il aurait aimé en avoir liquidé davantage : « Mon seul regret, c'est de m'être arrêté à neuf, j'aurais adoré en liquider quatre-vingt-dix-neuf ! »

C'est en janvier 1986 que Manuel Pardo Jr passe pour la première fois à l'acte, après avoir été renvoyé de la police pour faux témoignage. Il s'associe alors avec Rolando Garcia, un ouvrier rencontré via son beau-frère. Ils tuent leurs deux premières victimes : Mario Amador, trente-trois ans, ingénieur civil qui arrondit ses fins de mois en vendant de la drogue et son complice Roberto Alfonso, âgé de vingt-huit ans. À la fin du même mois, Manuel Pardo Jr abat un opposant haïtien au président en place. Il expliquera plus tard aux policiers qu'il pensait que cet homme, Michael Millot, quarante-trois ans, était en fait un agent sous couverture chargé de le démasquer. Puis en février, il s'en prend à Ulpiano Ledo, un prêtre de trente-neuf ans et Luis Robledo, trente-sept ans, qu'il pense être des trafiquants. Puis suivent Sara Musa, trente ans et Fara Quintero, vingt-huit ans, avec qui Pardo et Garcia se disputent pour une histoire de bague prêtée sur gages. Finalement, il liquide Daisy Ricard, trente-huit ans et son petit ami dealer, Ramon Alvero Cruz, âgé de quarante ans.

Les méthodes de Pardo rappellent celles utilisées par Dexter Morgan. Le tueur fictif de la série suit un rituel très particulier puisqu'il récupère quelques gouttes du sang de ses victimes entre deux lamelles de verre, démembre le corps, enferme les morceaux dans des sacs en plastique, avant de les jeter dans la mer.

Le 11 décembre 2012, Pardo est finalement exécuté par injection létale à la prison de Starke, en Floride. La porte-parole du Florida Department of Corrections indique que Manuel Pardo Jr reçoit la visite de huit personnes, des membres de sa famille et des amis, ce mardi, jour de son châtiment. Il rencontre aussi l'aumônier de la Florida State Prison, ainsi qu'un évêque catholique. Son ultime repas se compose de riz, de haricots rouges, d'un rôti de porc, accompagné de bananes plantains et d'avocats. Pour son dessert, il avale une tarte à la citrouille et il boit du lait de poule avec un café cubain. Selon les nouvelles règles de l'administration pénitentiaire de Floride, son repas doit coûter moins de quarante dollars, être composé de mets régionaux et doit impérativement être confectionné dans la cuisine du pénitencier.

D'après le Florida Department of Corrections, les dernières paroles de Manuel Pardo Jr, lorsqu'il reçoit l'injection létale, sont : « Airborne forever [Aéroporté pour l'éternité], je t'aime, Michi mon bébé » (Pardo fait référence à sa fille qui lui rend une ultime visite le mardi). Le « vrai » Dexter a aussi écrit une lettre où il affirme n'avoir « jamais tué de femmes », mais qu'il « acceptait la pleine responsabilité pour avoir assassiné six hommes. Je n'ai jamais fait de mal à ces trois femmes, ni à aucune femme. J'ai avoué ces trois meurtres parce que j'étais fichu de toute façon. Alors être condamné à mort six ou neuf fois, c'était du pareil au même pour moi à l'époque. Mais, maintenant, alors qu'il ne me reste que quelques minutes à vivre, je veux dire que je menais ma guerre contre les hommes qui trafiquaient, et personne d'autre ». Pardo s'est aussi excusé auprès de sa famille pour le chagrin qu'il leur a causé : « Vous êtes tellement merveilleux et vous ne méritez pas de vivre ce cauchemar. Soyez forts. Souviens-toi Michi, tu es aéroportée [sa fille est pilote d'avion] et une dure de dure… Pas de larmes ! » Le dernier paragraphe est consacré à son amour du sport : « Sur un ton plus léger et vu mon origine new-yorkaise, j'ai été ravi de voir les Yankees et les Giants gagner autant de championnats durant mon existence. En tant qu'Hispanique, ça a toujours été mon rêve de voir l'Espagne gagner la Coupe du monde de football… Il ne faut absolument pas que le gouvernement espagnol accepte d'interdire les corridas car elles font partie de notre culture et de notre héritage. Mais si jamais c'est le cas, je serai heureux de ne plus être vivant pour assister à une telle tragédie ! » John Errol Ferguson est condamné à la peine capitale le 27 mai 1983 pour huit meurtres et viols commis lors de cambriolages entre le 27 juillet 1977 et le 9 janvier 1978 dans le Comté de Dade, en Floride. Il reste dans le couloir de la mort durant trente années, avant d'être exécuté par injection létale le 5 août 2013. Pour son dernier repas, il mange le même menu que les autres détenus, une tourte à la viande et aux légumes, du pain blanc, des tomates, une salade de pommes de terre, des carottes et du thé glacé. Son ultime déclaration est la suivante : « Je veux que tout le monde sache que je suis le prince de Dieu et que je vais revenir à la vie. » Âgé de soixante-cinq ans, John Errol Ferguson est déclaré mort à 18 h 17, seize minutes après le début de l'injection létale à la Florida State Prison.

Jose Luis Villegas Jr est mort le 16 avril 2014. Il est condamné à la peine capitale pour avoir assassiné trois personnes à l'arme blanche le 22 juin 2001 dans le Comté de Nueces, au Texas. Son ultime repas est identique à celui des autres détenus car le Texas n'autorise plus de commandes spéciales pour les condamnés à mort. Voici ses dernières paroles : « Je voudrais à nouveau réaffirmer combien j'aime mes enfants. Tout est OK. Je vous aime tous, et j'aime mes enfants. Je suis en paix. C'est un peu comme une brûlure. Adieu. » Il est déclaré mort à 19 h 04, onze minutes après le début de l'injection létale à la prison de Huntsville, au Texas.

HURLER À LA MORT...

UN TEXTE DE GERARD SCHAEFER

Policier en Floride au moment où il est condamné pour deux homicides et une double tentative d'enlèvement, Gerard Schaefer est suspecté de trente-quatre assassinats de jeunes femmes. Le 3 décembre 1995, il est poignardé de quarante coups de couteau à quelques pas du couloir de la mort. Pendant son incarcération, il écrit plusieurs textes sur sa vie carcérale qu'il me confie lors de nos entretiens qui débutent le 18 novembre 1991, à Starke, dans le pénitencier de la Florida State Prison.

« Entre 1972 jusqu'à ce que les exécutions reprennent en 1979, le couloir de la mort de la Florida State Prison, à Starke, est comme un petit musée. Les directeurs invitent les scientifiques en herbe de l'université pour une petite visite guidée. L'orgasme final est la descente jusqu'au fond des boyaux du bâtiment des exécutions, afin d'y découvrir la chaise électrique. Les étudiantes y posent leurs jolis petits culs, en couinant devant l'appareil photo de leurs copains qui grognent de plaisir. C'est une vraie tuerie, de loin l'animation la plus recherchée de ces cours pratiques. Le clou du spectacle, c'est quand les petites chattes en feu peuvent rencontrer d'authentiques criminels, tels que « Murf-the-Surf », le « Catch-me-Killer », moi-même ou d'autres encore. Les plus craignos, tels que Ted Bundy, sont, par contre, tenus à l'écart des poupées.

« En mai 1979, tout cela change à tout jamais par la faute d'un seul homme, John Arthur Spenkelink. « Spink » comme nous l'avons surnommé, est un vrai garage à bites, une fiotte, le produit du système carcéral qui est dans l'incapacité de gérer son identité sexuelle. Il se dandine le troufion, avec sa main molle, et vous ne pouviez avoir aucun doute que c'est une pédale.

« Spink » a dégommé un mec dans un motel de Tallahassee – un ancien criminel connu pour être un pédo de la pire espèce. À écouter « Spink », le gars lui avait bousillé le trou de balle, violé en fait, et « Spink » l'a abattu. Personne ici ne l'a critiqué pour ce geste. Si ça s'était passé en prison, il aurait tout juste écopé de quatre-vingt-dix jours en isolement pour ce crime. Et basta. Après tout, le personnel en prison sait à quoi s'attendre quand un nouveau, plutôt bien foutu, atterri en taule. Les détenus coriaces ont vite fait de se pointer dans sa cellule avec la gaule, et il a le choix entre : « Suce-moi ça ou chie sur ma bite. » Le mecton se bat ou il baisse son froc pour se pencher en avant. « Spink » a déjà connu ça lors de ses condamnations précédentes, et comme c'est un peu une « femelle », son trou de balle est comme l'entrée du tunnel de Holland Drive. Peut-être même qu'il n'était pas encore assez large.

« Spink » prétend avoir agi en légitime défense et lorsque le procureur lui propose de plaider coupable pour meurtre au second degré, il refuse cette offre. Grave erreur. Lors de son procès, les bons citoyens du comté de Leon le jugent coupable d'un assassinat prémédité, ce qui est le cas, et envoient le pédé tueur direct dans le couloir de la mort. Et c'est là, ce 25 mai 1979, que ce connard nous a tout gâché pour les visites guidées des poulettes.

« Le jour se lève, et de la fenêtre de ma cellule, j'aperçois, sur le bord de la route qui borde la Florida State Prison, les groupes habituels de fans d'exécutions et les opposants à la peine de mort. Les vendeurs ambulants sont arrivés en masse pour vendre de la viande grillée (!), des boissons, des T-shirts souvenir ou encore des chaises électriques miniatures qui s'allument quand vous appuyez sur un bouton.

« Le show se déroule devant nos fenêtres. Des pancartes sont agitées, des affiches, tout le monde chante et s'époumone. *The show must go on.* C'est là que nous avons entendu ce hurlement. Telle une vague, il grimpe les marches de l'escalier pour s'échouer sous la porte, et l'on sait, sur-le-champ, que quelque chose d'horrible vient de se produire.

« En prison, tu entends plein de hurlements. Là, c'est plutôt un cri d'outrage, et non pas celui de la mort. Pas du genre quand quelqu'un se prend une lame dans le bide, et que le tueur t'éventre, avant que ton âme aille en Enfer. Non, ce n'est pas du tout ça.

« On se regarde tous. Personne ici n'a besoin de dire, « Putain, c'est *quoi* ? » La question se lit dans tous les regards. Même les vieux de la vieille du couloir de la mort, qui ont servi d'aides aux exécutions des années 1960, ne parviennent pas à le décrypter. On connaît tous les récits qu'ils nous racontent autour d'une clope ou d'un mug de jaja. Et je peux vous garantir qu'on est tous à les écouter, car leurs histoires ont le don de vous prendre à la gorge, comme le coup de matraque d'un gardien sur la caboche.

« Il y a des mecs qui se vantent de cracher à la gueule de la mort, mais, dès qu'ils se retrouvent face à « Old Sparky » (la chaise électrique), ils font pipi dans leur culotte et chient dans leurs frocs.

« Nous autres, on appelle ça le « lavement électrique en trois minutes chrono ». 2.800 volts envoyés depuis le cerveau, jusqu'aux jambes, en passant par la colonne vertébrale. Le bourreau vous électrise une première fois, et ça vous dresse contre les courroies qui vous lient à la chaise. La merde vous sort par le trou de balle comme une anguille marron, les yeux vous sautent par les orbites, tandis que votre cervelle bout à l'intérieur de votre crâne. Ensuite, le bourreau baisse le courant jusqu'à 1.600 volts. Le prisonnier retombe dans sa propre flaque de merde. Puis, il vous fait remonter jusqu'à 2.800 volts : la chair brûle, la salive et la morve coulent, du sang s'écoule par les narines, votre falzar est saturé de pisse et de sperme. Le courant est coupé, et vous vous affalez sur le siège, retenu par les courroies. De la viande froide. Frit dans votre propre merde.

« Nous avons très vite compris l'origine des hurlements de « Spink ». À cause de cette façon très particulière de profaner son corps. L'État de Floride n'y a pas été de main morte.

« Des bonnes femmes journalistes ont été « invitées » à assister à son exécution. C'est la rançon du progrès et de l'égalité des sexes. Toutes pomponnées dans leurs tailleurs, leurs chemisiers sobres. Coiffées à la dernière mode avec leurs choucroutes, maquillées à l'excès, avec un rouge à lèvres agressif, comme des putes qu'elles sont. On imagine les petites culottes noires, serrées sur des chattes parfumées. Oh, oui. Des lunettes chicos, un carnet de notes et des stylos en or. Nom de Dieu, les salopes ! On imagine qu'elles vomiront discrètement leurs frites maison dans des sacs à vomi qu'on leur aura discrètement fournis.

« Les gentils membres de l'administration pénitentiaire ont décidé que ces reporters femmes sophistiquées ne doivent pas être sujettes aux éléments les plus basiques d'une exécution. Pas d'odeurs de merde ou d'urine sur les électrodes.

« Afin de promouvoir une procédure « clean », les gardiens ont bourré le trou de balle de « Spink » avec de la ouate. Et pas qu'un peu. Ils lui ont mis une sacrée couche. Ensuite, on lui a ligaturé la bite. Bien serrée, à la base. Bien sûr, la pédale a hurlé. Et vous auriez fait pareil, n'est-ce pas ?

« Son hurlement, lorsqu'on lui a bourré le cul, est si affreux qu'on lui a mis un bâillon pour l'emmener jusqu'à la chaise. Lorsque les journalistes l'ont su, ça a été l'enfer pour le directeur de la prison.

« Mais, au moins, « Spink » n'a pas crié devant ces dames de la presse.

« Depuis 1979, tout fonctionne au poil. Personne n'entend plus les hurlements, lorsque les gardiens leur enfoncent le coton dans le trou de balle, car on les empêche de crier. Puis, on les installe très vite sur la chaise, avant de retirer le bâillon. Personne n'a compris pourquoi Ted Bundy semble ainsi vaciller au dernier moment. Peut-être qu'ils ont fait des économies de Vaseline ?

« Le plus couillu est, sans aucun doute, Art Goode qui déclare aux journalistes que son plus grand regret est que l'on ne lui met pas à un petit garçon à poil sur les cuisses au moment de l'exécuter. Je le connaissais bien. Un des pires pédophiles imaginables, ce cher Art. Il rayonnait littéralement d'une aura maléfique. Même dans le couloir de la mort, tout le monde l'évitait. Bundy n'était rien comparé à Goode, question perversité.

« Miss Andrea Jackson, la reine du couloir de la mort de Floride, doit bientôt rôtir à son tour. Ils lui ont préparé une salle spéciale que j'ai visitée, pour l'avoir balayée à de nombreuses reprises. Les gardiens en parlent avec beaucoup d'excitation, « Southern Fried Cunt », la « Chatte sudiste frite », qu'ils disent en se marrant. La nuit dernière, ils m'ont indiqué qu'ils vont faire venir trois matrones afin de s'occuper d'Andrea. Il va falloir une double ration d'ouate pour la remplir des deux côtés, chatte et trou du cul. Tous les détenus vont vouloir la regarder arpenter le couloir de la mort, et elle ne sera pas brutalement bâillonnée. On pourra tous entendre ses hurlements. »

Traduit par Stéphane Bourgoin.

PAROLES D'ÉCHAFAUD

Ayant toujours rêvé de devenir un chanteur de night-club, Kenneth Neu est condamné à mort pour avoir assassiné deux hommes. Pendant son procès, il portait les chaussures d'une de ses victimes et le costume de l'autre. Le jour de son exécution, il déambule dans le couloir de la mort en fredonnant ce refrain : « Je me sens merveilleusement bien et suis prêt à être pendu. »

Lorsque le pédophile Albert Fish est condamné à mort, le 22 mars 1935, sa réaction est à la hauteur du personnage : « Quelle joie cela sera de mourir sur la chaise électrique. Ce sera l'ultime frisson. Le seul que je n'ai encore jamais essayé. [*Puis, après un moment d'hésitation*] Mais ce n'était pas le bon verdict. Vous savez, je ne suis pas vraiment sain d'esprit. Et mes pauvres enfants, que feront-ils sans moi pour les guider ? »

Vers onze heures du soir, le 16 janvier 1936, Fish s'installe sur la chaise électrique. Il aide les gardiens à fixer les électrodes sur ses jambes rasées. À 23 h 09, le courant est enclenché pour le plus vieux condamné à mort – soixante-six ans – de la prison de Sing Sing. La première décharge ne fonctionne pas. Un journaliste new-yorkais, présent sur les lieux, raconte que des nuages de fumée entourent la tête de Fish : les vingt-sept aiguilles métalliques que le pervers s'était enfoncé dans le corps depuis des années auraient causé un léger court-circuit. La seconde décharge expédie Fish dans l'autre monde.

Pour Charles Peace, le matin du 25 février 1879, « le bacon était vraiment dégueulasse » ! Lorsqu'un gardien frappe nerveusement à la porte des toilettes, Peace s'écrit : « Vous êtes bien pressé. Qui va être pendu, ce matin, c'est vous ou moi ? » Sur l'échafaud, il se plaint :

« La corde est bien serrée ! Après tout, qu'est l'échafaud ? Un raccourci pour le Ciel. »

Il ne fait pas très beau le 24 août 1933. Pour Negron et Carrion, ce n'était pas une belle journée non plus qui s'annonçait, puisque c'était celle de leur exécution. En route dans le couloir de la mort, Negron se plaint auprès de son compagnon : « C'est vraiment pas de bol. On n'a même pas la chance qu'il fasse beau ! »

Le matin de son exécution, William Udderzook transmet ses dernières volontés au directeur de la prison. « Je souhaite que mes restes soient enterrés à Baltimore, dans la tombe voisine ou, du moins, dans le même cimetière que celui de Mr. Goss, un ami cher à mon cœur, afin que nos corps puissent retourner à la poussière, et que nos esprits se rejoignent à l'aube des rives ensoleillées de la délivrance, où les plaisirs sont éternels. »

Quand on sait que William Udderzook a battu à mort son beau-frère W.S. Goss, pour toucher l'assurance-vie de sa victime, ses dernières volontés prennent une tournure plutôt étrange…

En 1967, alors que Luis José Monge s'apprête à être exécuté dans la chambre à gaz de la Colorado State Prison pour l'assassinat de sa femme et de trois de ses enfants, il s'enquiert, l'air très inquiet, auprès du médecin qui l'examine : « Docteur, le gaz va-t-il être mauvais pour mon asthme ? » Le médecin le rassure aussitôt : « Pas longtemps. »

La nuit précédant sa pendaison en Utah en 1912, J.J. Morris raconte des blagues à ses gardiens. L'une d'elles concerne deux assassins sur le point de se faire pendre au-dessus d'une rivière en crue. « Le premier homme glisse hors du nœud coulant de la corde lorsqu'on le balance du pont, et il chute dans les flots. Il nage jusqu'à la rive et parvient à s'enfuir. Au moment où le bourreau se prépare à exécuter le second condamné, celui-ci déclare : « Assurez-vous que le nœud soit bien serré, car je ne sais pas nager. »

John W. Deering, qui meurt devant un peloton d'exécution dans l'Utah en 1938, fait don de son corps à l'Université d'Utah, avec ces mots : « Au moins, j'aurais la chance de faire de bonnes études. »

George Appel, qui a tué un policier, possède un sens de l'humour qui ne le quitte même pas lorsqu'on l'attache sur la chaise électrique en 1928 : « Eh bien, mes amis, dit-il en souriant à la vue de tous les visages tendus des témoins de son exécution, vous allez bientôt voir une pomme cuite. »

Dans un style différent, Robert White, fait preuve d'un humour macabre en 1930 alors qu'il est condamné à la chambre de gaz de l'État du Nevada. Prié d'exprimer ses dernières volontés, il demande sans l'obtenir « un masque à gaz ».

En 1930 également, William Force s'installe sur la chaise électrique. « Pourquoi êtes-vous si nerveux, mon garçon ? demande-t-il au bourreau. Prenez votre temps. Je ne suis pas pressé. »

Lorsque Charles Fithian s'asseoit sur la chaise électrique en 1931, dans le New Jersey, il adresse un blâme au directeur de la prison : « Dites-donc, monsieur le directeur. Cette soupe que vous m'avez servie ce soir, elle était beaucoup trop chaude. Je me suis brûlé. »

Sclafonia et Plaia sont exécutés ensemble pour le meurtre d'un jeune couple. Autrefois amis, ils se sont mutuellement accusés du forfait pendant le procès. Plaia est exécuté le premier et, quelques minutes plus tard, c'est Sclafonia qui pénètre dans la salle d'exécution. Il examine la chaise électrique, avant de sortir un mouchoir de sa poche et de la nettoyer avec le plus grand soin. « Après que ce rat se soit assis dessus, explique-t-il, je veux qu'elle soit propre. »

En 1859, Thomas Ferguson, accusé du meurtre de son patron, accepte bien volontiers la possibilité d'exprimer ses dernières paroles. Il délivre un discours qui dure un minimum de quatre heures – huit heures, pour d'autres ! – où il fustige notamment l'attitude du juge « qui avait le cerveau trop imbibé de whisky. »

L'année précédente, Preston Turley, un ancien pasteur baptiste, a beaucoup moins de chance. Alcoolique, il est défroqué et, dans un accès de delirium tremens, il tue sa femme devant leurs trois enfants. Condamné à mort, il leur écrit souvent, ses lettres se terminant par : « Vous n'avez pas envie de venir voir Papa se faire pendre ? » Le jour venu, il est très déçu de ne pas les reconnaître parmi la foule des badauds. Questionné quant à ses ultimes paroles, Turley se met à haranguer les curieux sur les méfaits de l'alcool. Au bout de quarante-cinq minutes, le public le conspue et le bourreau perd patience, au point de lui passer rapidement la corde au cou.

Dans ses souvenirs, le Dr Squire, médecin-chef de la prison de Sing Sing, évoque un condamné à mort, à l'identité inconnue, qui surprend tout le monde en exigeant comme dernier repas du pain et de l'eau. « C'est la seule bouffe valable pour une cloche comme moi », explique-t-il. Le moment de l'exécution venu, les gardes, le médecin, l'aumônier et le directeur de la prison se rendent compte qu'ils n'arrivent plus à ouvrir la serrure de la cellule du condamné.

En effet, celui-ci a trempé la mie de pain dans l'eau et, après l'avoir pétrie, l'a enfoncée dans le trou de serrure ! Les gardes mettent plus de trente minutes à dégager la serrure, tandis que le condamné se moque d'eux. C'est complètement hilare qu'il est traîné jusqu'à la chaise électrique. Depuis cet incident, les serrures sont modifiées pour ne plus être accessibles de l'intérieur.

REMERCIEMENTS

Je tiens à remercier tout spécialement mon chat Mimi, Christelle Venant et mon éditeur David Serra pour leur aide dans l'écriture de cet ouvrage.

SOURCES

Pour me documenter, j'ai consulté mes propres collections de journaux de faits divers, tels que *L'Œil de la Police*, *Le Petit Journal*, *Les Archives d'Anthropologie Criminelle*, *Détective*, *Police Magazine*, *Qui Police*, *Historia*, *Crimes et Châtiments*, *Dossier Meurtre*, *Murder Casebook*, *Murder in Mind*, etc.

Les ouvrages sur les bourreaux français ou étrangers, les excellents livres de Sylvain Larue, ainsi qu'un grand nombre de sites, forums et blogs Internet. Citons l'exceptionnel *guillotine.cultureforum.net* et le site de *laveuveguillotine*. De même, Gallica et Criminocorpus qui donnent accès à des textes rares et épuisés. Pour ce qui concerne les anglo-saxons, le fabuleux *Murderpedia – The Encyclopedia of Murderers*. De nombreux États américains, à l'image du Texas ou de la Floride, listent de manière systématique les derniers repas et paroles de criminels exécutés, grâce à leurs Departments of Corrections. Enfin, Google News Archive vous donne accès aux collections complètes de milliers de journaux de tous les pays du monde. Une ressource irremplaçable.

RING

Achevé d'imprimer sur rotative
PAR BUSSIÈRE CPI FRANCE
en OCTOBRE 2016

–

Dépot légal : OCTOBRE 2016
Numéro d'édition : 001
Numéro d'impression : 2025806
Imprimé en France

–

ISBN : 979-10-91447-54-6